GUIA POLITICAMENTE INCORRETO

DOS ANOS 80 PELO ROCK

Copyright © 2017, Lobão
Copyright © 2017, Casa da Palavra/LeYa

Todos os direitos reservados e protegidos pela Lei 9.610, de 19/2/1998.
É proibida a reprodução total ou parcial sem a expressa anuência da editora.
Este livro foi revisado segundo o Novo Acordo Ortográfico da Língua Portuguesa.

Pesquisa RICARDO PIERALINI

Preparação de textos LINA ROSA

Diagramação FILIGRANA

Capa LEANDRO DITTZ

Ilustrações de capa e de miolo LAMBUJA

Revisão ANA KRONEMBERGER E BÁRBARA ANAISSI

CIP-Brasil. Catalogação na Publicação.
Sindicato Nacional dos Editores de Livros, RJ.

L776g Lobão, 1957-
   Guia politicamente incorreto dos anos 80 pelo rock / Lobão ; [ilustração Lambuja] . – Rio de Janeiro : LeYa, 2017.
   il.

   Inclui índice
   ISBN: 978-85-441-0563-4

   1. Rock - Brasil – História e crítica. 2. Música e história – Brasil. I. Título.

17-42307
CDD: 782.420981
CDU: 78.067.26(81)

Todos os direitos reservados à
EDITORA CASA DA PALAVRA
Avenida Calógeras, 6 | sala 701
20030-070 – Rio de Janeiro – RJ
www.leya.com.br

GUIA POLITICAMENTE INCORRETO DOS ANOS 80 PELO ROCK

LOBÃO

Este livro é dedicado ao meu gato-filho, Lampião dos Olhos Cor de Céu, que nos deixou em agosto de 2016.

SUMÁRIO

10   PRÓLOGO

CAPÍTULO 1
16   1976 – O Brasil e a modorra bicho-grilo

CAPÍTULO 2
30   1977 – Pro Brasil ficar odara do jeito que sempre ficara

CAPÍTULO 3
44   1978 – Surgindo os primeiros sinais

CAPÍTULO 4
58   1979 – O punk na periferia, Inocentes, Cólera, Lira Paulistana e mais geleca geral

CAPÍTULO 5
80   1980 – Enfim! O rock acerta, nasce a Blitz

CAPÍTULO 6
94   1981 – A Gang 90 inaugura os anos 80, nasce o punk no Rio

CAPÍTULO 7
116   1982 – O ano em que tudo aconteceu... e que não acabou

CAPÍTULO 8
142   1983 – Ritchie, Lulu, Os Ronaldos, Barão Vermelho e Os Paralamas do Sucesso

CAPÍTULO 9
184   1984 – O Brasil transpira roquenrou!

CAPÍTULO 10
214 1985 – Rock In Rio, Tancredo, RPM, Legião, Ultraje, Cazuza e Décadence

CAPÍTULO 11
248 1986 – Declare Guerra, Rádio Pirata ao vivo, Pânico em SP, O futuro é vórtex, Cabeça Dinossauro, O rock errou e outros acertos e desacertos

CAPÍTULO 12
318 1987 – Que país é este?, Sexo!!, Jesus não tem dentes no país dos banguelas e Vida bandida

CAPÍTULO 13
378 1988 – O início do fim

CAPÍTULO 14
400 1989 – E nos estertores de uma era vigora uma beleza intensa

CAPÍTULO 15
436 1990/1991 – Esse é o fim, meus amigos

POSFÁCIO
460 "Um outro toque do tambor", ou: como a ideologia política destruiu tudo o que você sabe sobre os anos 80, por Martim Vasques da Cunha

470 **AGRADECIMENTOS**

472 **ÍNDICE REMISSIVO**

PRÓ-LOGO

Por minha formação e alma serem setentistas, sempre me senti um outsider nos anos 80. De tal forma que, só de ouvir falar nessa época me dá um arrepio na nuca.

Com toda a certeza, foi a década que mais me causou decepções, perdas trágicas, desentendimentos, prisões, brigas e discordâncias estéticas irreconciliáveis.

Tudo isso misturado com enorme esperança de fazer uma música própria, de pertencer a uma rapaziada que pudesse mudar o panorama presunçoso e medíocre desse arraial de cu do mundo que é o coronelato da música brasileira (cujos protagonistas imperam até os dias de hoje), além da possibilidade grande de vivenciar aventuras inacreditáveis.

Sendo assim, para ser possível escrever este livro (escrever um guia de uma época fazendo parte dela não é fácil) foi necessário o devido distanciamento temporal dos acontecimentos, para que eu pudesse formular um relato da forma mais equilibrada, clara e honesta possível sobre essa década que produziria tantas façanhas na mesma proporção que engendraria seu próprio aniquilamento.

Em suma: este é o relato da saga de jovens músicos e compositores na luta para conquistar um lugar no cancioneiro popular brasileiro enfrentando os vícios do *mainstream*.

Portanto, além dos inquestionáveis fatos documentais, trata-se de um livro baseado em experiências próprias (afinal de contas, sou um dos sócios-fundadores do rock dessa década), que concedem à atmosfera da narrativa uma perspectiva **inteiramente pessoal**.

O que mais impressionará (e aterrorizará) neste excruciante exercício de memória no transcorrer do livro é verificar que se trata de uma década de esplendor, talento e criatividade em termos de produção de músicas e discos primordiais, não somente para o tal cancioneiro da música popular brasileira, mas para o âmago do inconsciente coletivo de um povo.

Vamos trilhar juntos os passos dos vestígios e tentar encontrar as causas que fizeram esse rico e alvissareiro cenário desmoronar e transmigrar para o imaginário do cidadão comum como uma década *trash*, perdida, cafona, na qual simplesmente prevaleceram os mullets, o gel, terninhos com ombreiras, os Smurfs, He-Man, MacGyver, Turma da Xuxa, hiperinflação, ORTNs, Sarney, Nova República, calças bag, lambada e rock brega. Por que o melhor dessa década se evanesceu? Por que será que não deixou nenhum legado, nenhuma continuidade? Foram as mortes de artistas fundamentais um fator decisivo? Certamente isso contribuiu de forma dramática para a derrocada... Mas será que foi só isso? É o que veremos.

E para iniciar essa aventura que será uma espécie de busca à década perdida, vamos nos confrontar com as idiossincrasias estético-comportamentais dos anos 80, com a sua atmosfera política, com o desinteresse da nova geração que surgia pela desgastada e empolada linguagem da presunçosa e reacionária MPB.

Vamos também verificar o papel das drogas, pois os anos 80 se celebrizariam como a década da droga mais careta de todas, a cocaína, quando cheirar um pozinho traçado era de bom-tom, era bacana, era normal e apreciável (até o padeiro da esquina, a dona de casa, o corretor de bolsa de valores e o contínuo do cafezinho cafungavam umas carreirinhas socialmente).

Verificaremos a influência das danceterias, dos programas de auditório, das Diretas Já, da Aids, das loucuras ingênuas, da caretice travestida de loucura, do agigantamento da indústria fonográfica, do jabá como forma de poder e de censura, da imprensa especializada que veio a se desenvolver a partir da segunda metade da década, no vácuo do sucesso da implementação do Rock in Rio, quando ambos, Rock in Rio e imprensa especializada, terão um peso bastante significativo no desaparecimento do rock como gênero determinante na cultura nacional.

E para que tenhamos uma real noção de como tudo começou, optei por iniciar este relato no ano de 1976, com o evento do Festival de Saquarema, onde se reuniram os principais nomes daquele embrionário, aleatório e caótico movimento daquilo que viria a ser chamado de "rock dos anos 80".

Perceberemos que, naquele exato momento, estávamos diante de uma fértil estufa de futuros new wavers das noites da Pauliceia Desvairada, dos fundadores do lendário Circo Voador, daqueles que se tornariam os mais novos superastros das paradas de sucesso e, muito em breve, quebrariam todos os recordes de execução em rádio e vendas de discos. Isso resultaria numa total transformação da cultura brasileira e colocaria os caciques da canção de cabelo em pé (pelo menos por alguns anos), que, em tempo, corrigiriam essa rota desvairada para não perderem o controle total do poder sobre a cultura nacional, poder esse, mais tirânico ainda nos dias de hoje.

E para enxergarmos esse incrível cenário seremos obrigados a mergulhar fundo nesse período pré-inaugural dos anos 80.

Faremos uma panorâmica nas cenas incipientes dos hippies da época quando proto-hipsters começavam a se unir alegremente aos protopunks que já pululavam nas periferias das cidades.

Sobrevoaremos resolutos os idos do Frenetic Dancin' Days com suas anacrônicas tigresas sessentistas, algumas egressas do *Hair*, outras saídas da luta armada de araque; tropicalistas em crise de meia-idade; surfistas de programa, traficantes classe média alta, cineastas-gigolôs, muito "Realce", purpurina na roupa, cocaína na napa e gel no cabelo. Uma espécie de *crossover* da disco music para a new wave.

Portanto creio serem esses pequenos prolegômenos de vital importância, pois no meu entender foi nessa pororoca pós-psicodélica de discoteca com crise econômica, pornochanchada com rock rural e bicho-grilo de final dos anos 70, acrescida tanto de seus incipientes personagens como também dos mais rodadinhos de outras eras, que se deu o principal evento gerador da estética oitentista aqui no Brasil. Uma estética meio assim... mullet com parafina.

Com esse introito, teremos mais facilidade e intimidade para analisar, com maior nitidez, os acontecimentos subsequentes, percorrendo com mais segurança toda a trajetória dos anos 80, com sua inicial voluptuosidade, alegria e real esperança, e vivenciando, logo em seguida, sua trágica e patética derrocada.

Reviveremos as primeiras alianças, as amizades, as parcerias, as primeiras derrotas, as decepções, as drogas leves, as drogas pesadas, as cópias malfeitas, o corporativismo burocrático, a baixa estima, as gravações lixo e, como uma flor em meio a todo esse lixo, a profusão inimaginável de grandes canções.

A meta deste livro é refletir, relatar e tentar rastrear com fatos, especulações e histórias, as verdadeiras causas da implosão dos anos 80. E, ao mesmo tempo, prestar um tributo ao gênio, ao heroísmo, à criatividade e à bravura daqueles que, de forma tão insubordinada, inesperada, às vezes, acidental, repelida e descontrolada, acabaram por escrever uma história monumental nas páginas da música popular brasileira, se incorporando para sempre ao patrimônio cultural de uma nação.

Sendo assim, vamos começar?

CAPÍTULO 01

1976
O BRASIL E A MODORRA BICHO-GRILO

> "(...) tornar-se brasileiro é difícil, porque as estruturas brasileiras estão escondidas e ninguém é brasileiro (exceção feita da elite decadente que o é em sentido superado). Portanto pode-se tornar brasileiro apenas quem primeiro dá sentido a este termo."
>
> Vilém Flusser, *Fenomenologia do brasileiro*

Para começarmos a visualizar o cenário e o berçário de nossa história, vamos voltar ao glorioso ano de 1976, no Brasil sob um regime militar um tanto amornado com Ernesto Geisel na presidência, permitindo ao país (sob discreta opressão) prosseguir despreocupado, envolto em seu costumeiro halo de limbo.

Chico Buarque, dando um grau a mais na monotonia de então, lançava *Meus caros amigos* deixando claro que, enquanto houvesse ditadura, ele não teria problema de falta de assunto.

Vivíamos a aurora do crepúsculo do anseio de todo futuro compositor popular brasileiro almejar ser um revolucionário de festivais. Sim! Antes do rock invadir a cultura brasileira, o jovem compositor iniciante almejava galgar os degraus da glória nos palcos dos festivais da canção, onde poderia exibir assim sua verve inconformada por não seguirmos os passos da revolução cubana.

Roberto Carlos, por seu turno, já havia se transubstanciado há muito naquela múmia deprimida conhecida por todos nós, se prestando ao papelão de repetir, por toda a eternidade, aquele especial de fim de ano da Globo com os mesmos arranjos, a mesma orquestra, o mesmo terninho branco.

Juscelino morria num suspeito desastre de automóvel; Jango morria do coração em seu exílio argentino e num futuro longínquo suspeitas fraudulentas de um suposto envenenamento seriam levantadas.

Belchior aparecia na cena, ainda surfando na onda do paradigma do revolucionário de festivais, com "Apenas um rapaz latino-americano", e frisava o estereótipo do rapaz sem dinheiro no bolso, vindo do interior e trazendo na cabeça uma canção em que um antigo compositor baiano dizia ser tudo divino e maravilhoso.

E a atmosfera deste país abençoado por Deus e bonito por natureza, envolto numa pressão morna de paralisia satisfeita, espocava de preguiça como um cadáver inchado de três dias ao sol, num hippismo dolente, perpétuo, colorido, tropical...

Psicodelismo em Ipanema... todo mundo fora do sistema

Jogadores de futebol envergavam bastas costeletas; corretores da bolsa de valores ostentavam gravatas tão feéricas, que mais pareciam jardins suspensos; homens e mulheres dos mais variados sexos vestiam bufantes pantalonas fossem elas acompanhadas de ternos ou batas; a Globo lançava a surreal novela *Saramandaia* com "Pavão mysteriozo", e a música de abertura, do cearense Ednardo, bombava em todas as rádios; o programa de Silvio Santos (também exibindo possantes costeletas) agora era em cores; e Raul Seixas estourava com "Há 10 mil anos atrás".

Arembepe, na Bahia, era (e ainda é!) a meca da "bicho-grilice" guarani-kaiowá e o Píer de Ipanema, no Rio de Janeiro (onde depois surgiria o famoso Posto 9), o point da galera maluca do momento, uma espécie de maconhódromo à beira-mar com muito surfe, aplausos ao pôr do sol, sexo livre, comida natural, sapatas pós-guerrilheiras, cafetões diletantes, futuros cineastas de super-8, futuras modelos e atrizes, gatinhas hippies de sovaco cabeludo, todos numa confraternização permanente, onde o simples fato de pensar em trabalhar era tratado como uma utopia malsã.

Como já dizia Nelson Rodrigues, "o brasileiro é um feriado" e tudo aqui, nesse Brasilzão, reflete uma lerdeza viscosa, sensual, residual e densa como cola de jaca: uma paisagem congelada pelo calor.

Nesse ínterim, os tropicalistas propriamente ditos (Caetano, Gil, Gal e Bethânia), embalados como os Doces Bárbaros, tentavam resgatar forças numa reunião já um tanto anacrônica e forçada.

Além dessa empreitada de gosto duvidoso, haveriam de surgir também outras estratégias urdidas pelos capos do dendê para a manutenção do domínio sobre toda a cena musical brasileira, com algumas tentativas de rejuvenescimento por tabela pelo apadrinhamento de novos valores devidamente enquadrados nos cânones tropicalistas, verdadeiros cambonos da canção como A Cor do Som, Marcelo Costa Santos e outros mais, como veremos a seguir.

O coronelato baiano se estabelecia. O beija-mão & beija-pé estava apenas começando.

Asdrúbal Trouxe o Trombone: um berçário

No teatro, o grupo Asdrúbal Trouxe o Trombone, outro singelo filhote do tropicalismo, já tinha grande prestígio na *intelligentsia* local e seria o berço de grandes atores como Luiz Fernando Guimarães,

Patrícia Travassos, Perfeito Fortuna, Cristina Axé, Regina Casé e Evandro Mesquita.

Esses atores invadiriam não só o cinema, a tevê e o teatro como também, por intermédio de Evandro Mesquita e seu parceiro Ricardo Barreto, dariam o diapasão e a cara (que ficou meio o *Circo do Carequinha*...) da música "jovem" da primeira metade dos anos 80, com o surgimento da Blitz, numa embalagem imerecida de neo jovem guarda.

Na verdade, no meu entender, de uma forma ou de outra, foi a Blitz que realmente abriu a cancela dos anos 80.

Cine-mamata: a Embrafilme de um lado e a Boca do Lixo de outro

No cinema nacional, o já decrépito Cinema Novo vivia de crise em crise enquanto a mamata do momento para extrair grana da Embrafilme era a produção contumaz e obsessiva de filmes vitimizantes, repetitivos, piegas e enfadonhos contra a ditadura (isso tudo com uma autocomiserada e envaidecida ilusão de perpetrarem algo de relevante). Havia ainda as pornochanchadas disfarçadas sob a égide dos velhos temas sociais ou no sucateamento da obra de Nelson Rodrigues, cruelmente regurgitada sob a forma de pornochanchadas-psicológicas.

A Boca do Lixo, uma espécie de Hollywood no purgatório do cu do mundo, localizada no centro de São Paulo, foi responsável pelo nascimento de uma forma criativa de fazer cinema independente do dinheiro público que a Embrafilme mamava, e se estabeleceu como o mais profícuo veículo de produção de filmes de baixíssimo orçamento e qualidade mais baixa ainda. Introduziu a pornochanchada explícita na cinegrafia nacional, salvando assim o cinema nativo do tédio, da presunção e da pseudo obra de arte com títulos sugestivos como *As massagistas*, *O flagrante*, *A viúva virgem*, *Os paqueras*, *Memórias de um gigolô*, *A$suntina das Amérikas*, entre outros. Tudo muito singelo, autoindulgente, juvenil e grotesco, mas infinitamente mais divertido que seus congêneres papo-cabeça da Embrafilme.

Dona Flor e seus dois maridos e *Xica da Silva* conseguiram sucesso de bilheteria, nos fazendo acreditar que até poderia haver uma saída razoavelmente honesta para o cinema brasileiro, mesmo com seus modestos resultados artísticos.

Todavia, o cineasta brasileiro, em sua esmagadora maioria, é vítima constante de potentes e encrustados cacoetes ideológicos, condenando assim nosso cinema ao limbo dos clichês, do papo furado, do autoelogio e da insignificância.

O rock progressivo como peru de Natal

Para os mais malucos do pedaço, a turma do udigrúdi tupiniquim, o barato era curtir rock progressivo com Mutantes, Rita Lee & Tutti Frutti, Som Nosso De Cada Dia, Módulo 1000, Novos Baianos, Som Imaginário, Paulo Bagunça e a Tropa Maldita, O Peso, O Terço, A Bolha, Equipe Mercado, O Lodo, entre tantos outros.

Era impressionante a quantidade de bandas e de lugares para shows em toda a cidade do Rio: tinha show no Cine Bruni 70 (Sessão Maldita), no Terezão (Teatro Tereza Rachel), Bruni Copacabana, Museu de Arte Moderna (Sala Corpo e Som), Teatro da Praia, Teatro Ipanema, Teatro da Lagoa, Teatro da Galeria, Teatro Casa Grande.

Mas esse cenário estava prestes a sofrer uma tremenda transformação: alguns desapareceriam por completo na poeira do tempo, outros descambariam para a MPB acometidos pela S.D.I., a síndrome da dignidade intelectual, e outros se tornariam elaboradores, fundadores e até protagonistas dos anos 80.

Não seria exagero admitir que 1976 foi um ano de rupturas profundas no cenário mundial.

Enquanto as paradas de sucesso apontavam o estouro da disco music, do Abba, de Barry Manillow, do Barry White, dos Bee Gees (voltando à cena depois de serem apontados como os Beatles australianos nos anos 60 e se firmando como ícones disco ao emplacarem "You Should Be Dancing"), a febre das *discotheques* se alastrava com KC and The Sunshine Band ("Shake Your Booty"), Gloria Gaynor ("Be Mine"), Donna Summer ("Could Be Magic").

O rock, até então soberano por mais de uma década, sofreria assim seu primeiro baque.

O Frenetic Dancin' Days

Nas plagas de cá, antenado com a coqueluche disco, Nelson Motta, sempre ele, Nelsinho Motta, irá abrir uma das casas mais badaladas da época, o Frenetic Dancin' Days, onde as Frenéticas começariam a carreira como garçonetes e performers, e todo o Rio de Janeiro lotaria sua pista de dança numa luxuriante manifestação de liberação sexual e euforia cocainômana.

A casa vai mudar de endereço, pelo barulho e pela loucura envolvidos, e posteriormente virá a se chamar Noites Cariocas, celebrando o Morro da Urca como um dos cenários mais importantes e belos de toda a década de 80.

AP/DP: nasce o punk

Voltando ao rock, o maior baque do gênero surgiu mesmo das entranhas do próprio rock!

1976 foi o ano da eclosão do punk em que bandas e artistas como Sex Pistols, The Clash, Ramones, Buzzcocks, Bad Manners, Elvis Costello, Television, Ian Dury tomaram de assalto a cena, quase todos eles lançados pela gravadora ultra-alternativa Stiff Records, para impor uma ruptura radical e definitiva entre duas eras: AP/DP (antes do punk e depois do punk), em que o rock jamais seria o mesmo.

Enquanto isso, no *mainstream* do rock, o Led Zeppelin entrava em crise lançando o *Presence*, um dos discos favoritos de Jimmy Page e John Paul Jones, mas com resultados de vendas bem abaixo da média do lendário grupo. Eu, pessoalmente, sempre tive arrepios de mau agouro quando via o selo da gravadora deles (Swan Song Records), com aquele Ícaro em queda livre.

Ouvir Pink Floyd, Yes, Led Zeppelin, Genesis ou qualquer coisa do gênero, nem pensar! Virou piada de mau gosto, uma heresia... mas isso acontecia lá fora, pois aqui no Brasil, o roqueiro padrão continuava ouvindo prog rock, o universitário *default* ouvindo Chico e Edu Lobo, e assim nós prosseguíamos mais odara do que nunca, mais mornos do que nunca e aquele movimento urbano, enfurecido, elaborado nas butiques londrinas só viria a nos afetar alguns anos mais tarde.

Festival de Saquarema, o embrião do mullet-parafina

Praticamente todas as bandas brasileiras viviam em comunidades, em sítios localizados nas zonas rurais num hippismo monástico, absolutamente à parte da hecatombe punk que abalava o mundo do rock internacional. E, nessa maresia cultural, alheios ao próprio fado como um satisfeito peru que ignora seu inevitável fim na véspera de Natal, um dos maiores sonhos daquela rapaziada era participar de um Woodstock caboclo.

Durante a década de 70, houve inúmeras tentativas para se realizar um festival naqueles padrões: o Hollywood Rock de 1975, empreendido pelo onipresente Nelson Motta e realizado no estádio do Botafogo em General Severiano, mais tarde transformado em documentário (*Ritmo alucinante*), foi agraciado com um pé d'água torrencial, com direito a trovoadas, raios e ventos fortíssimos que acabaram por derrubar as torres de iluminação impondo aos participantes (Os Mutantes, Erasmo Carlos, O Peso, Veludo, Rita Lee & Tutti Frutti, Vímana, Raul Seixas) uma heroica e quase invisível performance. Alguns incautos e ingênuos espectadores do filme chegaram até a pensar que as trovoadas, relâmpagos, a ventania e a quase absoluta escuridão eram fruto de uma esmerada superprodução.

Havia festivais por todo o canto do país naquele contínuo e *naïf* sonho de produzir uma ilha de Wight, ou uma Monterey e, dessa forma, as edições de eventos como o Festival de Iacanga, o Festival de Águas Claras com suas quatro edições (75, 81, 83 e 84) ao invés de concretizar o sonho hippie de uma geração acabaram por se tornar o símbolo da derrocada do Flower Power de raiz enquanto empreendimento.

No entanto, o mais emblemático e, por que não dizer?, o mais fronteiriço de todos esses festivais foi o Festival de Surfe de Saquarema de 1976, organizado e concebido mais uma vez pelo nosso surpreendente Nelson Motta.

Foi um festival emblemático, por juntar mais de 40 mil pessoas na cidade e ser o arauto inconsciente de uma era moribunda e limítrofe, por reunir elementos embrionários dos anos 80. Seria em Saquarema que Rita Lee conheceria Roberto de Carvalho para, logo em seguida, formarem uma dupla que inundaria os anos 80 de hits, muitos deles, é bem verdade, mais chegados a marchinhas de carnaval e bem distantes daquele rock elegante e glamoroso do Tutti Frutti, transformando nossa impávida Rita Lee numa espécie esmaecida de Lamartine Babo protopunk.

Os anos 80 não pouparam ninguém. A era de ouro do Tutti Frutti estava com seus dias contados.

Foi lá também, nos bastidores de Saquá, que tive meu primeiro encontro com Júlio Barroso, então hippie convicto (eu era um espécime intermediário, entre hippie caçula e punk primogênito), de tiara no cabelo, baseado na mão e com sua recém-lançada revista underground, a clássica *Música do planeta Terra*, debaixo do braço.

Ele estava, naquele momento da vida, fascinado por Bob Marley, Jamaica, Caribe, África. Júlio, um gênio totalmente fora da curva, será um dos grandes idealizadores estéticos dos anos 80. Um de seus maiores talentos e uma de suas principais perdas.

Tivemos também a visita ilustre do suíço Patrick Moraz, novo tecladista do Yes, que substituía Rick Wakeman e causou um intenso alvoroço entre os artistas locais. Em poucos meses, Patrick sairia do Yes para entrar no Vímana, banda progressiva com Lulu Santos, Ritchie, Luiz Paulo Simas, Fernando Gama e este aqui que vos escreve.

Vímana: um celeiro de hitmakers da década vindoura. Eu, Lulu e Ritchie estaríamos condenados a pagar todos os nossos pecados no purgatório dos anos 80.

O Vímana não se apresentou em Saquarema porque o Fernando pegou hepatite e eu fui como *roadie* montar o PA alugado pela banda, que se juntaria à muralha de som que Nelsinho tinha erigido.

O festival de Saquarema também daria sua contribuição estética à primeira metade dos anos 80, misturando maresia, surfe e comunidade hippie, tanto na música, com "De repente, Califórnia", hino de Lulu Santos em parceria com o nosso ubíquo Nelson Motta, como no cinema com os filmes *Menino do Rio* e *Garota dourada*, ambos de um anacronismo e uma abstração da realidade comoventes, já na época em que foram lançados.

O line-up do festival continha nomes como Raul Seixas, Rita Lee e Tutti Frutti, Bixo da Seda, Flamboyant, Flavio Y Spirito Santo, Ronaldo Resedá, Made in Brazil, entre outros.

Guilherme Arantes: o primeiro grande hitmaker

Outra figura extremamente importante para o cancioneiro oitentista, para a abertura do mercado ao rock e que lançou seu álbum de estreia naquele ano foi Guilherme Arantes, tecladista e vocalista iniciado no meio musical tocando com Jorge Mautner. Ele era oriundo da banda de rock progressivo Moto Perpétuo, com influências do Yes e Emerson, Lake & Palmer, "uma banda híbrida, uma gororoba de contracultura brasileira, de Clube da Esquina, Milton Nascimento com rock", segundo o próprio Guilherme, e que tinha um inacreditável estatuto interno proibindo o consumo de qualquer droga. Interessante esse aspecto nerd-monástico que imperava num número considerável de bandas, inclusive no Vímana.

Guilherme parte para carreira solo e emplaca o primeiro de uma fila interminável de hits: a linda "Meu mundo e nada mais".

Além de todas as suas badaladas e notórias composições, Guilherme se tornaria o *ghost-writer* do primeiro mega-hit oitentista propriamente dito: "Perdidos na selva", performado no Festival MPB Shell 1981 pela Gang 90 e as Absurdettes, pois o regulamento do festival não permitia que o autor concorresse com mais de uma canção, e ele já concorria e conquistaria injustamente a segunda colocação com "Planeta água" (o primeiro lugar ficou com a inexpressiva e anêmica "Purpurina", interpretada por Lucinha Lins).

Décadas se passaram e todo mundo ainda assobia "Planeta água" ou "Perdidos na selva" enquanto "Purpurina" foi para o vale do esquecimento. Ou seja: Guilherme Arantes marcou dois golaços num só festival.

Considero o Guilherme como um de nossos maiores compositores. É um nome que não pode ser enquadrado em qualquer gênero ou época.

Os anos subsequentes seriam marcados por essa tônica de hippismo ipanêmico, tropicalismo arembépico, surfismo saquarêmico, rock rurálico, pornochanchadas, programas de auditório, Caetano e Gil dando as cartas, músicas fajutas de protesto do Chico e de outros candidatos a revolucionário de festival, novelas da Globo, trilhas de novelas da Globo, especiais de fim de ano de Roberto Carlos na Globo, samba, carnaval, futebol, tudo transmitido pela Globo, e alguma urbanidade provinciana na caretice histérica das discotecas da Zona Sul do Rio... Até alcançarmos o ano de 1979, quando será inaugurada o Lira Paulistana onde finalmente vamos respirar alguns ares de criatividade e novos talentos.

É a nova década batendo à porta.

Será que as coisas vão realmente mudar? Será que o país vai sair dessa modorra?

Mas não nos apressemos. Para entendermos realmente o que virá, é necessário visitar o apagar das luzes da década de 70.

CAPÍTULO 2

1977
PRO BRASIL FICAR ODARA DO JEITO QUE SEMPRE FICARA

> "Eis a verdade a um só tempo deplorável e patusca: – o 'revolucionário de Festival' não toma conhecimento do Brasil."
> **Nelson Rodrigues**

Em 1977, os anos 70 entram em sua reta final: Geisel fecha o Congresso e nasce o senador biônico.

A sociedade brasileira discutia acaloradamente sobre a lei do divórcio que, finalmente, depois de décadas, acabaria sendo homologada no fim deste ano para que na virada do século, a suruba venha a se tornar artigo de uso corriqueiro entre casais da classe média, enquanto a narrativa problematizada do poliamor (suruba, adaptada ao jargão politicamente correto) será outro fruto de mais uma punheta de pau mole da nossa esquerda flácido-masturbativa do século XXI.

Por aqui morrem Carlos Lacerda, Maysa e Clarice Lispector.

Elvis Presley morre na América.

A Globo andava a exibir a novela *Dancing Days*, ícone de uma era. Sônia Braga, a deusa do momento.

O milagre brasileiro começava a ratear e pegava carona na crise internacional do petróleo, obrigando o brasileiro a conviver com inflação alta, remarcações de preços e gasolina cara.

Mesmo assim, ainda pululam pelas ruas do país carrões como o Ford Galaxie, o Opala e o Alfa Romeu.

No cinema nacional é o ano de *Lucio Flávio, o passageiro da agonia*, de Hector Babenco, um belo filme, além de *O Trapalhão nas minas do rei Salomão* e das clássicas pornochanchadas do tipo *Será que ela aguenta?*, comprovando a inépcia do cinema brasileiro em retratar qualquer coisa que não esteja no rol do sexo chulo, da miséria ou da bandidagem.

É chique fumar cigarro em qualquer lugar, seja no avião, no botequim, no divã do psicanalista, no confessionário, depois do sexo ou no ônibus, e as propagandas do produto inundam as telinhas: "O fino que satisfaz", "Leve vantagem com Vila Rica", "Ao sucesso com Hollywood".

Lembro com ternura do serviço de bordo na ponte aérea daquelas priscas eras em que comecei a utilizá-la: talher de prata, vinho, uísque, croquetinhos, camarão empanado e canapés da melhor qualidade. Tudo isso em meio de uma espessa cortina de fumaça produzida por charmosos fumantes dos mais variados tipos de sexo e faixas etárias.

Escovam-se os dentes com Kolynos e cura-se a má digestão com sal de frutas Eno e a vaselina é o produto predileto para o melhor azeitamento de intercursos sexuais dos mais variados estilos de penetração.

A ordem do dia era surfar na caretice libertário-cocainômana da disco que imperava nas paradas de sucesso e no cinema com nomes como John Travolta, Bee Gees, Abba emplacando um hit atrás do outro, numa cafonice mefistofélica, mais o Chic, Donna Summer, Earth

Wind and Fire... e a playboyzada toda frequentando religiosamente discotecas como Hippopotamus, Papagaio, Studio 54 entre outras.

Foi com o evento da disco music que, pela primeira vez, me flagrei me sentindo um velho, com a nítida sensação de que o mundo estava acabando. Aquilo não podia estar acontecendo!

De resto, o mesmo do mesmo.

Assim como nos dias de hoje, em 1977 ou em 1922, a grande peculiaridade da autoimagem do brasileiro sempre foi (e sempre será?) sua total e absoluta imunidade a qualquer crise.

O brasileiro no imenso buraco de seu vazio existencial vive a confeccionar alegorias profiláticas no intuito de evitar qualquer descoberta mais adulta e honesta de si mesmo. O brasileiro, por assim dizer, não existe: o brasileiro ornamenta. O Brasil pode entrar em crise, mas a imagem que o brasileiro faz de si próprio, jamais.

Talvez e por isso mesmo, venha daí nossa sempiterna propensão ao engodo, à malandragem, à lorota e ao autoengano.

Lá fora, tudo muda, mas aqui dentro...

Lá fora, o *mainstream* também se rendia por completo à cafonice glamorosa da disco music. No entanto, o rock comia pelas beiradas, começando a mostrar sua nova cara.

Enquanto o mundo experimentava uma voluptuosa revolução na cultura rock/pop com o punk/new wave (um tremendo golpe de marketing do Malcom McLaren enterraria o chamado classic rock) explodindo de vez através do lançamento de álbuns (nem tudo o que estava saindo era genial, mas eram tentativas) como o *Never Mind The Bollocks*, do Sex Pistols, o primeiro LP do Clash, *My Aim Is True*, de Elvis Costello (com "Allison"), o *Talking Heads: 77* (com "Psycho Killer"), o *Blondie* (com "X Offender"), *The Idiot*, do Iggy Pop, *Leave*

Home e *Rocket to Russia*, dos Ramones, ou seja: lá fora saía de cena o hippie de butique para entrar o punk de butique, enquanto aqui no Brasil aquela mansuetude opaca, o sensual ressentimento de sua ufanista condição cu-do-mundista cantada preguiçosamente por seus arautos de sempre.

Caetano lançava seu álbum *Bicho* com inúmeros hits imorredouros como "Odara", "Tigresa", "Gente", "Um índio", "O leãozinho" (dedicado a Dadi Carvalho, lendário expoente do signo de leão, baixista dos Novos Baianos, da Cor do Som e dos Tribalistas, posteriormente), traduzindo meio que "allankardequicamente" o mormaço límbico de toda a nossa paisagem comportamental, psíquica, moral e estética.

Gilberto Gil apresentava *Refavela*, seu último registro sonoro a soar de verdade, lançado após *Refazenda* e antes de *Refestança* (disco com Rita Lee para celebrar a liberdade concedida a ambos depois de serem presos em eventos distintos por porte de maconha na mesma cidade, Florianópolis).

A Banda Black Rio fazia seu disco de estreia, *Maria Fumaça*, fortalecendo a peculiar e criativa soul music brasileira (Tim Maia, Os Diagonais, Sandra Sá, Cassiano, Hyldon entre outros), uma espécie de avó erudita do funk carioca (hoje em dia, ouvir Tim Maia depois de um funk carioca é como degustar um dos últimos quartetos de Beethoven após ouvir "Lady Laura"), enquanto o Rei Roberto Carlos emplacava os hits "Amigo" e "Muito romântico" (esta última de Caetano Veloso), com sua marca registrada sonora de muzak-aroma-de-motel, se distanciando cada vez mais daquela figura jovial, irreverente e rocker que fora enquanto rei da Jovem Guarda.

Desconfio que para sobreviver, Roberto, claudicante (sem segundas intenções!), teve de abdicar de sua real identidade, renegar seu rock'n'roll para adentrar no pantanoso e sombrio terreno do acochambre romântico.

Parecia que Roberto não queria mais saber de nada, além de viver numa bolha de conforto, numa ficção de verdade, habitando assim seu reino de porra nenhuma sem ninguém por perto.

Roberto pós Jovem Guarda é a imagem da mais perfeita forma de solidão.

Formando a famiglia do totalitarismo cultural

Ao invés de caminhar para frente, a tal da MPB rastejava para os lados, solidificando um determinado grupo na onipresença da cena nacional por meio de uma ciranda de elogios entre pares, duos-fofura, quartetos acarajeicos e inúmeras parcerias interestaduais, sem falar da suspeita ubiquidade nas trilhas de novelas da Globo. Milton Nascimento (mais deprimido do que nunca) convidaria Chico Buarque, autor de mais de uma versão de "O que será? (À flor da pele)", para cantar essa faixa em dueto tenebroso do seu novo álbum, *Geraes*; por sua vez Chico protagonizaria, nove anos depois, um programa semanal na Globo com Caetano Veloso que, por seu turno, comporia esporadicamente para Roberto Carlos que, assim como os dois primeiros, escreveria sistematicamente canções para Maria Bethânia, Gal Costa e outras tantas "cantrizes". Chico, além da notória autoridade em perscrutar e cantar a alma do pobre fictício e do malandro alegórico na área da música de crítica-social, também se especializaria em psicografar os dilemas e dramas femininos da mulher brasileira balzaquiana carente de classe média-alta e em breve faria dupla com Gilberto Gil, gravando a autocomiserada, enfadonha e canastrã "Cálice".

Lembro da minha sensação quando ouvi "Cálice" pela primeira vez: tive vontade de vomitar.

Não preciso salientar que a crítica e o público auto-se-dizente elegante, bacana e culto em geral tinham orgasmos (que persistem até hoje!) com esses trambolhos sonoros, gerados por artistas que têm como principal característica alimentar e acariciar nossos piores defeitos.

E foi no transcorrer desse período que esse grupo foi definitivamente divinizado, quase que por decreto, por meio das ações definidoras de um articulado lobby de imprensa, de maciças inclusões de suas músicas em temas de novelas, de especiais de tevê dedicados à sua assunção e de execuções no rádio a peso de ouro, que o elevaram em definitivo ao fossilizado Olimpo da música brasileira.

Esse totalitarismo cultural estabeleceria para todo o sempre quem seriam os verdadeiros gênios da raça, quem seriam seus subalternos, quem poderia atuar no baixo clero e consumir algumas migalhas de seu prestígio, quem seriam aqueles que obteriam o direito de adulação como sicofantas oficiais, subjugando assim toda uma classe a se curvar bovinamente à liturgia desse conluio de caciques, doravante investidos do direito e do poder de aniquilar seus desafetos como bem entenderem.

Era a tal da MPB, uma espécie de gelatina vitrificada reinando gelada no presente contínuo de uma pasmaceira majestosa.

Quero deixar bem claro que não se trata aqui, sem o menor traço de ironia, de levantar nenhuma dúvida quanto ao talento desses grandes artistas. Talento não tem nada a ver com caráter ou possíveis patologias morais.

O talento deles é inquestionável (sempre nutri alguma admiração por eles), mas não é, de forma alguma, desse tamanho todo que querem nos fazer crer. O que critico e com veemência, além do projeto de poder que nos impõe uma paralisia completa, é o nível de ideologização, formulação, carnavalização e perpetuação de uma mentalidade e de uma estética que impossibilita nos enxergarmos de verdade como povo e não essa baboseira ingênua (ou não) de malandros pré-fabricados, guris cenográficos, "Genis" ideológicas, matronas carentes, relativismos cínicos, verdades tropicais de araque, que nos condenam assim, com monomania totalitária, a inviabilizar qualquer alternativa de transformação ou superação.

Os anos que se arrastarão até nossa época atual vão nos revelar essa triste realidade.

O intelectual de esquerda criando um Brasil inexistente, fiel à sua imagem e insignificância

Como antítese dessa nata de medalhões cristalizados, o rock nacional e tudo que poderia se aparentar à guitarra elétrica era sempre desdenhado, boicotado e colocado para escanteio pela elite pensante, quase toda ela composta por intelectuais de esquerda, fato este o principal causador da maioria das misérias culturais que assolam o país desde o início do século passado.

O intelectual de esquerda jamais conseguiu perceber que, em busca de uma "pureza cultural" inexistente, foi o responsável pela implementação na área da produção musical de um estilo postiço e pernóstico, taxonomizado de MPB.

A Jovem Guarda fora uma de suas vítimas mais recentes e tudo quanto se assemelhasse a rock, América, seria a partir de então, defenestrado com feroz histeria por aquela paumolescente casta de pseudopensantes, na teimosia de criar um pseudo-Brasil à sua imagem e insignificância.

Daí a tal S.D.I. (síndrome da dignidade intelectual), efeito colateral do totalitarismo cultural, que acomete onze entre dez brasileiros de classe média (geralmente essa síndrome eclode justamente quando a criatura entra em contato com seus professores no segundo grau).

Raul Seixas, o outsider

Nadando contra essa corrente, Raul Seixas conseguiria impingir a façanha de adquirir definitivamente o status de celebridade nacional naquele ano de 1977 ao lançar o álbum *O dia em que a Terra parou*, e com ele, um hino transformado em seu epíteto (um tanto incômodo) de então para a eternidade: "Maluco Beleza".

Raul, embora baiano, sempre se postara como arqui-inimigo de tudo que pudesse fazer lembrar Tropicália ou MPB.

Ele era o avesso do que a *intelligentsia* nativa entendia, preparava e ansiava de um verdadeiro compositor brasileiro. E como todo roqueiro que aparecia na cena (não esquecendo que a expressão "roqueiro" já nascia depreciativa), a nossa intelectualidade fazia questão de tornar a tal figura maldita, ou "irreverente", ou ridícula ou tudo junto num só alvo.

Com sua verve, excentricidade e solidão, Raulzito será um dos heróis das gerações vindouras, muito embora fadado a morrer praticamente esquecido, ridicularizado, pobre e abandonado.

Após sua morte, aí sim, começariam a brotar homenagens, tributos, documentários, projetos de discos, a maioria deles "caça-níqueis", em que muita gente poderia pegar uma onda (até Caetano Veloso, quem diria!) na celebridade devidamente domesticada, reconhecida e doravante inofensiva de Raul.

A zebra e Big Boy, nosso herói e salvador

Descendo mais ao submundo do purgatório do cenário musical, o Vímana, uma espécie de promissora banda do baixo clero, não termina o que seria seu LP de estreia, gravado a título de teste no primeiro estúdio de 24 canais do Brasil, o Level Studio. O projeto foi devidamente abortado por termos recebido uma proposta surreal do Patrick Moraz de formar um supergrupo internacional e ir morar em Genebra. (O Level Studio se transformaria logo depois nos estúdios da Som Livre.)

Mas, mesmo assim, ainda daria tempo de lançar um compacto simples, fruto daquele experimento.

O single é "Zebra", uma parceria de Lulu Santos, Ritchie e eu.

A gravação ficou um caos, já que para testar os múltiplos canais, fomos obrigados a "dissecar" a bateria: gravei a caixa num canal, depois as viradas nos tons em outro, depois o bumbo em outro... uma lambança! Um Frankenstein sonoro.

Numa determinada manhã de 1977, o Vímana (exceto eu) regressava de uma visita ao programa de rádio do Big Boy, o maior disc jockey por aqui de todos os tempos, que provocaria uma mudança radical em nossas cabeças e em nossos planos para o futuro.

Uma pausa para explicar a importância de Big Boy.

Newton Alvarenga Duarte, um professor de geografia que ficaria conhecido como Big Boy, foi o grande propagador do rock no Brasil desde os anos 60. Ele simplesmente revolucionou a forma de fazer rádio por aqui e com isso acabou por formar uma geração inteira.

Dá pra imaginar ouvir numa rádio hoje, no horário nobre das 18 horas, os últimos lançamentos das melhores, maiores e mais esquisitas bandas de rock, blues, folk, R&B e soul music do mundo?

Me lembro de quando o Led Zeppelin lançou seu terceiro álbum, o *Led Zeppelin III*, o primeiro disco a bater os Beatles em vendas em todo o mundo. Big Boy colocou o disco todo para tocar, de cabo a rabo, na semana em que ele saiu, assim como fazia com Grand Funk, James Brown, Free, Uriah Heep, Black Sabbath, Ike and Tina Turner, Jethro Tull, B. B. King, Cream, The Allman Brothers Band, Howlin' Wolf, Robert Johnson, Isaac Hayes, Roxy Music, The Turtles, Gary

Moore, Roberta Flack, Janis Joplin, Aretha Franklin, Pink Floyd, David Bowie, T. Rex, Carole King, Velvet Underground, Bob Dylan, Joni Mitchel, Rickie Lee Jones, The Band, Van der Graaf Generator, The Flaming Ember, The Rascals, Little Smith, Little Richards, Jimmy Hendrix Experience, The Rolling Stones, Chuck Berry, Bad Company, Traffic, Otis Redding, Al Green, Amon Düül, Triangle, Premiata Forneria Marconi, The Temptations, Kool & The Gang, Deep Purple, Marvin Gaye, Ruth Copeland, Dr. John, Rory Gallagher, Robin Trower, Ray Cooper, Steve Miller Band, Alexis Corner, Black Oak Arkansas, Jeff Beck Group, The Kinks, The Byrds, Crosby, Stills, Nash & Young, The Flock, Curved Air, Mahavishnu Orchestra, Osibisa, The Who, Santana, Cold Blood, Slade, Mountain, Ten Years After, The Voices of East Harlem, Cactus, Eric Burdon & War, Frank Zappa e The Mothers of Invention, Focus, Babe Ruth, The New York Dolls, Alice Cooper, Les McCann, Edwin Starr, ELP, Yes, Jefferson Airplane, Ted Nugent, Todd Rundgren, UFO, Gentle Giant, The Staple Singers, Curtis Mayfield, Wilson Pickett ou Humble Pie.

E foi assim que nos acostumamos a aprender sobre tudo que amávamos na música durante as décadas de 60 e 70. Essa foi a minha escola e minha formação musical.

Ou seja, o rádio me formou; Big Boy me formou. Como imaginar algo semelhante nos dias de hoje?

Pois bem, voltando à vaca-fria, Big Boy, essa lenda até então viva, ouviu "Zebra", olhou para os rapazes e disse algo assim: "Se vocês quiserem fazer sucesso de verdade, enfrentem os programas de auditório, invadam as rádios, frequentem as revistas femininas de fofocas, façam fotonovelas, naveguem na breguice brasileira, porque música popular é isso aí e não ficar tocando em cinema da Zona Sul em sessão da meia-noite, pra meia dúzia de hippongas maconheiros de classe média alta, pombas!"

Quando os meninos chegaram dessa sábia e severa carraspana, me relataram o ocorrido perplexos e Lulu, sem transição, varado de luz, proferiu algo como: "É isso que eu quero fazer! Música pra tocar no rádio. Música popular. Temos que deixar de frescura e enfrentar o cenário brasileiro como ele é. Entrar nele primeiro para depois transformá-lo."

E foi exatamente isso que a partir de então viríamos a nos dispor a fazer.

Transformar um cenário desses não seria obra fácil, e corríamos o sério risco de sair deformados.

Desconfio que os anos 80 seriam severamente tomados de assalto por essa deliberação estratégica daquela manhã de 1977. Conseguiríamos entregar nosso ouro, fazer música com alguma qualidade, alguma dignidade e ainda por cima sair incólumes?

O Brasil mudaria de cara, de coragem e de caráter afinal?

CAPÍTULO 03

1978
SURGINDO OS PRIMEIROS SINAIS

> "O brasileiro é possuído por uma ideia de Belo que não precisa de Bom nem muito menos do Verdadeiro."
>
> "Os líderes criadores do movimento modernista, em especial Mário de Andrade, foram os criadores da 'tirania da maioria e do totalitarismo cultural que hoje infestam as universidades, as redações jornalísticas e os partidos políticos – e, como sempre ocorre com essas operações publicitárias em que o gato será vendido por lebre, o resultado foi um grande engodo para todos nós."
>
> Martim Vasques da Cunha

Prosseguiremos nosso caminho rumo aos anos 80, recolhendo as evidências mais importantes que fornirão uma notável quantidade de dados, cruzamento de fatos, pessoas e acontecimentos para constatar que a próxima década já nascerá com seus dias contados.

1978 foi ano de Copa do Mundo e também o ano em que o Vaticano teria três papas em menos de dois meses.

João Paulo II ocuparia a cadeira de São Pedro por 26 anos e seria um dos artífices da derrocada do comunismo no mundo.

1978 foi também o ano do primeiro contato do público brasileiro com o líder metalúrgico Luiz Inácio da Silva, o Lula, liderando a primeira greve de sindicato da história (para décadas mais tarde ficar comprovado ser ele um delator de companheiros ao DOPS), dando início assim, em torno de sua figura, a reestruturação política da esquerda no Brasil.

Geisel extinguia o AI-5, prometendo ao povo uma transição para a democracia plena.

E, no embalo dessa marola de promessas e revoltas, Chico Buarque lançava seu novo álbum, emplacando pelo menos três hits poderosos: "Apesar de você", que se transformaria num mantra de passeata da esquerda festiva; a já aqui devidamente comentada "Cálice"; e, talvez, a única de suas canções que algum dia me emocionou de verdade, uma daquelas canções que possuem uma beleza rara, de fazer chorar, "Pedaço de mim".

E no *mainstream* da fofoca mais rasa, prosseguia a febre desvairada da disco music com muito Village People, Gloria Gaynor, Chaka Khan, Donna Summer.

Os Rolling Stones colocavam "Miss You" com sabor disco nas paradas.

Já começávamos a receber alguns eflúvios da nova onda que vigorava lá fora com o Talking Heads ("Psycho Killer" e "Take Me To The River") e Blondie ("Denis"), tocando nas rádios.

Tim Maia voltava a sacudir as paradas com "Sossego", Rita Lee & Tutti Frutti emplacariam pelo menos três hits: "Agora é moda", "Jardins da Babilônia" e "Miss Brasil 2000". Sidney Magal estourava com "Sandra Rosa Madalena", e Roberto Carlos enfileiraria pelo menos três grandes sucessos: "Lady Laura", "Café da manhã" e "Força estranha" (esta, de Caetano Veloso).

The Police

A grande novidade no underground internacional é o lançamento de um LP (*Outlandos d'Amour*) de um trio influenciado pelo reggae, jazz e punk que iria liderar a segunda invasão britânica da América e do mundo, inaugurando um subgênero punk (a new wave), que se utilizava de nonsense, letras simples, multirracialidade cultural, fazendo uma mistureba de tudo que se pudesse ter à mão: The Police.

Os primeiros hits da banda foram "Roxanne", "I Can't Stand Losing You" e "So Lonely", esta última alguns anos depois, aqui nas plagas brasileiras, sofrerá uma paródia feita por Leo Jaime com o intuito de tirar sarro da censora oficial da época, a famigerada Solange.

A dama do lotação e o cinema nacional

No cinema nacional, o ano foi de *A dama do lotação*, de Neville d'Almeida, baseado num conto de Nelson Rodrigues, com Sônia Braga no seu apogeu e música de Caetano Veloso. Um estrondoso sucesso de bilheteria. Como era de se esperar, nosso grande Nelson Rodrigues jamais fora agraciado com uma única versão decente para quaisquer de suas obras. O cinema brasileiro continuava prenhe de estética pornochanchadista (fosse pornochanchada de raiz, fosse pornochanchada disfarçada de conto de Nelson Rodrigues), odes medíocres aos miseráveis, ou canastronas críticas à ditadura.

Muito

Em 1978, Caetano Veloso também sairia com um de seus melhores trabalhos (na minha opinião), o álbum *Muito*, com A Outra Banda da Terra, apresentando canções como "Terra" (participação de Sergio Dias no sitar), a icônica "Sampa", "Muito", "Love Love Love", e os covers "Eu sei que vou te amar", de Tom Jobim e "Muito romântico", de Roberto e Erasmo Carlos, dando assim prosseguimento com a já notória ciranda de parcerias e covers desse sindicato fechado da MPB, sempre na direção de alcançar aquele presente contínuo que se estenderá até os dias de hoje.

Raul Seixas cometeria um de seus álbuns menos conhecidos do público, *Mata virgem*, um disco meio folk, meio MPB, meio ecológico... Não aconteceu nada com o disco.

Aborto Elétrico: uma geração entre o falso absoluto e o absolutamente falso

Enquanto isso, no Planalto Central, nas entranhas do Brasil, entediados com aquele autorama stalinista que é Brasília e com o marasmo nacional, uns garotos da alta classe média, filhos de diplomatas, militares, funcionários públicos graduados e professores começavam a se reunir para ouvir e se nutrir de discos punks ingleses como os do Sex Pistols e The Clash, para logo em seguida começar a tocar, compor material próprio e querer brincar de mudar o mundo.

Entrávamos mais uma vez no pantanoso terreno de questionamento (punheta! punheta!) da identidade cultural nacional: será que devemos seguir o modelo que nos é imposto de brasilidade? O que devemos descartar enquanto alienação ou colonização cultural, se é que devemos descartar alguma coisa baseada nessas premissas? O que o mundo deve enxergar como um produto, "de fato", brasileiro, se é que devemos nos preocupar realmente com isso? Continuaríamos a ladainha de tentar agradar as expectativas do "*exotique primitif*" balangandânlico que o estrangeiro espera como nosso falso absoluto de exportação? Para um jovem que nasceu ouvindo rock, não seria o samba sua terra estrangeira? Teimando em acreditar que a única possibilidade de "legitimização" do rock será infiltrando-lhe doses protuberantes de samba para lhe conferir a devida autenticidade? O que poderia ser mais falso absoluto que a figura idealizada do malandro? Ou o branco da Zona Sul a emular de forma patética os bambas da velha guarda do samba? Até quando levar adiante esse vício imbecil?

Ou, por outro lado, engendraríamos um novo caminho de autossatisfação genuína, porém com o sério risco de cair no absolutamente falso? O simples ato de fazer rock pode ser considerado algo absolutamente falso, segundo nossos parâmetros culturais?

Na cópia pela cópia, uma versão esquálida do original, produzida por um ingênuo amador?

Ou haveria alguma chance de brotar daquela vivência realmente apaixonada e compatível algo realmente verdadeiro e genial?

E foi em meados de 1978 que nasceu o Aborto Elétrico, uma banda a princípio instrumental composta por Fê Lemos, filho de um professor da UnB que voltava de Londres, na bateria (futuro Capital Inicial); Renato Manfredini Jr., filho de um funcionário público do Banco do Brasil, colecionador de discos punks e leitor voraz de Tolkien, Thomas Mann, Oscar Wilde, no baixo (futuro Renato Russo da Legião Urbana); e André Pretorius, filho de um diplomata, na guitarra.

Posteriormente a banda decidiria incluir músicas com letras em seu repertório e me parece que Renato e Fê começaram a compor canções de possante teor político, num viés bastante diverso daquele que todos nós estávamos acostumados a ouvir nos festivais da vida.

Era a antessala do pé na bunda que aquela rapaziada (mesmo que inconscientemente) iria aplicar na elite intelectual de esquerda.

Um sacrilégio arriscado recusar-se a beijar a mão (e, de vez em quando, os pés) daqueles detentores absolutos da canção de protesto, do monopólio da consciência política, da hegemonia de sua estética e mensagem.

Como um "roqueiro" alienado, americanizado, um colonizado cultural haveria de ter alguma moral para expressar suas opiniões, ideias e manifestações artísticas? A pressão era intensa. O medo de ser rechaçado e evaporado da existência, poderoso.

Da primeira safra do Aborto Elétrico saíram coisas como "Que país é este", "Música urbana", "Veraneio vascaína", "Geração Coca-Cola", "Fátima", que viriam a se tornar verdadeiros símbolos dos anos 80.

Observando agora esses acontecimentos com a necessária distância emocional, tirando esse romântico confronto com a esquerda totalitária cultural, é inevitável concluir que o brasileiro prescindindo do Bom e do Verdadeiro, como assim dizia Martim Vasques da Cunha em seu livro *A poeira da glória*, adotaria assim o Feio como o novo Belo. Em outras palavras: adotando o Feio (o que inclui a cópia, o tocar mal e a estética de esgoto) como uma espécie de neobeleza, seria isso o bastante para desmoronar a hegemônica Beleza retrô, falsa e encafonada do beletrismo musical MPBista?

E essa indulgência na forma, esse erro epistemológico coletivo, irá selar o destino do profundo conteúdo da nova geração, pois perecerá no confronto com uma esquerda mais articulada, mais maldosa, tirana e mais capilarizada na imprensa, na universidade e nos meios de comunicação, por possuir um arsenal de revide insuficiente.

Não se pode matar a cobra e esconder o pau. Mas foi o que aconteceu.

Daí o punk, diante da natureza intrínseca de um brasileiro em sua menos valia uterina, na sua miserável sede de acomodação, ser uma sedutora e perigosa armadilha para os mais desavisados. Nem só de punk vive o homem. Era preciso evoluir. Como? Ninguém sabia.

E que multidão de desavisados estava prestes a se manifestar?...

Seria o movimento do punk nacional um caso patológico de passividade agressiva, repleto de sectários estúpidos, que se imploriria em dogmas? Afinal de contas, a anarquia não se sustenta por muito tempo e se bifurcaria fatalmente em bandas de extrema esquerda e de extrema direita (os skinheads). Mais uma outra folclorização? Era muito pouca areia para uma jamanta.

Nasce a era punk na Vila Carolina: Restos de Nada

A Vila Carolina, na periferia de São Paulo já possuía uma cena de rock bastante efervescente (Turma da Carolina) muito influenciada por bandas protopunks americanas como Stooges e MC5.

Essa rapaziada era liderada por Douglas Viscaino, guitarrista de uma banda chamada Organus, que ensaiava na laje da casa do Pedrinho, baixista, com Mario no vocal e Panza na bateria.

Mais tarde, Douglas convidaria seu colega de colégio, Clemente, para ingressar na banda e, em seguida, o grupo passaria a ensaiar com Ariel no vocal e Charles na bateria.

Charles, além de tocar bateria, era influenciado pela MPB e também tocava violão, e tinha uma formação musical mais apurada que os outros do grupo. Contudo, acabou se despojando de todo esse cabedal e mergulhou de cabeça na cultura punk.

Era o caso típico de um ex-futuro-revolucionário-de-festival, adernando para o movimento punk.

Assim nascia a primeira banda punk brasileira de que se tem notícia, a seminal Restos de Nada.

Há quem afirme ser o Joelho de Porco a primeira banda punk, mas o Joelho de Porco estava mais para uma abertura do *Fantástico* com distorção ou, quiçá, um Secos & Molhados com testosterona.

O show de estreia da Restos de Nada foi realizado no fim de 1979, num dos poucos espaços de rock da época chamado Construção, na Vila Mazzei.

Vindos da Restos de Nada surgiriam ou orbitariam nomes notórios da cena punk como Os Inocentes, AI-5, N.A.I. (Nós Acorrentados no Inferno), que passou a se chamar Condutores de Cadáver.

A tal fórmula do Belo encarnado numa provável revolta passivo-agressiva do Feio como fator de libertação iria se transformar numa pandemia.

Iríamos entrar num período de luta acirrada entre o Falso Absoluto da MPB com o Absolutamente Falso do rock.

Se em Brasília e na Vila Carolina as coisas começavam a se desenhar de forma diferente, o Rio de Janeiro persistiria em seu marasmo ensolarado, no seu imponente narcisismo alimentado pelo folclore dos artistas globais a ditar moda com as novelas, a nortear a vida e os costumes do cidadão comum; pelos cantores e compositores famosos, e nem tão famosos assim, lotando as praias e as noites cariocas, conferindo ao cenário uma ilusão de efervescência quando na realidade o Rio era um *habitat* de posers, um crasso atoleiro de ideias.

O punk suburbano carioca ainda não havia se manifestado até aquele momento. Faltaria pouco para que em Campo Grande, no subúrbio do Rio de Janeiro, explodisse, ao redor de uma pista de skate, a cultura punk carioca, que tanto influenciaria toda a história do rock brasileiro.

De um finado funk frankenstein ao renascimento

O Vímana havia implodido no final do ano anterior por conta de uma série de baques: 1) a quebra do contrato com a Som Livre por exigência de Patrick Moraz que tinha entrado na banda; 2) a saída do Lulu, líder e criador da banda, expulso por mau comportamento; 3) e o seu previsível desmoronamento final, oito meses depois, como consequência do fenômeno punk na Inglaterra e em Nova York, com a quebra de todos os contratos internacionais relativos à turnê mundial e ao álbum do que seria nosso ex-futuro supergrupo progressivo, que a partir de então já se configurava como língua morta no rock'n'roll.

Para piorar a situação, acabei me casando com a mulher do Patrick e fui morar na casa dela, o mesmo local onde nosso grupo passara aqueles meses todos ensaiando para a gloriosa e abortada estreia no showbiz mundial.

Não me deterei nos detalhes dessa triste história. Quem quiser saber mais, minha autobiografia, *50 anos a mil*, traz o relato minucioso do episódio.

Lulu, genuinamente magoado, vai trabalhar como assistente de produção na Som Livre e concomitantemente a sua nova atividade, começa a compor um repertório solo em parceria com Bernardo Vilhena, poeta da Nuvem Cigana, antigo amigo do Ritchie, que também havia se aproximado do Vímana para fazer algumas letras para a finada banda.

Esse repertório solo (Lulu chegou a me mostrar algumas canções) me pareceu muito original, chique e popular ao mesmo tempo (na minha modesta opinião), mas iria se desintegrar logo em seguida devido a um desentendimento entre ele e Bernardo. Mas o processo de gestação já estava em andamento.

Bernado Vilhena e a Nuvem Cigana

Bernardo Vilhena é um poeta oriundo do delirante grupo carioca Nuvem Cigana, pioneiro da poesia de mimeógrafo, das performances itinerantes em galerias, ruas e teatros, que fazia a poesia entrar na vida da cidade do Rio de Janeiro. Além de Bernardo, figuravam entre seus integrantes nomes como Chacal, Charles Peixoto, Ronaldo Bastos, Ronaldo Santos, Claudio Lobato.

Bernardo foi uma figura crucial na minha vida.

Bernardo, por um tempo, seria meu parceiro, minha família, uma figura paterna e, ao mesmo tempo, um companheiro de aventuras, se colocando ao meu lado e sempre atentando aos meus interesses musicais e literários.

Portanto, é meu dever colocar nossas diferenças de lado, uma vez que deixamos de nos falar em 1991 e mostrar sua importância.

Transcreverei abaixo nossa primeira parceria de 1977, "Tudo veludo", uma balada triste, meio samba-canção, meio blues, meio Maysa, meio Dolores Duran, que com os seus dolorosos 23 acordes acoplados à linda letra escrita por ele se transformaria num instantâneo poético-musical do meu calvário existencial, psicológico e amoroso.

Tudo veludo
(Bernardo Vilhena)

Quando você quer ser mais do que eu
Querendo ser mais do que eu sou eu
Não tem sentido sorriso, palavra
Nada é capaz de fazer voltar a mim
E eu estou aqui
Só com o meu desejo
E você, morena, morena, antena e raiz
Tem certas coisas que a gente não diz
Mas eu perdi o jeito
O jeito de ser
Tua tristeza e tua beleza
São coisas do mundo
Como tem dança da vida
Tem dança da dor
Tudo veludo
Tudo tudo tudo tudo
Tudo azul na noite.
No dia....

No transcorrer desses próximos dois anos, ainda embalado pela minha indefinida verve MPBista, ainda brotariam composições ("Girassóis da noite", "Rio do delírio", escritas apenas por mim) que só se tornariam públicas muito tempo depois: "Rio do delírio" sairia em 1984, no álbum *Ronaldo foi pra guerra*, e "Girassóis da noite" só seria gravada em 1987, no *Vida bandida*, em que também gravei "Tudo veludo".

Outra parceria nossa, "A voz da razão", foi gravada em 1986, em *O rock errou*, num duo com Elza Soares, pois Elza era a musa dessa canção desde que foi composta.

E sinais esparsos de que alguma coisa estava fora do controle da hegemonia dos revolucionários de festival começavam a surgir furtivamente pelo país sem que cada um dos seus atores soubesse o que seus pares das outras regiões estavam aprontando.

CAPÍTULO 4

1979
O PUNK NA PERIFERIA, INOCENTES, CÓLERA, LIRA PAULISTANA E MAIS GELECA GERAL

> "Pátria amada, de quem você é afinal? É do povo nas ruas? Ou do Congresso Nacional? Pátria amada idolatrada, salve, salve-se quem puder!"
>
> Inocentes, em "Pátria amada"

Estamos agora às portas de uma nova década. 1979 será um ano que dará o diapasão a um novo paradigma mundial.

Teremos o renascimento do culto ao mercado, as privatizações entram em pauta e o neoliberalismo dará seus primeiros passos com a chegada de Margaret Thatcher ao poder. A China de Deng Xiaoping inicia o processo de abertura da economia.

João Paulo II assume de vez seu papel de protagonista na luta pela derrubada do comunismo e faz uma viagem à sua terra natal, a Polônia, para dar mais força e moral ao Solidariedade, partido de Lech Walesa, o palco do início da derrocada de um comunismo que vigorou até aquele período do início do fim do século XX.

Com o comunismo em seu crepuscular fracasso, retomam à ribalta as religiões.

João Paulo II inicia uma peregrinação mundial, arrebatando fiéis e tornando-se o primeiro papa multimídia, renovando a fé católica, nitidamente focado em encurralar as ideologias de esquerda.

O Irã, até então um dos países mais liberais do Oriente Médio, sucumbe à revolução islâmica e alça ao poder o aiatolá Khomeini, pai de uma era de feroz teocracia totalitária, geradora de um gigantesco retrocesso cultural no país e em toda a região.

A partir desse momento, a humanidade terá de conviver com a volta do fanatismo religioso, o acirramento do terrorismo islâmico que, posteriormente, com os seus filhotes, e todas aquelas organizações terroristas das décadas vindouras, eclodiria num *jihad* obstinado em dizimar a cultura ocidental judaico-cristã, sempre em aliança de ocasião com a esquerda globalista, os tradicionais inimigos do seu pior inimigo, os Estados Unidos.

Khomeini não iria aliviar para o Ocidente.

No Afeganistão, os ainda aliados dos americanos, os *mujahidin*, encurralam o exército soviético, refém de uma desastrada invasão que alguns chamaram de Vietnã russo e que contribuiria substancialmente para o fim da URSS.

Do outro lado do mundo, a revolução sandinista depois de matar mais de 200 mil pessoas, expulsa do poder Anastasio Somoza, que foge para Miami, permitindo a Daniel Ortega assumir o governo da Nicarágua.

Como era de se esperar, a nossa América Latina sempre na marcha a ré da história.

E, no Brasil, 1979 foi o ano da posse do general João Batista "Eu prendo e arrebento" Figueiredo, que assumiu a presidência com aquele ar de durão, mas que, por ironia do destino, viria a conduzir a volta do povo brasileiro às urnas.

É o ano da volta dos exilados políticos. A esquerda festiva está delirante!

Gabeira, Brizola, Arraes estão de volta. É o fim do bipartidarismo e o início de uma crise econômica devastadora causada pelo choque do petróleo, decorrente da revolução teocrática iraniana.

Por isso, a inflação, que estava na casa dos 45% ao ano, vai passar dos 230% ao longo dos próximos seis anos.

Começamos a ouvir uma sigla que se tornará um mantra de pavor para o cidadão brasileiro comum: FMI.

A vida desse brasileiro sofrerá mudanças drásticas e justamente no seu ponto mais fraco: o pobre bolso, que mais se parecerá com um puçá na antimatéria.

Bye, bye, Brasil

No cinema, o Brasil prosseguia firme com uma enxurrada de pornochanchadas tradicionais como *Nos tempos da vaselina, Histórias que nossas babás não contavam, Os gênios do sexo, Mulher, mulher, O bem dotado, o homem de Itu, Profissão mulher, Perversão, Desejo selvagem (Massacre no Pantanal)*, e pornochanchadas mais chiques, feitas para enganar otário, como *O princípio do prazer*, sem contar a presença obrigatória dos Trapalhões nas telonas com *O rei e os Trapalhões*.

Fora isso, como não poderia deixar de ser, no cardápio teremos, como de costume, as produções mais inclinadas àquele papo cabeça de araque com coisas do tipo *O bom burguês*, filme de Oswaldo Caldeira com José Wilker no papel de um bancário que trabalha para financiar uma organização terrorista que luta pela implementação de uma ditadura de esquerda no país, alegando lutar contra a ditadura militar vigente.

ABC da greve, de Leon Hirszman, que acompanhou a trajetória do movimento metalúrgico. Aquela balela: sindicalistas oprimidos lutando por melhores salários e a ditadura reprimindo o movimento.

O simplismo, o reducionismo e o estrabismo cognitivo são comoventes.

E, encabeçando a lista dessas platitudes, o bochichado, aclamado pela crítica como um dos mais importantes filmes brasileiros de todos os tempos, aplaudido excitadamente pelo público e laureado *Bye, bye, Brasil*, de Cacá Diegues, que conta a perambulação da Caravana Rolidei de artistas mambembes por esse Brasilzão de meu Deus, no intuito de mostrar como nossa cultura autóctone será, muito em breve, invadida pela fatídica americanização. Embora a ideia inicial seja uma bosta, o filme tem momentos bastante interessantes, com belíssimas interpretações de José Wilker como Lorde Cigano, Betty Faria como Salomé, Fábio Júnior como Ciço, Zaira Zambelli como Dasdô, e de Jofre Soares como Zé da Luz.

O tema musical é composto por Chico Buarque, uma canção homônima com a sua assinatura chocha, exangue, desinteressante, reacionária, mirando sempre no alvo errado. Imperdível.

Pânico em SP! Pânico na MPB?

A população mais jovem, que já convivia intimamente com a instituição da censura, a partir de então terá de lidar também com um empobrecimento cultural cruel e radical.

Ao mesmo tempo que a nossa MPB atingia o zênite do seu prestígio popular com as paradas de sucesso e especiais da Globo encharcados daqueles artistas e daquelas canções complicadas e cafonas, ironicamente vivenciava, sem saber, algo parecido com um moribundo que recebe a visita da saúde.

A nova geração precisava de um novo paradigma para expressar sua insatisfação com tudo aquilo que estava acontecendo.

É curioso relembrar certos aspectos dicotômicos daquela época. Você, enquanto roqueiro ou punk, tomava geral e porrada da polícia, sendo tratado invariavelmente como marginal e maconheiro, até que provasse o contrário. E por outro lado, para seu desespero, também era escorraçado com a mesma truculência do convívio daqueles que "lutavam pelo povo", os tais esquerdistas, que acreditavam sermos infectados pela colonização estadunidense e, por conseguinte, não merecedores de qualquer sentimento de empatia ou solidariedade.

Enquanto isso, esses tais esquerdistas flanavam incólumes pelas ruas do Leblon com suas bermudas e sandálias, se reuniam em restaurantes como o lendário Antonio's, acreditando que os eflúvios de suas fofocas etílico-boêmias gerariam a derrubada do malévolo regime opressor. Eles vituperavam contra o imperialismo ianque nas universidades, nas praias, nas redações de jornais e revistas, clamavam por uma urgente aliança com Cuba nos colégios de filhinhos de papai de renda alta ou confeccionavam músicas de protesto para defender a pureza pristina daquela instituição abstrata, longínqua, etérea que eles costumam chamar varados de contrição e enlevo de "Povo".

Esse leque de cacoetes incuráveis somados à cruel realidade favoreceu muito a eclosão de um estilo músico-comportamental diametralmente oposto, discordante e de confrontação àquela obsessão purista em almejar uma expressão de arte genuinamente brasileira, sem contaminações europeias ou americanas de quem estava acostumado a reclamar e teorizar dentro do útero de conforto e segurança dos bem-nascidos.

Em outras palavras: a coisa saiu do controle. Tudo o que eles não queriam ou sequer imaginavam habitava em nós.

Ou seja, para aquela nova tribo que se formava à margem do beletrismo vigente, toda a reverência majestática aos monstros sagrados da MPB fora para o espaço.

E é dessa combinação fatídica, resultado do distanciamento da realidade com a certeza perigosamente confortável de uma hegemonia fantasiosa acometida a ambos os regimes – o militar (autoritário) e o cultural (totalitário) – que explodirá o movimento punk, retumbando nas periferias. E é neste ano de 1979 que começará a nascer (no meu entender) a banda punk mais importante do Brasil.

Inocentes

Clemente, baixista que tinha tocado com a seminal Restos de Nada, estava saindo de sua segunda banda, Condutores de Cadáver, junto com o guitarrista Antônio Carlos Calegari e o baterista Marcelino Gonzales para fazer uma nova, junto com Maurício no vocal. Essa seria a formação dos Inocentes.

Com letras furiosas, apocalípticas, reunindo-se ao infalível formato de baixo, guitarra e bateria, os Inocentes encarnavam a antítese do revolucionário de protesto e confeccionariam verdadeiros hinos punks como "Pânico em SP", "Pátria amada", "Franzino Costela", "Miséria e fome", "Intolerância", "Garotos de subúrbio", entre outras.

Os Inocentes não só inocularam entusiasmo e inspiração aos seus pares de subúrbio, mas também haveriam de se surpreender ao perceber sua influência contagiando o comportamento de uma das mais emblemáticas bandas dos anos 80, os Titãs.

Com muita perseverança e com as performances mesmerizantes dos Inocentes, a coisa decolou e vieram mais bandas, como Cólera, Olho Seco, AI-5, Lixomania (que iria lançar o lendário EP *Violência e sobrevivência*, em 1982). Todas essas bandas com material de uma genuinidade e de uma contundência jamais imaginados pelos "universotários" de esquerda.

Aqui vai uma amostra disso:

Escombros
(Letra dos Inocentes)

A cidade perturbada
Fria, morta e fálica
Com seu véu de pó e fumaça
A felicidade nunca chega
Sempre está por vir
Persegue-se a vida a vida inteira

Parece que tudo é tão distante
Longe daqui, longe de mim
Parece que tudo é tão distante
Longe, longe...

A fé louca e cega
Da multidão desgovernada
Mas há quem não creia em nada
Nas carcaças de concreto
O passado deixa marcas
Há coisas que nem o tempo apaga

Parece que tudo é tão distante
Longe daqui, longe de mim
Parece que tudo é tão distante
Longe, longe...

Escritórios, quase fábricas
Onde a vida se desfaz
Pedaços de gente e máquinas

Desperto sobre os escombros
Do dia anterior
A razão se esconde atrás do horizonte

Parece que tudo é tão longe
Longe daqui, longe de mim
Parece que tudo é tão distante
Longe, longe...

Uma observação: coloquei a letra como sendo da banda porque só encontrei essa referência, e porque isso, não raro, era uma tradição, principalmente nos grupos punk.

Cólera

O movimento se espraiou da periferia para o centro. O punk começou a tomar conta das grandes galerias de São Paulo com o vocalista do Olho Seco, Fábio Sampaio, alugando uma sala e abrindo uma loja chamada Punk Discos, tornando-se rapidamente uma referência punk na cidade. Um verdadeiro quartel-general do movimento.

Ali quem quisesse podia se nutrir dos lançamentos de discos de bandas estrangeiras. Ali nasceriam novas bandas. E isso tudo acontecendo com a polícia sempre presente, colada na porta, esperando na tocaia para dar o bote da blitz, confirmando um cenário perfeito para um jovem cheio de ira, disposição e testosterona engendrar seus tortuosos caminhos de liberdade. Morar na casa dos pais? Putz, nem pensar!

Um fato emblemático que aconteceu naquela loja foi a venda de um violão do próprio Fábio, que tinha desistido da MPB, a um rapaz que alegava não saber tocar nada, mas que acabou levando o instrumento para casa. Esse cara era o Redson, futuro líder do Cólera, a primeira banda do movimento punk brasileiro a excursionar fora do Brasil.

A ordem do dia era "Faça você mesmo" e a rapaziada seguiu à risca o lema.

Com essas palavras na cabeça e muita vontade no coração, o Brasil vivenciaria uma de suas mais sérias, verdadeiras e libertárias manifestações populares urbanas.

Redson fundou o Cólera e viria a se tornar um dos caras mais respeitados do movimento. Reverenciado por praticamente toda a cena punk como um gênio. Era morador do Capão Redondo, na zona sul paulista. E como um retrato gritado desse subúrbio, um instantâneo estampado num alerta vermelho surgiu "Subúrbio geral".

Subúrbio geral
(Letra do Cólera)

Viajante da noite, cidade subúrbio
na porta dos bares, encostada no muro
pedindo esmola, com uma perna ferida
carrega a pistola, que vai tirar sua vida

Assim é que vive, como um animal
nas ruas escuras, matando a pau
A noite é deles, do ébrio vagal
da mulher do muro, do homossexual

Subúrbio geral, subúrbio geral

O Cólera era formado por Redson no baixo, Pierre (seu irmão) na bateria e Val na guitarra.

Sem estrutura, equipamentos, grana, o "Faça você mesmo" e a vontade de fazer um som eram o maior combustível da rapaziada.

Já que não tinham guitarras, começaram usando violões para formar as linhas de baixo e de guitarra, e travesseiros e almofadas como tambores de bateria.

Seria assim, nessa mistura de precariedade, criatividade e obstinação, que nasceriam os Estúdios Vermelhos que vieram a se transformar numa espécie de QG punk.

O Capão Redondo, dessa maneira, entrava no mapa do movimento.

O que estava acontecendo ali era algo que a cartilha do embrião do politicamente correto proibirá veementemente: junte tudo o que você acha que é melhor para você, não se demore em nada que o entedie, aprenda com a experiência que a vida lhe dá. Saia da casa de seus pais, esqueça professores, teorias, escolas, teses, teorizações estéreis e parta para a prática dos seus sonhos ou dos seus pesadelos. Ou seja, a antítese do militante de esquerda dos dias de hoje que aos 30 anos vive na casa dos pais, acata tudo que o professor diz, teoriza sobre tudo, como punheteiro de pau mole que é, e só pensa em invadir as escolas no intuito de exigir favorecimentos, a fazer manha como um bebê desmamado.

Como viria a dizer décadas mais tarde Nassim Nicholas Taleb, "só o autodidata é livre", e o movimento punk brasileiro pinçou, catou e selecionou, com a argúcia e a necessidade de um autodidata, uma batelada de informações vindas de todas as direções, confeccionando uma colcha informacional de farrapos e produzindo uma cultura significativamente mais livre, mais genuína e mais poderosa do que seus embolorados predecessores da Bossa Nova, da Tropicália ou da música de protesto.

Enquanto isso, lá fora

O multiabrangente subgênero new wave começa a tomar vulto com o nascimento e a produção de discos de bandas e artistas importantes dos mais variados calibres como o Killing Joke, The Pretenders, Prince, Flock of Seagulls, Hanoi Rocks, Beastie Boys.

Blondie continua firme nos charts, nos disco clubs e na cena punk de Nova York com "Heart of Glass".

A banda de butique The Knack emplaca os primeiros lugares das paradas com "My Sharona" e The Police lança o *Regatta de Blanc*, cravando uns cinco hits: "Message in A Bottle", "Walking on The Moon", "Bring on The Night", "The Bed's Too Big Without You".

Em breve, The Police se tornaria o modelo padrão a ser seguido pela incipiente cena new wave brasileira, destruindo completamente todo o charme, o estilo e a excelência numa banalização rudimentar do som de uma das bandas mais originais que já existiram.

O som da guitarra de Andy Summers se diluiria numa centenas de gravações pelas plagas de cá.

Lira Paulistana e a Vanguarda Paulista... Vanguarda mesmo?

O Lira Paulistana foi fundado neste ano da graça de 1979, num porão de 150 lugares na Teodoro Sampaio, em São Paulo, e seu nome é inspirado na obra homônima de Mário de Andrade.

Esse carismático sítio será palco de uma movimentada e heterogênea cena musical e artística da vida cultural paulistana. Foi lá o berço da chamada Vanguarda Paulista, de Arrigo Barnabé, Itamar Assumpção, Isca de Polícia, Ná Ozetti, Cida Moreira, Tetê Espíndola, de grupos meio experimentais, meio teatrais meio etc. e tais como o Premeditando o Breque, Língua de Trapo, Rumo e Grupo Paranga.

Foi também a maternidade de bandas que viriam a explodir nos anos 80 como Ultraje a Rigor, Titãs, Ira!, Violeta de Outono, além de point do hardcore punk paulista, como Cólera e Ratos de Porão.

O Cólera gravou no Lira seu disco de estreia, *Tente mudar o amanhã*.

Roger Moreira, fundador e líder do Ultraje a Rigor, meu amigo e parceiro, me disse em depoimento sobre o Lira Paulistana que a imprensa na época tentou colocar essa gente toda num saco e inventar um movimento, a tal Vanguarda Paulista. Vanguarda esta, que definitivamente não conteria integralmente esse saco de gatos. O que realmente ficou conhecido como tal foi exatamente o primeiro grupo acima citado: Arrigo, Itamar, Cida Moreira, Tetê Espíndola, acrescido de Eliete Negreiros e Zé Eduardo Nazário.

Apesar de nutrir uma grande admiração musical por seus integrantes, sempre achei esse movimento algo com cheiro de Semana de 22 regurgitada.

Todas aquelas "esquisitices" sonoras já eram chavões e clichês de experiências produzidas por artistas do início do século XX e (ao meu entender) meio que já haviam se esgotado por completo com John Cage e Stockhausen até o início da década de 70.

Isso, sem contar com o agravante de o movimento não nutrir muitos desconfortos em relação à Tropicália e simpatizar patentemente com o Modernismo de 22 e todos esses trambolhos inúteis que temos de aturar pela vida afora enquanto brasileiros minimamente letrados (me perdoem pelo pleonasmo).

Em outras palavras: a Vanguarda Paulista era arrogante, complicada, retrógrada em sua suposta esquisitice e, para piorar tudo, incapaz de uma real ruptura com o status quo culturalista totalitário vigente até os dias de hoje.

Marina Lima

1979 também foi o ano do disco de estreia de Marina Lima, *Simples como fogo*. Lembro-me da sensação de ouvir "A chave do mundo" no rádio: me apaixonei pela voz e pela música da Marina.

Como se isso não bastasse, um par de anos mais tarde, eu viria a fazer parte de sua banda, acompanhá-la em turnês por todo o Brasil, me apaixonar de verdade por ela e, para agravar a situação, seria ela, Marina, a responsável direta pela existência da minha carreira de compositor e, por que não dizer, de cantor também. (Toda vez que me penso "cantor" me dá uma certa vontade rir.)

Marininha, musa gay, acabou por namorar a baianada top de linha daquele momento. Quando a conheci, estava de romance com a Maria Bethânia (que Deus a perdoe!).

Na verdade, Marina, a despeito de seu imenso talento musical, começou sua carreira com aquele famoso beneplácito do coronelato baiano, vindo corajosamente a se tornar independente dele anos mais tarde, ao abraçar o rock, e a ser um dos principais ícones dos anos 80. Ainda vamos falar muito nela.

Boca Livre

O Boca Livre foi o primeiro conjunto musical a se tornar um grande sucesso, lançando um disco inteiramente independente. Sem contar o fato de ter Claudio Nucci e Zé Renato, meus colegas de classe do saudoso Colégio Rio de Janeiro, ambos campeões incontestes dos famosos festivais empreendidos pelo colégio.

Como nunca conseguia sequer classificar uma música minha, acabava acompanhando o Claudio na bateria em algumas versões do torneio musical.

O detalhe mais interessante daquela época é que Zé Renato e Claudio Nucci despontavam, segundo as expectativas das nossas queridas professoras de moral e cívica como os nossos "futuros chicos buarques". E essa busca pelo "chico-mirim" seria uma regra praticamente sem exceção: em todos os colégios do Brasil onde houvesse um festival, haveria um professor a ansiar pelo aparecimento de um novo Chico Buarque e a ter assim seu nome associado sempre a uma camada mais reacionária da população (travestida de progressista).

Havia, por todo o país, esse alvoroço interno das sogras e avós em poder ver nascer o próximo geninho da raça, que só poderia florescer possuindo as mesmíssimas características artísticas e ideológicas de seu molde.

Mas voltando ao Boca Livre, esses quatro talentosos rapazes (Claudio Nucci, Zé Renato, Mauricio Maestro e David Tigel) se juntaram misturando modas de viola, com canções densamente calcadas nas obras de Edu Lobo, Chico Buarque, MPB4, conseguindo obter uma sonoridade de excelência ao lançar um belo disco no mercado de forma pioneira, sem gravadoras nem jabás em rádio, muito bem cantado, tocado, orquestrado e produzido.

Um repertório de alta qualidade não obstante apresentava um academicismo perturbador.

Infelizmente, o nome da banda quase que só faz parte dos anais da MPB, e a expressão "boca-livre" acabou ficando, no imaginário popular, apenas associada a um evento que oferece rango de graça.

De volta à geleca geral do presente contínuo brasileiro

Enquanto o país ignorava as ainda sussurrantes circunvoluções do movimento punk (pelo menos na grande mídia), o *mainstream* pululava de porcarias, pastiches, repetições enfadonhas de fórmulas mais do que gastas. Nas rádios, parecia que você estava ouvindo um disco de uma banda só com um *crooner* ou uma *crooner* diferentes. O som era de Lincoln Olivetti, excelente tecladista, maestro e produtor musical que reinara soberano nos estúdios de gravação nos anos 70.

Sai Lincoln Olivetti, o ubíquo, e entra Liminha, o onipresente

Além daquelas gororobas hediondas, outros tantos projetos emplacavam nas rádios e nos teatros como Gal Costa lançando seu grande sucesso *Gal tropical*, inaugurando sua fase de musa de meia-idade em grandes e extensas temporadas pelos teatros do Rio, São Paulo e outras praças.

Caetano lançava *Cinema transcendental* e o seu maior destaque era a belíssima "Oração ao tempo", mas para compensar, também cometeria coisas como "Menino do Rio", igualmente gravada pela Baby Consuelo e "Beleza pura", que acredito ter sido feita sob encomenda para a Cor do Som, nossa boy band tropicalista.

Por seu turno, Maria Bethânia expeliria, como um furúnculo rendido à tirania dormente da anestesia, seu canastrão *Mel*. Nada pessoal, mas acredito que Maria Bethânia seja uma das aberrações artísticas mais insuportáveis geradas pela música nativa. Ela faz parte daquele fenômeno típico, quando alguém, por ser esquisito, torna-se miseravelmente confundido com algo genial.

E o produtor musical que iria imperar nos anos 80 despontava naquele instante e, muito em breve, roubaria a ubiquidade radiofônica de Lincoln, o Olivetti: o ex-integrante dos Mutantes, Arnolfo Lima, o Liminha, um dos maiores baixistas que já vi tocar.

Liminha se tornará um dos soberanos das produções musicais dos anos 80 e será dele, com a sua assinatura característica, a produção do disco do ano de Gilberto Gil: *Realce*.

Essa tal característica de Liminha era justamente despersonalizar por completo o artista que estivesse produzindo no momento e isso aconteceria com o pobre Gil. Foi ele, Liminha, que "engavetou" o soberbo violão do recôncavo baiano de Gilberto Gil, substituindo-o por uma guitarrinha levemente sem-vergonha.

Junte-se a isso o agravante de ter o disco uma sonoridade totalmente copiada do Earth, Wind & Fire e o desastre ficará completo.

Acrescentemos ao indigesto cardápio a conceitual canalhice light em surfar na onda da cocaína socialmente aprovada batizada por Gil carinhosamente de "realce" e teremos mais que um desastre. Teremos um verdadeiro palavrão sonoro!

Permeando subliminarmente todos os arranjos do disco, reinava absoluto aquele som acrílico de piano de DX7 que, ao ser tocado, acrescentava uma camada macilenta, uma manta sonora de fazer inveja a qualquer fantasia mais rocambolesca do saudoso Clovis Bornay em baile do Municipal. (O DX 7 é um sintetizador portentoso, utilizado, contudo, na cena brasileira apenas em seus presets mais primários, o que transformava a experiência auditiva de escutá-lo em algo como estar se afogando num glacê de bolo de noiva.)

O disco mergulhava numa atmosfera tecnocrática, repleto de referências palpáveis e constrangedoras. Em termos sonoros. O crime perfeito é que a qualidade do som era muito boa; burocrática, pouco criativa, reducionista, mas muito boa.

No *Realce* de Gil, teríamos um trailer dos horrores que haveriam de ocorrer nos anos 80 e suas tenebrosas produções musicais.

Me submetendo a ouvir esse disco para escrever estas linhas, concluo, e volto a repetir movido pelo pânico e pelo luto, que Liminha deve, por lógica dedutiva, detestar Gilberto Gil, posto que lhe impôs a cruel condição de eunuco das cordas de náilon ao lhe castrar o estupendo violão.

O disco foi um tremendo sucesso.

Chico térmico: com vocês, a ópera do malandro!

Chico Buarque de Hollanda, o nosso ícone maior do totalitarismo cultural brasileiro, irá cometer neste ano de 1979 uma de suas mais memoráveis lambanças estético-musicais com, pasmem, um álbum duplo, com as músicas do musical homônimo encenado no ano anterior: *Ópera do malandro!*

E, santa ironia!, justo no ano da eclosão do movimento punk brasileiro...

Nada mais emblemático, nada mais confirmatório do dito de Nelson Rodrigues, que migro, obsessivo, da epígrafe do capítulo 2 para este parágrafo: "Eis a verdade a um só tempo deplorável e patusca: – o 'revolucionário de Festival, não toma conhecimento do Brasil."

Ópera do malandro é uma terrível emulação típica de um preservado da vida real, a projetar-se municiado dos recalques e limitações que sua cartilha lhe impõe numa figura da qual jamais teve sequer o menor lampejo de convivência: o tal malandro.

Dizer que *Ópera do malandro* é um triste espetáculo kitsch do Falso Absoluto é apenas muito pouco.

E lá estava estampado em todas as suas cores (bastante desbotadas) o cacoete máximo dessa paumolengada esquerdista: ideologizar todos os discursos; folclorizar e edulcorar, com o acalanto do elogio fácil, o oprimido, seu fetiche favorito; hiperbolizar todas as narrativas da pobreza; acusar como opressor filho da puta o Outro, todos os que não pensam como eles nas suas problematizações paranoides, fazendo assim jus à minha designação clínica e, por que não dizer, já clássica (mesmo que um tanto constrangedora), de que esses cretinos não passam de punheteiros de pau mole.

E nosso Chico Buarque é, nada mais, nada menos, que a encarnação, a síntese dessa paumolenguice.

Será que eu estou exagerando? Vamos dar uma olhada na letrinha quilométrica do malandro? Lá vai:

**O malandro
(Kurt Weil e Bertolt Brecht, versão
livre de Chico Buarque de Holanda)**

O malandro/Na dureza
Senta à mesa/Do café
Bebe um gole /De cachaça
Acha graça/E dá no pé

O garçom/No prejuízo
Sem sorriso/Sem freguês
De passagem/Pela caixa
Dá uma baixa/No português

O galego/Acha estranho
Que o seu ganho/Tá um horror
Pega o lápis/Soma os canos
Passa os danos/Pro distribuidor

Mas o frete/Vê que ao todo
Há engodo/Nos papéis
E pra cima/Do alambique
Dá um trambique/De cem mil réis

O usineiro/Nessa luta
Grita (ponte que partiu)

Não é idiota/Trunca a nota
Lesa o Banco/Do Brasil

Nosso banco/Tá cotado
No mercado/ Exterior
Então taxa/A cachaça
A um preço/Assustador

Mas os ianques/Com seus tanques
Têm bem mais o/Que fazer
E proíbem/Os soldados
Aliados/De beber

A cachaça/Tá parada
Rejeitada/No barril
O alambique/Tem chilique
Contra o Banco/Do Brasil

O usineiro/faz barulho
Com orgulho/De produtor
Mas a sua/Raiva cega
Descarrega/No carregador

Este chega/Pro galego
Nega arreglo/Cobra mais
A cachaça/Tá de graça
Mas o frete/Como é que faz?

O galego/ Tá apertado
Pro seu lado/Não tá bom

Então deixa/Congelada
A mesada/ Do garçom

O garçom vê/um malandro
Sai gritando/pega ladrão
E o malandro/Autuado
É julgado e condenado culpado
Pela situação

Agora, cá entre nós: retirar a malandragem do malandro para lhe conceder brechtianamente um halo de vítima é ou não é coisa de punheteiro de pau mole? Extirpar a vitória da malandragem de nosso malandro, em prol da surrada narrativa da opressão, é nivelar o dito-cujo a qualquer *loser* mequetrefe que anda por aí. Desafortunadamente, sinto lhe informar, Chico Buarque, que o malandro é a antítese do "socorrível". Malandro que é malandro repudia auxílios inoportunos de paladinos desavisados.

Aviso ao navegante de primeira viagem, Chico de Hollanda, que malandro, assim como todo exu, é mítica e inapelavelmente autossuficiente.

Um malandro que perde, meu caro Chico Buarque, é um chico buarque de si mesmo. Um "antimalandro"!

Que venham os anos 80!

CAPÍTULO 05

1980
ENFIM! O ROCK ACERTA, NASCE A BLITZ

> "Essa é a história de uma universitária otária que não sabia se fazia oceanografia ou veterinária. Arquitetura aquela altura era loucura, mas em compensação comunicação era uma opção."
> **Evandro Mesquita**

A década de 80 terá um início repleto de perdas irreparáveis para o Brasil e para o mundo, e o Brasil e o mundo com essas perdas jamais serão como antes.

Por aqui morrem Nelson Rodrigues, Vinicius de Moraes, Paulo Sérgio, Cartola; e pelo mundo, entre outros tantos: Jean-Paul Sartre, Alfred Hitchcock, Jean Piaget e John Lennon.

João Paulo II aporta no Brasil, causando uma comoção de fé e esperança no povo brasileiro ao visitar treze cidades e rezar uma monumental missa para mais de 200 mil pessoas em Brasília.

Ronald Reagan é indicado pelo Partido Republicano para disputar as eleições com o então presidente Jimmy Carter, que não se reelegerá muito pelo fato de ter protagonizado a estupenda gafe internacional dos reféns americanos na embaixada dos EUA no Irã.

O vulcão do monte Santa Helena entra em erupção no estado de Washington, a 154 km de Seattle, destruindo grande parte de sua encosta e matando 57 pessoas. Foi o mais mortal e destrutivo evento vulcânico da história americana.

1980 também é o ano em que o AC/DC, já uma banda veterana, lançará seu lendário *Back in Black*, o disco de rock que mais vendeu em toda a história, alcançando a astronômica marca de 53 milhões de cópias.

É o ano também da megaturnê de *The Wall*, do Pink Floyd, banda que eu já havia desistido de ouvir desde *The Dark Side of The Moon*, de 1972.

No cinema, a produção nacional digna de nota é *Pixote, a lei do mais fraco*, de Hector Babenco, com Marília Pera numa das interpretações mais espetaculares de todos os tempos, e *Os sete gatinhos*, outro filme baseado na obra de Nelson Rodrigues dirigido por Neville d'Almeida transformado num misto de pornochanchada com sitcom. No elenco: Antônio Fagundes, Ana Maria Magalhães, Regina Casé, Lima Duarte, entre outros.

A Cor do Som, 14 Bis e Roupa Nova, uma família de grupos veteranos de... roupa nova!

Nas rádios ouve-se A Cor do Som com "Abri a porta" (Dominguinhos e Gilberto Gil), Roupa Nova com "Sapato velho" (Mú Carvalho, Claudio Nucci e Paulinho Tapajós) e 14 Bis com "Planeta sonho" (Flávio Venturini, Márcio Borges e Vermelho).

Há uma certa similaridade na natureza dessas três bandas: alguns dos seus integrantes vêm do rock clássico, do rock setentista. Na Cor do Som, o baterista e sócio-fundador da lendária A Bolha (The Bubbles), Gustavo Schroeter, que tocou com meio mundo da cena brasileira, e Dadi, que também tocou com meio mundo, além de ser o baixista dos Novos Baianos.

Mú Carvalho, irmão de Dadi (meu amigo de primário no Colégio Fontainha e depois no Colégio Rio de Janeiro), também tocou com o Boca Livre e acompanharia mais tarde o Legião Urbana e mais deus e o mundo; e Armandinho Macedo no "guibando", oriundo do mais tradicional trio elétrico da Bahia, Armandinho, Dodô e Osmar, trouxe para a banda o percussionista Ary Dias.

E o 14 Bis, com Vermelho na bateria, os irmãos Cláudio e Flávio Venturini, guitarra e teclados, Sérgio Magrão no baixo (os dois últimos foram integrantes de outro grupo fundamental dos anos 70, O Terço) e Hely Rodrigues, oriundo do grupo Bendegó.

Outra banda que possui características semelhantes é o Roupa Nova, uma banda que começou nos bailes da vida com o nome de Os Famks e foi logo apadrinhada por Milton Nascimento.

O Roupa Nova tem uma excelência de instrumentistas e vocalistas insuperável. Formada por Serginho Herval na bateria e nos vocais (Serginho também tocou e cantou na Bolha e suas performances eram absolutamente sensacionais). Serginho é um dos maiores bateristas que já vi tocar.

Além dele, temos o Paulinho no baixo e vocal, Kiko na guitarra e vocal, Nando e Ricardo Feghalli nos teclados e vocais. Por seu elevadíssimo nível, o "Roupa" acabou por gravar mais de 80% de todo o material de estúdio da década de 80, não só substituindo a turma do Lincoln Olivetti, mas também grande parte dos integrantes das bandas contratadas pelas gravadoras. Não importava se era a Simone, uma dupla sertaneja, um cantor romântico ou uma banda de rock cujos integrantes não sabiam tocar porra nenhuma: lá estava o Roupa Nova fazendo todo o serviço.

Além dessa característica de integrantes veteranos setentistas, há outra mais interessante ainda: as três são bandas limítrofes, transitam não só pelo rock como também pela MPB.

A Cor do Som, enquanto viés baiano tropicalista, atua como uma espécie de repositório de um caudaloso repertório composto sob medida por Caetano e Gilberto Gil (foi Caetano Veloso quem sugeriu o nome).

O 14 Bis corria pelo viés mineiro, pela turma do Clube de Esquina (Milton Nascimento e os irmãos Lô e Márcio Borges), assim como o Roupa Nova, que, como disse anteriormente, era apadrinhado do Milton.

Além dessa sintonia fronteiriça que os envolvia numa espécie de família, havia ainda uma interseção com o carioca Boca Livre, nosso já citado conjunto vocal: todos tinham severas aspirações de se tornarem herdeiros dos grandes nomes da MPB.

O que é importante assinalar aqui é que são artistas extremamente confortáveis e atuantes dentro do status quo estabelecido.

Impossível não imaginar o território sempre turbulento do rock dominado pela cacicada com essas belas bandas bem-comportadas a fazer um serviço adequado, sem causar muita marola. Mas aprenderíamos que ninguém pode ter o controle de tudo o tempo todo.

E o território do rock se mostraria totalmente fora do controle desses caciques em bem pouco tempo.

Rita Lee e Roberto de Carvalho: a dupla pós-Tutti Frutti domina a cena

Rita Lee atingirá o auge de seu sucesso com *Lança perfume*, lançado pela Som Livre, emplacando um hit atrás do outro (e sendo a Som Livre da Globo, um encaixe perfeito das músicas em tudo quanto é novela da casa é não só garantido, mas obrigatório), contudo pagando alto preço: a pasteurização completa no som.

A faixa-título, "Lança perfume" é uma chupada descarada do hit dos Dobbie Brothers ("What a Fool Believes") misturando uns apitinhos de marchinha de carnaval e remetendo a confetes e serpentinas das grandes sociedades carnavalescas do início do século XX. A mistureba parecia algo como música de elevador.

Um grande sucesso.

Além desse hit instantâneo, o disco emplacou todas as faixas na parada de sucessos. Seguindo a trilha de "Lança perfume", vieram "Bem-me-quer", "Baila comigo", "Shangrilá", "Caso sério", "Nem luxo nem lixo", "Ôrra meu".

Realmente um estrondoso fenômeno e, por mais que o disco fosse todo empastelado, a Rita, depois de tanta luta, já merecia um reconhecimento nessas dimensões.

Com uma superprodução de Guto Graça Mello, o disco conta com participações heterogêneas que vão de Lulu Santos, o ainda então Luiz Maurício no baixo de "Ôrra meu"; Cláudia Niemeyer, grande baixista da banda da Marina, da Gang 90 e da Blitz; Chico Batera, na percussão e, como cereja do bolo, a incrível participação de Daniel Filho (!) nas claves.

A turma do já tão decantado Lincoln Olivetti está toda presente com dois monstros da batera, o saudoso Picolé e o mestre Mamão. No baixo, o não menos monstruoso Jamil Joanes, além de toda aquela *horn session* que dava a assinatura ao som de Lincoln: Oberdan Magalhães, Zé Carlos, Leonardo, Serginho Trombone e Bidinho.

Fora, é claro, Roberto de Carvalho na guitarra, violão, piano e sintetizador.

Fiz uma certa questão de pinçar esses nomes da ficha técnica para, a partir dela, analisar a fase fronteiriça que aquela produção musical apontava com os últimos suspiros da panela da gravação, que reinou soberana nos anos 70, mas já estava se misturando (coisa raríssima até então) com a nova rapaziada que começava a despontar.

Mais algumas referências direto do hit parade...

Ainda são dignos de nota a presença de Lucinha Turnbull, uma das primeiras guitarristas do Brasil, ex-parceira de Rita Lee nas bandas As Cilibrinas do Éden e Tutti Frutti, que emplacou "Aroma" (de Gilberto Gil), ampliando, mesmo que involuntariamente, o condomínio da coronelada.

Roberto Carlos também deslancha uma batelada de sucessos toscos tipo: "Amante à moda antiga", "A guerra dos meninos", "Não se afaste de mim" "O gosto de tudo", "Vazio".

Milton Nascimento, com a deprimida "Canção da América", vai conduzindo sua carreira para um verdadeiro porre de cachaça e se fossilizando como um embaixador dos anseios latino-americanos. Uma pena.

Raul Seixas aparecia com o básico e um tanto grosseiro "Rock das Aranha".

Gonzaguinha, o expoente máximo do rancor deprimido, o último dos revolucionários de festival, emplacava o hit "Explode coração".

Sandra "então ainda" Sá cantava "Demônio colorido".

Ivan Lins brindava a nova década com "Um novo tempo".

E ainda: Jorge Ben com "Salve simpatia", As Frenéticas com "Agito e uso", Arrigo Barnabé com "Clara Crocodilo", Djavan com "Meu bem querer", Tim Maia com "Você e eu, eu e você", Fagner com "Noturno" e dos estrangeiros, Blondie com "Call Me", Pink Floyd com "Another Brick in The Wall", Gary Numan com "Cars", Rolling Stones com "Emotional Rescue", Ramones com "Baby I Love You", The Pretenders com "Brass In Pocket" e Wings com "Comming Up".

The Police lançava um dos discos mais emblemáticos de toda uma era, daqueles que influenciariam meio mundo, o *Zenyattà Mondatta* expelindo um hit atrás do outro: "Don't Stand So Close To Me",

"When The World Is Running Down, You Make The Best of What's Still Around", "De Do Do Do, De Da Da Da", "Man In A Suitcase".

Entrementes...

Voltando ao cenário da MPB, Chico Buarque lança seu disco de estreia da década de 80 com um tom menos político, mais existencial.

Eu fui tentar ouvir aqui no meu computador e, juro a vocês, não consegui passar da segunda música.

Nessa tentativa traumatizante, fiquei horrorizado com a bagunça da gravação, da mixagem, dos arranjos, da inadequação dos instrumentos, que mais pareciam jogados no arranjo como presos num camburão. E uma produção caríssima!

Já Caetano Veloso, sempre fazendo parcerias com a Globo, participa de um programa da *Série Grandes Nomes* com Jorge Ben (na época), "Caetano Emanuel Viana Teles Veloso e Jorge Lima Duílio de Menezes", e emplaca mais um tema de abertura de novela (*Água viva*) com "Menino do Rio", gravado por Baby Consuelo.

Gilberto Gil lança seu *Luar*, uma produção assinada por Liminha, Lincoln Olivetti e Robson Jorge e, como não poderia deixar de ser, soa exatamente como um disco produzido por esse trio: empastelado, sem a menor personalidade, mas com uma daquelas canções inspiradíssimas de Gil, que, quando acerta, sempre nos emociona e nos surpreende: a linda "Se eu quiser falar com Deus" que, por si só, já é um monumento e redime qualquer presepada de produção do disco inteiro.

Olhos felizes de Marina

Estava eu meio que esquecido em meu cárcere privado, lá no Joá, Rio de Janeiro, ouvindo constantemente o clássico protopunk *My*

Aim Is True, do Elvis Costello, quando recebi uma proposta do meu querido amigo e fenomenal baterista Claudinho Infante de substituí-lo na banda da Marina para a turnê de lançamento de seu novo LP, *Olhos felizes*.

Soube da notícia pelo telefone, através do meu então mui amigo de infância Zé Luís (brilhante saxofonista), que também estava na banda, e meu coração teve um piripaque de emoção.

Ele me deu um exemplar do disco recém-concluído para que eu pudesse tirar as linhas de bateria do Picolé, membro da rapaziada do Lincoln Olivetti, que, por coincidência, gravara o disco da Marininha também.

Como sou um cdf do ritmo, tirei nota por nota dos arranjos para ficar bem igual ao disco quando fosse fazer minha audição dentro de uns quinze dias, e o Zé também me informou que Marina era muito exigente com a fidedignidade dos arranjos gravados.

Quando chegou o dia da audição, estava muito ansioso para saber se seria aprovado ou não, mas, com um pouco de sorte e muita aplicação nos arranjos, acabei passando, e contei com a imediata simpatia de Marina. Logo percebemos que estava nascendo ali uma profunda amizade (sem contar a minha paixonite meio platônica por ela, é claro).

De músicos já efetivados havia o Zé Luís e o querido Paulinho Machado nos teclados, já veterano e experiente, e também primo do meu anjo da guarda, meu saudoso amigo Inácio Machado, responsável pela minha entrada no Vímana e futuro patrocinador da produção do que viria a ser meu primeiro disco, *Cena de cinema*.

Assim ficou mais fácil chamar gente da nossa turma e foi exatamente isso o que aconteceu.

Para a guitarra chamei meu outro amigo de infância, recém-chegado mais uma vez de Boston, que já tocava comigo na nossa banda

Nádegas Devagar desde os 13 anos: o incrível e único Guto Barros (que além de ser um geninho, me ensinou o pouco que eu sabia sobre guitarra e violão na época).

Para o baixo chamei nosso mui estimado amigo e companheiro de excelentes noitadas, Junior Homrich, que também chegava de Boston, mais precisamente da Berklee College of Music. Essa banda composta de amigos de longa data será arregimentada para divulgar o disco de Marina por todo o Brasil e se transformará na espinha dorsal da primeira formação da... Blitz.

Waly Salomão e Antonio Cicero, a dupla de diretores do show de Marina

É curioso perceber como a direção de show da turnê de *Olhos felizes* possuía um halo *old school* de superprodução de diva da MPB. Desde a sua empresária, a "Tia Lea", Lea Millon, uma personagem encantadora, que trabalhou com Caetano Veloso, Gilberto Gil, Gal Costa e Maria Bethânia, até seus diretores musicais (e cênicos!): Waly Salomão e Antonio Cicero.

Waly (saudoso e querido Waly!), uma figuraça ímpar, grande poeta, personalidade exuberante, tinha um tremendo vozeirão com aquele carregado sotaque baiano. Dono de um voluptuoso entusiasmo, ele era engraçado, maldoso, apaixonado, também parceiro bissexto de Caetano e uma espécie de guru de Maria Bethânia.

Antonio Cicero, filósofo, poeta, erudito, tímido e introvertido, irmão e parceiro de Marina, contrabalançava com sua discrição a presença tonitruante de seu par.

Essa convivência com ambos incrementaria o lado cênico na banda. (Sim! Eles nos colocariam dançando e estalando os dedinhos, tudo de forma muito casual e sexy, ao lado da Marina, que cantava a capela um hit da era da pilantragem sessentista: "The More I See You", de Chris Montez.)

Se para o Zé Luís, o Junior, e até para mim, aquilo poderia ser prazeroso, para Guto Barros era o fim da picada.

Mas essa era a vibe daquela turnê.

Teatro Ipanema, o ponto de encontro da banda da Marina com o Asdrúbal Trouxe o Trombone

Naquele tempo, qualquer artista de um certo renome ou distinção que estivesse lançando um disco fazia temporadas em teatros ou casas de show como o Canecão.

Marina tinha agenda para fazer uma dessas temporadas (se não me engano, de duas semanas, no teatro Ipanema), mas, como o teatro já abrigava a companhia do momento (o Asdrúbal Trouxe o Trombone), ficou combinado que o Asdrúbal faria o horário das 21 horas e Marina fecharia a noite às 23 horas.

Passamos uma semana inteira ensaiando (não estávamos focados propriamente nas músicas, mas nos textos que Marina diria entre as canções, as interações dela conosco, as nossas dancinhas etc. etc.).

E foi nesse clima que, no dia da estreia no Teatro Ipanema, resolvemos assistir todos juntos à peça do Asdrúbal que abria a noite e que se chamava *Aquela coisa toda*.

Com o nosso mestre Waly dando seus hilariantes e constantes pareceres durante toda a peça, num determinado momento ele chama minha atenção para o fato de que um dos personagens se chamava Lobão: "Repare em Lobão surfista, Lobão! Não é a sua cara?!"

Wally, um tremendo gozador, tirava sarro da minha cara com a total dessemelhança entre o personagem, um surfista sarado, queimado de praia, cabelos longos e parafinados, cheio de maneirismos tipicamente cariocas, em contraste com meu novo visual new wave, destoante de qualquer criatura que perambulasse pelas ruas do Rio de Janeiro na época. Eu era uma figura pálida, esquálida, de cabelos espetados (tinha recentemente abandonado meu visual hippie e tosado meu cabelo na frente do espelho como um rito de passagem).

De cara, fiquei fascinado com o Lobão do palco, que também, pasmem, tocava violão e gaita. Num determinado momento da peça, o personagem convidava para entrar no palco um outro cara que também tocava violão. As músicas eram simplesmente "esporrantes" e todas naquela onda de rock de luau, com humor muito familiar a todo o carinha que foi nascido e criado ali por Ipanema e Leblon.

Pronto! A magia se estabeleceu! Me deu um clique na cabeça e tudo o que queria naquele momento era ir até o camarim encontrar aqueles dois caras.

E foi assim que aconteceu. Chegamos todos ao camarim e logo fui me apresentando ao cara: "Lobão? Muito prazer, Lobão." E o cara: "Lobão? Muito prazer, Evandro Mesquita."

Foi assim que conheci Evandro Mesquita e seu companheiro inseparável Ricardo Barreto (o tal do homem baile que seria cantado mais tarde no *Cena de cinema*). A primeira coisa que pensei foi convidá-los para fazer um som no meu estúdio no Joá com a nossa banda, a banda da Marina, e eles toparam. Alguns dias depois, estávamos todos reunidos no estúdio, ouvindo Evandro e Ricardo desfiarem suas dezenas de canções.

Quando foi a vez de mostrar minhas músicas para eles, confesso que fiquei envergonhado com a minha condição de vítima da síndrome de dignidade intelectual tão corriqueira nas hostes da meninada de classe média.

Ricardo Barreto, do alto de sua profunda sabedoria, desferiu irônico: "Gaaara! (ele pronunciava a palavra "cara" dessa maneira), você se preocupou pra caralho em despejar um monte de acorde aí, nessa sua música! Se amarra numa dificuldade, né?"

Aquele encontro mudaria para sempre a minha forma de enxergar a música popular e, principalmente, a maneira de fazer música popular.

Ouvir naquela tarde canções como "Vítima do amor", "Cruel, cruel, esquizofrenético blues", "O romance da universitária otária", "O beijo da mulher-aranha", "Vai, vai, love", "Volta ao mundo", entre tantas outras, me deu vontade de jogar tudo que eu estava fazendo no lixo. Aí perguntei àqueles dois carinhas: "E aí, estão a fim de fazer uma banda com a gente? Vamos fazer uma puta banda de rock?"

Eles toparam e, a partir daquele momento, estava formada uma banda que, alguns meses depois, faria sua estreia numa casa de shows que, por pura coincidência, era colada ao meu apartamento pós-Joá. Era o Caribe, ali na Estrada da Gávea, de frente ao Fashion Mall.

O lambe-lambe da casa estampava: Blitz no Caribe!

E, naquele início de 1981, em pleno fevereiro carioca, nascia a Blitz.

CAPÍTULO 6

1981
A GANG 90 INAUGURA OS ANOS 80, NASCE O PUNK NO RIO

> "Boa noite, senhoras e senhores, eu sou o comissário de bordo Sérgio Ronaldo! Apertem os cintos, porque este voo está caindo! Ha Ha Ha Ha Ha!!"
> Da introdução de "Perdidos na selva"

O mundo vive um momento perturbador com a intensificação dos atentados terroristas islâmicos. Um deles foi o assassinato do presidente do Egito, Anwar Al Sadat, durante uma parada militar para lembrar o início da guerra do Yom Kippur. Sadat havia assinado acordos de paz com Israel desagradando parte do mundo árabe. Hosni Mubarak assume a presidência para deixá-la somente 30 anos depois.

Ronald Reagan assume a presidência dos Estados Unidos em janeiro e sofre um atentado em 30 de março.

O papa João Paulo sofre um gravíssimo atentado em 13 de maio, que o deixará com sequelas para o resto da vida.

No Brasil, em 30 de abril, acontece o célebre e frustrado atentado do Riocentro.

Duas bombas prontas para explodir: uma no estacionamento e outra atrás do palco, no intuito de matar os artistas que comemoravam o Dia do Trabalho. Entre os artistas que cantariam naquela fatídica noite, com roteiro de Chico Buarque, estavam Beth Carvalho, Joanna, Gal Costa, Gonzaguinha, Gonzagão, João Nogueira, Paulinho da Viola, Clara Nunes, João Bosco e Djavan.

Uma daquelas bombas acabou explodindo fora de hora, matando o sargento Guilherme Pereira do Rosário e ferindo o capitão Wilson Machado. Foi um golpe fatal para o já desgastado regime militar.

Na Argentina, que vivia sob um sanguinolento regime militar, infinitamente mais violento que o nosso, a bagunça é total, com quatro generais como presidentes num só ano: Jorge Rafael Videla é substituído por Roberto Eduardo Viola, que é substituído por Carlos Alberto Lacoste (interino) e depois por Leopoldo Galtieri.

Morrem duas emblemáticas figuras do cinema nacional: Glauber Rocha e Mazzaropi.

Mas nem tudo foi carnificina em 1981. Nascem os grandes shopping centers com a inauguração do Barra Shopping no Rio de Janeiro e do Eldorado em São Paulo.

Tivemos o casamento de conto de fadas, o casamento do século, do príncipe Charles com Diana Spencer, a Lady Di.

O mundo é apresentado ao mais novo herói de Spielberg, Indiana Jones, no megablockbuster *Os caçadores da arca perdida*.

É o ano de estreia dos voos espaciais da Columbia e da primeira transmissão por tevê a cabo da Music Television (MTV), que irá mudar a forma de fazer e divulgar música no mundo.

Brooke Shields, com 16 anos, sai na capa da revista *Time* em fevereiro com a manchete estampada: "O look dos anos 80".

É lançado o IBM PC, o primeiro PC no mercado, que inaugura assim a era dos *personal computers*.

Surge também o videocassete e os videogames explodem no mundo inteiro.

Nasce o pop eletrônico com bandas como Depeche Mode, New Order, The Human League, com o Kraftwerk (que lançava seu *Computer World*) como grande precursor.

É lançado o iconográfico carro DeLorean, que será eternizado no filme *De volta para o futuro*.

O Queen vem ao Brasil fazer dois megasshows e daí nasce o Barão Vermelho

No Brasil, em março, daquele ano, o Queen realizará um dos primeiros megasshows de estádio no país, abrindo assim uma era de alta tecnologia e agigantamento no showbiz. E foi num desses shows que dois garotos, entusiasmados com o que assistiram, começam a tramar uma nova banda. Esses dois meninos, um de 19 e outro de 17 anos, eram Guto Goffi e Maurício Barros e batizaram a banda de Barão Vermelho. Em outubro daquele ano, entram na banda Dé Palmeira no baixo e Roberto Frejat na guitarra.

Leo Jaime, ainda então Leo Guanabara, que já cantava na originalíssima banda de rockabilly carioca João Penca e Seus Miquinhos Amestrados, chegou a fazer um teste para o vocal, mas acabou sugerindo um outro crooner, um tal de Agenor... Filho de um medalhão da Som Livre.

Os Rolling Stones lançam um petardo épico, *Tattoo You*, e por aqui se ouve "Fuscão preto", com Almir Rogério, "Pega na mentira", com Erasmo Carlos, "Homem com H", com Ney Matogrosso, "Bem-te-vi", com Renato Terra, e "Banho de espuma", com Rita Lee nas rádios.

Nasce em Campo Grande o punk carioca: Coquetel Molotov

O punk carioca nascerá em torno de uma pista de skate, em Campo Grande, na Zona Oeste carioca. Uma banda formada por skatistas (dois deles, Tatu e Lúcio Flávio, acabariam por conquistar campeonatos nacionais e internacionais) revolucionará os alicerces da música brasileira dos anos 80: o Coquetel Molotov.

É interessante notar que essa tal pista de skate começou a ser frequentada por skatistas da Zona Sul, que levaram a prática para Campo Grande, disseminando-a entre os jovens locais. Esses jovens a aperfeiçoaram ao ponto de criar uma grande rivalidade entre as duas turmas. Na verdade, o que poderia ter sido uma união se acirrou num ódio mais potente ainda.

Mas o bacana disso tudo é que, voluntária ou involuntariamente, essa união de Zona Norte e Zona Sul acabou se dando, assim, pelo skate e depois pela porrada irreconciliável.

Quando o punk chegou por aquelas plagas, a pista de skate se tornou uma zona para além do skate. Por lá ouvia-se música, pichavam-se muros e paredes, trocavam-se ideias.

E seria justamente aquele skatista habilidoso, o Tatu, que traria as primeiras ideias da cultura punk, absorvidas durante suas viagens a São Paulo pelo contato com o pessoal da Punk Rock Discos. Tatu trouxe uma torrente de novidades para a rapaziada, que até então curtia muito heavy metal.

Tatu se tornaria o líder intelectual do movimento, criador e vocalista do lendário Coquetel Molotov.

Enquanto a Zona Sul ainda nutre uma histórica rixa com São Paulo, imobilizada em seu sarcófago de empáfia, sol e mar, a Zona Norte do Rio se transformará praticamente numa subsidiária paulistana encravada no coração carioca, promovendo ação, movimento, mudanças e confrontamentos.

Após um início de muita dependência conceitual ideológica da matriz em São Paulo, a turma de Campo Grande e adjacências começará a produzir material próprio, zines e música, e sua maior representação será indubitavelmente o Coquetel Molotov.

Fico imaginando aqui, para quem conhece a alma do carioca da Zona Sul, como seria recebido aquele visual punk de cabelos espetados, cortes moicanos pintados de verde, piercing, alfinetes no nariz...

Bem, ao invés de ficar assustado e chocado, o carioca padrão da Zona Sul, na sua convicção plena de que nada pode ser mais maravilhoso que um carioca padrão da Zona Sul, partiria célere para a chacota e as vias de fato. O pobre punk era chamado de palhaço, boiola, baitola, bichona, o que impossibilitava a pobre criatura de ter uma mínima reputação para comer sequer uma mina. Namorada então, nem pensar.

Pude constatar isso quando formamos a Blitz e era palpável a resistência ao nome (o carioca é paz e amor) e ao visual (o carioca é um ser predominantemente hippie) que a dupla Evandro e Barreto exalavam logo no começo.

O carioca Zona Sul típico é aquela espécie que acredita na ilusão de que tudo externo a ele é miseravelmente incomparável a sua delirante perfeição. É o caso clássico da depreciação do Outro através da soberba, uma prática fruto de um incompreensível narcisismo de subpessoa.

O que devemos nos perguntar é como um movimento tão avesso aos nossos cânones comportamentais e culturais nasceu e se alastrou com essa virulência toda. O punk só conseguiu conquistar um *habitat* para florescer em virtude da crise econômica. Todo o rock feito no Brasil a seguir deve muito a sua existência aos primeiros punks e ao inferno da falta de grana vivida pelo brasileiro em geral. Foi a pobreza que uniu a juventude brasileira: jovens ricos e pobres, brancos e pretos, todos juntos nesse momento. Um momento belo e fortíssimo.

Pode-se afirmar também que o interesse pelo punk é proporcional ao desprezo imposto ao revolucionário de festivais e à MPB em geral, produto de sua evidente inoperância rococó.

O Coquetel Molotov será uma espécie de fio condutor para uma geração inteira, influenciando o pensamento e a poesia de gente como Renato Russo que, por sinal, se tornaria amigo da banda.

O Circo Voador (que engraçado, criado por um monte de hippies) será o caldeirão ensandecido que vai misturar, nas apresentações de três a quatro bandas por noite, Coquetel Molotov, Biquini Cavadão, Renegados, As Mercenárias, Paralamas do Sucesso, Akira S & As Garotas que Erraram, Ameba, Isca de Polícia, Hanói-Hanói, Picassos Falsos, Detrito Federal, Lobão e os Ronaldos, Descarga Suburbana, Barão Vermelho, Cazuza, Kid Abelha e os Abóboras Selvagens, Capital Inicial, Supla e Tokyo, Heróis da Resistência, forjando assim uma espécie de DNA de toda uma geração.

A formação original do Coquetel Molotov é Tatu no vocal, Lúcio Flávio na bateria, Cesar Ninne na guitarra e Osmar Lopes no baixo.

O Coquetel Molotov foi a primeira banda punk a ter fã-clube na Finlândia, uma conquista que faz refletir se nossa identidade cultural tem que ficar mesmo atrelada somente ao samba como um dogma por toda a eternidade.

Outra curiosidade é que o Coquetel Molotov nunca gravou um disco sequer e os registros sonoros que temos são coletados em tapes de rolo e fitas cassete disputadas a tapa por colecionadores.

E é com orgulho e carinho que transcreverei uma letra de uma de suas contagiosas canções.

Cavalo de Troia
(Letra do Coquetel Molotov)

Existe muita coisa para fazer
Basta procurar dentro de você
Faça tudo que pretende
Com sentimento e siga os ideais da sua mente!

Ôhh, ôhh, ôhh

O homem criou lei para coibir
Que pobres façam parte da sociedade
Onde poucos a sorrir e muitos a chorar
Despertam num sorriso onde direitos são podados!

Ôhh, ôhh, ôhh

Mas não é só lutar eternamente
Pois pouco a pouco você perde
A sua força de vontade
A sua garra e coragem!

Ôôô, ôôô, ôôô

Ninguém é mais criança para aceitar
A vontade alheia sem reclamar
Pois lutar pelos direitos é primordial
Sonhar a igualdade não é ilegal

Ôhh, ôhh, ôhh

O gado passivo liberado vai
Humilhações que sofrem nesta vida
Desperta um sorriso do Cavalo de Troia
Presente de grego!
Presente brasileiro!

Em 2004, o líder Tatu, então jornalista, foi assassinado no Rio de Janeiro.

Bandas que surgiram como ramificação dos músicos do Coquetel Molotov: Renegados, Bloco Brasil, Black Future, Zorde, Drakma S/A, Alternativa 3, Kasbah, Jailson Jan & Virtual Machine.

O cinema brasileiro no apogeu da Embrafilme e da pornochanchada

A Embrafilme era uma espécie de mamata parasita dos anos 60 aos 80, semelhante às mamatas parasitas da Lei Rouanet dos anos atuais.

Entre as pornochanchadas de butique da Embrafilme e as pornochancadas de raiz da Boca do Lixo, os títulos jorravam aos borbotões.

Aqui vai uma listinha desses títulos e morram de rir ou de chorar: *A noite dos bacanais, Anjos do sexo, Bacanal, Coisas eróticas, Como faturar a mulher do próximo, Escrava do desejo, A fêmea do mar, Eros, o deus do amor, Filhos e amantes, Lilian, a suja, Um marciano em minha cama, Maria tomba homem, Me deixa de quatro, Mulher objeto, A mulher sensual, As ninfas insaciáveis, Sexo, sua única arma.*

No momento "papo cabeça" da Embrafilme, a safra chique se destacava com pérolas do nível de coisas como *Eles não usam black tie*, de Leon Hirszman. Baseado na peça homônima de Gianfrancesco Guarnieri, o filme tem a seguinte sinopse: em meio a um movimento grevista sindical, um operário resolve furar a greve, liderada por seu pai, provocando uma crise familiar que se mistura ao conflito. Aquela coisa: se não tem sexo, tem política do oprimido. O filme foi premiadíssimo e é tido até os dias de hoje como cinema brasileiro de alto nível.

Há também, como já comentei, aquela vertente que achou "o caminho do gol", fazendo um cinema com uma determinada aura de dignidade intelectual: as adaptações das peças de Nelson Rodrigues!

Essas adaptações, na verdade, pornochanchadas travestidas de cinema novo, possuíam um teor de picaretagem, no meu entender, ainda mais canalha que as "de raiz". E nesse ano da graça de 1981, fomos brindados com *Bonitinha mas ordinária, ou Otto Lara Rezende*, um filme de Brás Chediak, com Lucélia Santos, José Wilker e Vera Fisher.

O homem que virou suco seria mais um filme da safra de viés esquerdoide, com aqueles clichês insuportáveis. Saquem só a sinopse: "Um poeta popular nordestino recém-chegado a São Paulo, sobrevivendo de suas poesias e folhetos, é confundido com um operário de uma multinacional que mata o patrão na festa em que recebe o título de operário padrão. O filme aborda a resistência do poeta diante de uma sociedade opressora, esmagando o homem dia a dia, eliminando suas raízes..."

Você quer algo mais imbecil do que um roteiro desses? O filme recebeu inúmeros prêmios e foi exaltado pela crítica especializada.

Outro filme foi *Eu te amo*, que tem como temas o sexo, a prostituição, o machismo e a homossexualidade. Mas é chique e todo passado num baita apartamento na Lagoa Rodrigo de Freitas. Os atores são Paulo César Pereio e Sônia Braga. A música homônima é de Chico Buarque e Tom Jobim, composição que segue a estética do filme, também muito sofisticada e chique. A letra é muito bonita, diga-se de passagem.

Menino do Rio

O destaque da produção cinematográfica do ano, de acordo com o foco do nosso assunto aqui do livro, é o filme que inaugura uma série de películas pop que vão aumentar o *range* de estratégias dos nossos cineastas para ganhar dinheiro fazendo verdadeiras lambanças.

Menino do Rio. Um título emprestado daquela canção que Caetano Veloso compôs varado de tensão homoerótica para um personagem famoso que habitava as praias de Ipanema nos anos 70: o finado e saudoso Petty, um surfista típico, de cabelo parafinado, forte, bronzeado, tatuado e muito bonito.

O enredo, antes mesmo de seu lançamento, já exibia um anacronismo que só uma produção carioca poderia se arvorar: a história se passa numa "comunidade de surfistas em Saquarema". Para a nova geração com anseios urbanos, citadinos, cosmopolitas, isso era simplesmente a suprema antítese.

Dirigido por Antonio Calmon, o elenco tinha André de Biase no papel principal, a saudosa Cláudia Magno, de par romântico, Ricardo Graça Mello, Evandro Mesquita, entre outros.

A trilha sonora? Aí sim, nós perceberemos a chegada em peso de uma nova e também não tão nova rapaziada ao mercado musical:

- "De repente, Califórnia", cantada por Ricardo Graça Mello, inaugurava a parceria duradoura e profícua de Lulu Santos e Nelson Motta.
- "We Got The Beat" e "Our Lips Are Sealed", com as Go-Go's.
- "Tesouros da juventude", com Lulu, e de novo, de Lulu Santos e Nelson Motta.
- "Bebel – Corpos de verão", de Guilherme Arantes e Nelson Motta.
- "Perdidos na selva", com a Gang 90 & Absurdettes, de Júlio Barroso, Ruban e, como *ghost partner*, Guilherme Arantes.

- "Garota Dourada" com Radio Taxi, de Lee Marcucci, Wander Taffo e Nelson Motta.
- "Sob o azul do mar", com Ricardo Graça Mello, de Nelson Motta e Wander Taffo.
- "Turbilhão de emoções", com Guto Graça Mello, do próprio.

De resto, mais produções dos Trapalhões neste ano pródigo: *O incrível monstro Trapalhão*, *O mundo mágico dos Trapalhões* e *Os saltimbancos Trapalhões*, este último baseado na peça (*I musicanti*) do letrista italiano Sergio Bardotti e do músico argentino radicado na Itália, Luis Enríquez Bacalov, inspirada no conto "Os músicos de Bremen", dos irmãos Grimm, com versão para o português e com músicas adicionais de Chico Buarque de Hollanda, criando um gênero que poderíamos chamar de "gramscianismo trapalhão".

Querem ver a sinopse da peça? Uma fábula musical como alegoria política, na qual o burro representa os trabalhadores do campo; a galinha, a classe operária; o cachorro, os militares; e a gata, os artistas. O barão, inimigo dos animais, seria a personificação da elite, ou dos "detentores dos meios de produção". Sem comentários.

São Paulo: Agentss e a new wave – o metal paulistano

No ano de 1981 começa a se perceber o movimento da new wave aqui no Brasil com mais ênfase. Em São Paulo, uma banda seminal de vanguarda tecnopop chamada Agentss lança novidade no pedaço com vocais sintetizados, eletrotranslyrics e outros sons. Era formada por Kodiac Bachine (sintetizador e vocal), Eduardo Amarante (também integrante do Azul 29) e Miguel Barella (também integrante dos Voluntários da Pátria e da Gang 90) nas guitarras.

Os Agentss fariam parte de cena movimentadíssima da Pauliceia Desvairada e do Lira Paulistana em seus primórdios.

É nesse ano que Lulu Santos abandona de vez o nome artístico de Luiz Maurício e ataca pesado de new wave com um cover dos Beatles ("Get Back") e uma sonoridade idêntica ao Police em "De leve", versão de Gilberto Gil e Rita Lee.

No Lado B do compacto rolava "Tesouros da juventude". Era o início da new wave brasileira.

Além da incipiente new wave, o metal também engatinhava em São Paulo com a formação de bandas como Antro do Mal, Alta Tensão (posteriormente Habeas Corpus).

Senhoras e senhores, Júlio Barroso, a Gang 90 e as Absurdettes!

Falar de Júlio Barroso sempre me causa e causará profunda emoção. Sua perda foi uma das coisas mais devastadoras que ocorreu na minha vida e, com toda certeza, foi também um dos principais fatores da severa encaretada da cena dos anos 80, fazendo, para quem estava vivendo tudo aquilo, com que a graça toda se perdesse ali.

Pois bem, em 1980, o Júlio está desembarcando em São Paulo vindo de uma temporada em Nova York, onde mergulhou na cena punk-new wave da cidade, frequentando o CBGB, Mudd Club, Max's Kansas City. Nelson Motta (sempre ele!) o visitou lá e foi introduzido por Júlio à nova e badalada noite nova-iorquina no Ritz, onde Kid Creole and The Coconuts (uma espécie de matriz do que seria a Gang 90 e as Absurdettes) sempre se apresentavam, um daqueles points imperdíveis.

E foi ainda em Nova York, numa daquelas noitadas, que Júlio, junto com o jornalista Okky de Sousa (marido de sua irmã, Denise) idealizarão o que viria a ser a Gang 90.

Júlio veio para São Paulo porque tinha desistido de morar no Rio de Janeiro, sua cidade natal, e adotou a Pauliceia como seu próximo amor e musa, assim como seu quartel-general de operações.

Nelsinho Motta se apaixonou pelas noitadas excelentes patrocinadas por Júlio em Nova York, então não foi difícil convencê-lo a montar algo semelhante aqui no Brasil, mais precisamente em São Paulo, numa parceria com um dos já gigantes das noites cariocas e paulistas, Ricardo Amaral.

Assim surgiu a primeira danceteria brasileira, o Pauliceia Desvairada, onde Júlio Barroso se tornaria soberano absoluto nas *pickups* como o DJ mais badalado do pedaço, retomando a posição que ocupara alguns anos antes, a repetir suas memoráveis performances nas carrapetas nos idos do Frenetic Dancin' Days.

Júlio será o arauto da modernidade, da vanguarda e da ânsia por juntar dois mundos tão díspares quanto fascinantes: o caldo cultural do cancioneiro popular brasileiro com a mentalidade urbana, cosmopolita e multirracial que estava nascendo naquele momento em todas as capitais do primeiro mundo.

E numa daquelas noites desvairadas da Pauliceia, Júlio percebe uma garota muito diferente, que dançava enlouquecidamente na pista. Essa menina era Alice Vermeulen, uma holandesa nascida, na verdade, na Austrália que, num acesso de tédio, fez girar o globo que seu pai, professor primário, tinha em casa e quando o parou com o dedo, estava bem em cima de São Paulo. Sem mais delongas, como se tivesse consultado um oráculo, se mandou para a cidade, totalmente sem lenço nem documento.

E eis que dois aventureiros natos se encontram. Júlio e Alice logo percebem que têm os mesmos gostos musicais, as mesmas preferências literárias, os mesmos anseios por liberdade e aventura e assim se apaixonam e passam a viver juntos. Com toda essa gama de compatibilidades, planejar montar uma banda foi apenas uma consequência.

Com alguns "moldes" na cabeça, Júlio desenha esboços da formação de uma banda "design" (um termo corriqueiro que ele empregava quando queria afirmar que algo era muito interessante ou esteticamente aprazível), que pudesse desenvolver todo o seu anseio por aqueles conceitos e ideias, acalentados e nutridos por tantos anos. Queria rock, samba, multirracialidade, sexo, amor, desacato, ruptura, humor e com essa bússola imaginou algo como Kid Creole and The Coconuts, com um pouco de Blondie, Tom Tom Club, Talking Heads, e também um pouco de Cartola, Luiz Melodia e Cassiano, e aí nasceu o projeto da Gang 90, que de início era apenas Absurdettes.

Para compor a ala das meninas, Júlio chamou sua irmã, Denise Barroso, Maria Elisa Capparelli, que atuava como uma espécie de secretária de Nelsinho Motta, Luíza Maria, mulher de Guilherme Arantes na época, para se unirem a Alice que, a partir de então, seria conhecida como Alice Pink Pank.

Denise se chamaria Lonita Renaux e Maria Elisa, May East (Luíza acabou saindo logo no início da formação sem nenhum "nome de guerra" específico por conta de, provavelmente, afazeres domésticos).

Esse seria o chassi que não sofreria alteração até o final da banda, mas o time de músicos que incorporou as fileiras da Gang é imenso. Aqui vão alguns nomes daqueles que atuaram em shows, turnês, programas de tevê e discos: Gigante Brazil (do Isca de Polícia) e esse que vos escreve na bateria; Rubão Sabino (da banda de Gilberto Gil), Lee Marcucci (da Tutti Frutti e Radio Taxi), o saudoso Tavinho Fialho (pai de Chicão, seu filho em parceria com Cássia Eller) e Cláudia Niemeyer (da Blitz e da banda da Marina) no baixo; Guilherme Arantes, Luiz Paulo Simas (do Vímana), Ruban (das Frenéticas, autor de hits como "Dancin' Days", em parceria com... Nelson Motta) e Billy Forghieri (futuro Blitz) nos teclados; nas guitarras passaram pela banda o também saudoso virtuose Wander Taffo (Radio Taxi), Miguel Barella (dos Agentss e dos Voluntários da Pátria) e Hermann Torres (do pioneiro grupo de domingueiras vespertinas dos anos 60, Os Analfabeatles) e muitos outros.

De volta ao Rio...

Enquanto isso, o Rio vivencia, assim como todo o Brasil, a emoção de mais um lançamento de Caetano Veloso: *Outras palavras*, um disco que confirmava a atmosfera daquele hippismo baiânico, num trabalho que expeliria canções como "Rapte-me, camaleoa" (feita para Regina Casé) e "Lua e estrela" (de Vinicius Cantuária).

Enquanto isso, no Joá...

As tramas da nossa novíssima banda com o Evandro e o Barreto evoluíam. O Guto Barros decidiu botar a mão na massa e se engajar mais no novo projeto, passando a organizar de forma mais musical as ideias da dupla de recém-chegados e começou a trabalhar numa canção que o Evandro havia apenas esboçado com um outro parceiro dele, um cara que nunca chegamos a conhecer pessoalmente, o Zeca Mendigo.

Aquele esboço não tinha uma métrica rítmica definida, mas a ideia era muito interessante e começava assim: "Sabe essas noites que cê sai caminhando sozinho, de madrugada, com a mão no bolso..."

Aí o Guto metrificou e sugeriu que o coro respondesse: "Na ruuuaaa."

E a letra prosseguia: "E você fica pensando naquela menina, você fica torcendo e querendo que ela estivesse". (Guto, mais uma vez, metrifica e lança o coro: "Na suuuaaa.")

As jogadas de aglutinação da letra são bastante simples, porém engenhosas, como, por exemplo "Blá blá blá blá blá blá blá blá blá, ti ti ti ti ti ti ti ti ti" até que o *groove* da letra se encaminhasse para um típico *shuffle* beatlelesco, com um refrão característico do Fab Four digno de "Got to Get You Into My Life": "Você não soube me amar.... Você não soube me amar..."

Eureka! Nascia assim "Você não soube me amar".

O nome da banda: por que Blitz?

Rolavam uns boatos, já há alguns meses, de que o Police tocaria no Brasil e num daqueles nossos ensaios no Joá, já com nossa primeira *gig* (é uma gíria do meio musical que significa, um show, um evento, um trampo musical) marcada para o Caribe, a tal casa de shows na Estrada da Gávea, ainda não tínhamos um nome.

Quando fui convocado a dar um palpite, pensei em tudo o que estava acontecendo ao meu redor, a multirracialidade das bandas, a possibilidade de se tornar mundialmente conhecido (sim, era por isso que eu ansiava!), queria um nome-síntese, que qualquer pessoa no mundo entendesse, de preferência algo monossilábico. Huumm... The Police no Brasil... The Police fazendo excursões em vários recantos do Terceiro Mundo... E... BLITZ, que tal?, sugeri.

Para meu espanto e decepção, o nome não foi recebido com o mesmo entusiasmo e ficou aquele impasse no ar, com o Evandro ponderando que Blitz era algo violento, agressivo, e que nós éramos puro amor etc. e tal, quando, nesse meio-tempo, o telefone toca e é a *hostess* do Caribe, nos apressando em dar um nome para a banda, para colocar nos lambe-lambes que anunciariam o show.

Eu, ao telefone, explico a ela que o único nome até então colocado em votação havia sido rejeitado. Ela, já meio sem paciência, me pergunta: "Porra, qual é o tal nome?" E eu respondo: "Blitz". De imediato ouço um gritinho de entusiasmo da moça, que fica repetindo aos berros: "Uau!! Blitz no Caribe!! Não poderia ser melhor."

Desligo o telefone e transmito aos meus companheiros de grupo que, a partir daquele instante, mesmo que a contragosto, nós seríamos conhecidos como a Blitz.

Efeito John Lennon-Andy Newmark

A morte de John Lennon afetaria, de forma indelével, pelo menos três figuras dessa cena dos anos 80: eu, Júlio Barroso e Renato Russo. Os três por conta de pequenos vexames.

Soube que o Renato seria expulso do Aborto Elétrico por ter tomado um porre fenomenal e arruinado um show da banda por pura dor da orfandade de John.

Júlio, por seu turno, também tomou um porre de cana num botequim desses da vida. Chorou, bebeu, chorou e bebeu, até que não conseguiu suportar mais o peso da cabeça e enfiou descontroladamente os dentes no mármore do balcão. Resultado? Perdeu um dente da frente, que ele jamais quis reparar por entender que era um troféu do luto diante da morte de seu herói.

E finalmente o meu caso: também chorei feito um bezerro desmamado como se houvesse perdido a mãe, me trancando no estúdio com um songbook da obra completa dos Beatles e me pondo a tirar todas as músicas que conseguisse.

Para cimentar a atmosfera da perda do Lennon, acontece algo extraordinário: Andy Newmark, que acabara de gravar o *Double Fantasy* com John, me aparece lá em casa, se dizendo muito deprimido e pedindo para ficar uns meses morando conosco.

Andy Newmark, que também tocou no disco solo do Patrick Moraz e se tornou um grande amigo da minha então mulher, tinha viajado para o Brasil, com o intuito inicial de fazer parte de um projeto abortado com Elis Regina e Wayne Shorter (segundo ele, houve um quebra-pau entre o Wayne e o César Camargo Mariano por questões estético-musicais que quase terminou em pugilato).

Em plena vacância e em total desamparo pela morte de John, Andy decide ficar lá no Joá, já que, por coincidência, éramos praticamente vizinhos da casa da Elis, onde ocorrera o triste aborto do projeto.

Andy tocou em discos fundamentais como o *Fresh* do Sly and Family Stone (foi um dos pioneiros em tocar bateria junto com bateria eletrônica), *Double Fantasy*, do Lennon, *Now Look*, do Ronnie Wood, além de tocar com Roxy Music, George Harrison, Rickie Lee Jones, Carly Simon e muitos outros.

Foi por intermédio dele que soube que os carinhas do Cheap Trick (o batera Bun E. Carlos e o lendário guitarrista Rick Nielsen) participaram nas gravações de duas faixas do *Double Fantasy*, que acabaram sendo substituídas.

Foi o Andy a primeira pessoa a me alertar sobre a existência de um tal... Prince, que revolucionaria o mundo da música em breve.

Essa estada de Mr. Newmark na minha casa iria me dar um monte de informações preciosas para a condução da minha carreira.

Vi meu amor numa lambreta na sua capa preta... Nasce Cena de cinema

E numa singela mistura de Big Boy, Elvis Costello, John Lennon, Marina Lima, Jim Capaldi (Jim, baterista de lendária banda inglesa Traffic), Evandro e Barreto, finalmente comecei a compor uma nova geração de canções. A primeira delas, em pleno efeito Lennon, após semanas tocando o songbook dos Beatles no violão, foi um *shuffle* totalmente beatlelesco, que viria a se chamar "Squizotérica", com letra do Bernardo Vilhena.

E foi com o Bernardo que desenvolvi praticamente todo o repertório do que seria meu primeiro e improvável álbum.

O conceito era desconstruir a retórica empolada da então canção brasileira, inserindo temas e termos coloquiais, falando sobre flashes da vida cotidiana, fosse entre as paredes de um quarto, fosse no meio da cidade.

A segunda canção nasceu numa determinada manhã, ao ler no caderno B do *Jornal do Brasil* uma matéria que abordava um amor no metrô, usando a expressão corriqueira daquelas áreas de estacionamento de carros para vias de desembarque do metrô (*kiss-and-ride*). Hummm... Beijar e correr... "Me deu um beijo na corrida, correndo ela sumiu..." Correr na escadaria do metrô, meu amor numa lambreta... Sim! Lambreta! Lambreta é muito new wave! Então... "Vi meu amor numa lambreta, na sua capa preta..." Correndo... mas não muito, portanto, quem sabe..., a menos de cem... Uma perfeita cena de cinema... Sim, cena de cinema!

Eu já tinha o *riff* e a parte do meio da música. O resto saiu em mais quinze minutos de papo.

Quando chamei o Bernardo e transmiti aquele conceito, beijar e correr, cena de cinema, lambreta, ele logo emendou com o primeiro verso: "Tava queimando no meu carro a tal da gasolina..." E assim nascia a faixa-título de um disco muito problemático e que Marina ainda arremataria o refrão, por não ter achado a conclusão musical do meu satisfatória, compondo a harmonia do: "Lá embaixo não tem estrela...", participando assim da parceria e sendo uma das pessoas que mais me "empurraria" para o ofício de artista solo.

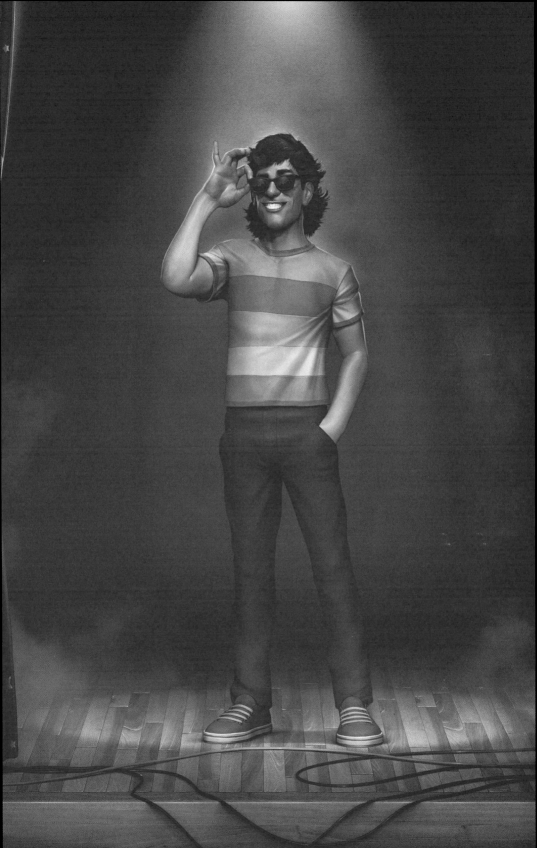

CAPÍTULO 7

1982
O ANO EM QUE TUDO ACONTECEU... E QUE NÃO ACABOU

> "Amor, que que cê tem? Cê tá tão nervoso...
> NADA NADA NADA NADA!"
>
> Evandro Mesquita, Ricardo Barreto, Guto Barros e Zeca
> Mendigo em "Você não soube me amar"

1982 foi o ano da breve e pífia Guerra das Malvinas, e a Inglaterra, em 73 dias, trucidaria as forças armadas argentinas, matando 649 soldados daquele país contra 255 britânicos e três civis. A derrota causou novas mudanças na já caótica junta militar de governo: sai Leopoldo Galtieri e entra Reynaldo Bignone.

No Brasil, temos as primeiras eleições diretas para governador depois de 17 anos, com os nomes de Tancredo Neves (MG), Franco Montoro (SP) e Leonel Brizola (RJ) como seus grandes destaques.

A crise econômica no país se agrava e o governo não tem como quitar suas dívidas com o FMI. No Líbano, há um massacre de palestinos (3.550 mortes), atribuído a organizações de extrema direita.

Morre Elis Regina de overdose, depois de tomar a mistura de uma dose sobre-humana de cocaína com uísque.

Morre o ator John Belushi por overdose de *speedball*: uma injeção de heroína com cocaína.

Morrem também Adoniran Barbosa, Gala Éluard Dalí (musa de Salvador Dalí), Henry Fonda, Grace Kelly e Ingrid Bergman.

São presos em São Paulo 91 membros do PCB, no 7º Congresso do partido, ainda na clandestinidade.

O Tribunal Superior Eleitoral concede o registro definitivo ao Partido dos Trabalhadores (PT).

O presidente Figueiredo viaja aos EUA para visitar Ronald Reagan.

A cena do rock brasileiro se alastra com o mega-hit da Blitz, "Você não soube me amar", provocando a eclosão de várias bandas no Brasil. Em Brasília nasce o Legião Urbana; em São Paulo, os Titãs do Iê-Iê-Iê e o Ultraje a Rigor; e no Rio, o Barão Vermelho.

O cinema brasileiro em 1982

A Boca do Lixo prosseguia prosperando com suas produções, despejando nos cinemas títulos como *As seis mulheres de Adão* e *Das tripas coração* (também conhecido como *Colegiais assanhadas*).

E a Embrafilme correria atrás desse filão com uma produção sempre supostamente mais chique, e por isso mesmo mais *trash*, com o novo filme de Neville D'Almeida, *Rio Babilônia*, roteiro de Neville, Ezequiel Neves e João Carlos Rodrigues.

Foi através da sinopse desse roteiro que eu viria a compor "Rio do delírio". Pensei que pudesse fazer algo meio Michel Legrand, meio Tom Jobim, com um molho de rock, mas o buraco era mais embaixo. A trilha ficou mesmo com a rapaziada do Lincoln Olivetti, que a gravaria em dupla com Robson Jorge numa dispendiosa superprodução musical, corroborando a malemolência do suingue com aquela sonoridade que já comentamos anteriormente.

De que se trata? É uma história que se passa nas últimas semanas de um fim de ano no Rio, com muitas tomadas panorâmicas da cidade para evidenciar o contraste de sua beleza exuberante com as farras movidas a sexo, surubas e cocaína da elite branca, enquanto as crianças da favela descem o morro esfaimadas para assaltar as sobras da fartura e do desperdício dos cidadãos privilegiados.

O grande ator Jardel Filho faria nesse filme sua última atuação nas telas de cinema antes de morrer. Na cena de despedida de sua brilhante carreira, será enrabado por um travesti.

A filmagem, a direção, a atuação dos atores, a dublagem, o som, tudo, apesar de toda pecha de superprodução e do alto orçamento, é precário no nível do amadorismo de qualquer pornochanchada da Boca do Lixo, mas com elenco de telenovela da Globo.

Um fato mais interessante em torno desse filme é que a então supermodelo internacional Pat Cleveland foi convidada para atuar na película e nosso dom-juan protopunk Júlio Barroso, acabou dando uma comidinha nela. No elenco: Joel Barcellos, Christiane Torloni, Antônio Pitanga, Jardel Filho, Denise Dumont, Sergio Mambertti e Norma Bengell.

Entrementes, no mainstream musical...

Caetano Veloso, com um visual menos bicho-grilo, lança o seu *Cores, nomes*, já com uma simpática e tímida bateria eletrônica na introdução da canção de abertura. A música até que é bacana, a letra bem escandida, tudo com aquela sonoridade característica da Outra Banda da Terra, com Arnaldo Brandão (ex-A Bolha, futuro Brylho e Hanói-Hanói, e meu parceiro) no baixo, Tomás Improta no piano, Vinicius Cantuária (que iniciou sua carreira no Terço) e Bolão na percussão, e Tony Costa na guitarra. O disco é monótono, caso você tenha a boa vontade de enfrentar uma audição completa.

Já o colega de Caetano, Gilberto Gil, lança *Um banda um*, com "Esotérico", aquele reggae que Liminha vivia perseguindo. A estética do álbum era aquela de sempre: amornar os arranjos, pois o brasileiro é um ser muito doce.

Chico Buarque grava o insípido *Chico Buarque en español* com convidados (Milton Nascimento, Telma Costa).

Rita Lee e Roberto de Carvalho lançam o disco homônimo numa produção da dupla com Max Pierre, que tem a trupe de Lincoln Olivetti trabalhando junto da rapaziada do Roupa Nova na gravação.

Com a participação de João Gilberto em "Brazil com S", o disco despeja mais uma leva de sucessos nas paradas: "Cor-de-rosa choque" (tema de abertura do programa *TV Mulher*, da Globo), "Flagra", "Barriga da mamãe", "Só de você", "Vote em mim" (parceria da dupla com Ezequiel Neves). Tem um som cada vez mais pasteurizado, sequer a sombra dos tempos da Tutti Frutti, ou dos Mutantes.

A filosofia dos executivos de gravadoras era sempre gastar muita grana quando o assunto era ganhar muita grana, mas na direção do vulgar, do tosco e do pasteurizado. Esse fator dificultaria (para não dizer, impossibilitaria) muito ao rock brasileiro desenvolver um som próprio. Seríamos condenados a produzir discos sem personalidade, em sua maioria custeados por um orçamento paupérrimo, e com a imposição de um sotaque eternamente empesteado de citações comprometedoras ou desnecessárias, ou bregas mesmo.

Habitando um novo lar

1982 será um dos períodos mais movimentados da minha vida e o momento real de um *turning point* no cenário musical brasileiro: o ano em que uma banda de rock daquela geração sairá do *underground* e abrirá o caminho do *mainstream* para todas as outras bandas que se formarão em seguida, colocando o rock como o principal gênero musical do país, mesmo que por um curto espaço de tempo.

Já não morava mais na casa no Joá. Acabei alugando um apartamento jeitosinho na Estrada da Gávea (do lado do Caribe), um minidúplex que seria a partir de então minha central de operações.

Nessa época eu tentava ouvir as novidades como os discos do Clash, Gang of Four, Killing Joke, Television e Elvis Costello, porém, anos mais tarde perceberia que minha alma e meu DNA estariam sempre nos primórdios dos anos 70.

Ué... Ritchie é meu vizinho!

Respirando os ares da recém-solteirice, minha vida deslanchou para uma sucessão enlouquecida de acontecimentos. Para meu espanto e intensa alegria, constatei uma impressionante coincidência: o Ritchie morava no mesmo prédio e era meu vizinho de porta!

Ritchie, aquela inglaterrazinha ambulante, vivia num mundo só dele, após o fim do Vímana. Aparentava estar envelhecido, macambúzio, sempre de robe de chambre, vivendo como professor de inglês do Berlitz. Parecia que havia desistido de ser músico, embora sempre estivesse absolutamente *up-to-date* com toda a movimentação da cena internacional. Foi por intermédio dele que ouvi pela primeira vez o termo new wave. Ele conhecia todos aqueles grupos desde a formação e me apresentou gente como Gary Numan, The Police, Visage, Spandau Ballet, Madness, Buzzcocks, Duran Duran, The Knack, Siouxie and The Banshees, Orange Juice, Ultravox, Cars, Joy Division, Joe Jackson e Thomas Dolby, e toda essa gente aliada a artistas mais veteranos e sofisticados como Steely Dan, Rickie Lee Jones, Kraftwerk e Joni Mitchell.

Além disso, Ritchie adquiriu dois equipamentos que, para aquele tempo, eram uma grande novidade: um tecladinho Cassio MT 40 e uma bateria eletrônica (a primeira que surgiu), a Dr. Rythm, da Boss, dando sinais inequívocos de que aquela suposta aposentadoria não duraria muito tempo.

Os shows mambembes da Blitz e meu ingresso no power trio de Lulu

Como disse anteriormente, minha vida adquiriu um ritmo alucinante e logo me vi tocando com a Marina, ao mesmo tempo que tentava deslanchar com a Blitz, que até aquele momento não decolava.

O máximo que conseguíamos era tocar em casas muito pequenas em Niterói, Juiz de Fora e em barezinhos no Rio, e tudo indicava que depois daquela euforia inicial, cairíamos numa rotina desanimadora. Só o Evandro mantinha as esperanças de que haveria uma chance de tudo mudar e de conseguirmos um contrato com uma gravadora.

Por sinal, a primeira formação da Blitz já se havia desmantelado: o Zé Luiz foi tocar com Caetano Veloso, o Junior Homrich e o Guto Barros voltaram para os Estados Unidos, meio desiludidos. Passaram pela banda Arnaldo Brandão (baixista de Caetano, que sairia muito em breve para formar o Brylho com Claudio Zoli) e Cláudia Niemeyer, o substituiu em seguida.

A vaga de segundo guitarrista jamais seria preenchida novamente.

Com a Marina dando uma parada nos shows para compor um novo repertório, fiquei meio que perambulando pela cidade, duro e sem muito o que fazer, e eis que após uma sessão de cinema em Copacabana, na qual tinha acabado de assistir a *Vida de Brian*, do Monthy Python, ouço uma voz muito familiar que se dirigia a mim: "Só podia ser a sua gargalhada, né Lobis?"

Era ninguém menos que Lulu Santos, que, como de costume, me surpreendia com suas atitudes ora ríspidas e intolerantes, ora dulcíssimas e afáveis como naquele exato momento. E havia ainda o agravante do episódio do desmantelamento do Vímana, a expulsão dele (eu tinha sido o pivô da encrenca) e nosso afastamento um tanto mal resolvido.

Pois bem, lá estava ele, todo serelepe, me tratando da forma mais amigável e companheira possível, com dois sucessos emplacados nas rádios ("De leve" e "Tesouros da juventude"), e com o single "Areias escaldantes" já tinha obtido significativa visibilidade através do festival MPB Shell de 1981. Estava em vias de fechar a gravação do seu segundo álbum e sem maiores delongas me desferiu um convite: "Que ir lá no estúdio fazer um *backing vocal* numa canção? Estou quase terminando o disco e o Serginho Herval, do Roupa, já gravou todas as bateras." Aquela proposta me deixou varado de amor! Aceitei de pronto e, no dia seguinte, lá estava eu fazendo o *backing vocal* da canção "Adivinha o quê".

Ainda durante aquela conversa afável na porta do cinema, Lulu engrenou uma quinta e me convidou para ingressar no *power trio* que estava formando: ele na guitarra, eu na bateria e o Antonio Pedro, baixista dos Mutantes desde que Liminha deixou a banda (um grande baixista), completando o trio.

Estava exultante com a súbita reaproximação daqueles que considerava a minha família: Lulu e Ritchie!

Vamos gravar Cena de cinema

No final de 81, meu querido amigo Inácio Augusto Machado me propôs que eu gravasse o repertório que tinha num estúdio de jingle de oito canais lá em Botafogo, na rua São Clemente, o Tok Studios, do Chico Batera, no intuito de registrar aquele material e, quem sabe, até lançá-lo para um público seleto. Nada de muito pretensioso, uma vez que não passava pela minha cabeça me tornar cantor ou artista solo, nem compositor de plantão.

Achei a proposta querida e topei a empreitada. E o estúdio foi agendado para o início de janeiro daquele 1982.

O feérico reencontro com Júlio Barroso e minha entrada na Gang 90

E foi também, no apagar das luzes de 81, que meu reencontro surreal com Júlio Barroso se deu, ambos olhando para o infinito do alto do Morro da Urca.

Essas histórias estão todas contadas, com detalhes, na minha autobiografia, mas é inevitável recorrer a elas, mesmo que de forma mais compacta, pela sua evidente importância em todo o panorama do rock dos anos 80.

Ao constatar que o baterista da banda não chegaria para o show, Júlio, pela primeira vez naquele encontro, me olha efusivamente e brada algo como:

– Grande Lobo, dá pra quebrar um galho e fazer esse showzinho com a gente? É moleza, tudo roquenrou básico!

E retruquei:

– Mas quantos desses rocks básicos eu vou ter que aprender a tocar?...

– Coisa pouca... São... Deixa eu ver... Só 23 musiquinhas bem rapidinhas. Supertranquilo – me respondeu canalhamente.

E eu devolvi:

– Ok, acho que vai ser divertido, tocar numa banda que eu nem sei quais os músicos que estão tocando muito menos o repertório. Me jura uma coisa só: não se esquece de olhar pra mim e me cintar o andamento de cada música, falou?

– Deixa comigo, Grande Lobo!! Será um show inesquecível. Você vai ver!... E, por sinal, já te dou um toque de como tem que ser a primeira música do show: é uma marcha soldadesca ("Lili Marlene") que a minha gata (Alice Pink Pank) canta em alemão. Portanto trata de lançar um rufo padrão pelotão de fuzilamento que a parada rolará bacana, falado?"

E assim se sucedeu.

Foi uma cena espetacular! Assim que ela finaliza a canção, o palco é invadido por um bando de criaturas enlouquecidas, a May East, a Lonita Renaux e o Júlio Barroso, empunhando um copo de gim--tônica numa das mãos e fazendo com a outra um gesto do tipo "manda brasa, aê" pra mim. Acreditando ser aquele o sinal do andamento, contei 1,2,3 e puxei a banda toda numa cavalgada delirante. E o show transcorreu naquele ritmo demencial, fora de propósito sem que eu tivesse a mínima noção do que estava tocando.

Deve ter sido o show mais rápido de que já participei em toda a minha vida e ao final, sem saber o que estava acontecendo, me deparo com um Júlio Barroso eufórico, gritando entre beijos e abraços: "Arrebentou, grande Lobo! Show demencial! Tá a fim de amanhã pegar um 'plane' e ir com a gente tocar num réveillon lá em Floripa?"

Pronto. Era meu batismo de fogo na Gang 90. Lá ia eu para Florianópolis com aquele monte de maluco.

O episódio de Florianópolis, Noite e dia e a Playboy esporrada

Na manhã seguinte, todo mundo virado no aeroporto Santos Dumont onde se incorporaria a nossa trupe mais uma figuraça: o guitarrista dos Agentss, Miguel Barella, de dois metros de altura, envergando uma indumentária esmeradamente moderna. (Miguel me disse recentemente que Júlio, certa vez, o interpelara indignado com a sua modernidade, proferindo naquele jeito característico dele: "Grande Miguel Barella, já vou te avisando que não admitirei ninguém mais new wave do que eu no pedaço.")

Portanto, finalmente, depois de tantos anos tentando, nosso Júlio poderia se gabar de ter uma banda toda composta de moderníssimas criaturas (eu, Miguel e o tecladista, Billy Forghieri), com a exceção do sempre tradicional Herman Torres, natural de Maceió e como já dizia Júlio Barroso: "Uma lenda viva cara! Herman Torres foi do Analfa (Analfabeatles), xará! Sabe o que isso significa?"

O show seria em um Iate Clube de Florianópolis, num réveillon de 81/82 (e não 82/83, como erroneamente descrevi num trecho da minha autobiografia). A apresentação é interrompida em virtude do colapso total do instrumento que me foi dado a tocar, obrigando Júlio a improvisar no seu mais característico estilo, jurando de pés juntos para a plateia que voltaríamos em instantes, mas empreendendo uma fuga espetacular no nosso *microbus*.

Júlio, não sei por que cargas d'água, resolve que nós devemos nos dirigir para o melhor hotel da cidade (mesmo estando hospedados numa espelunca) e persuade o *concierge* do hotel de luxo a nos ceder a suíte presidencial com direito a uma caixa de Moët & Chandon gelado e charutos cubanos.

Uma vez instalados na suíte, envergando os charutos e empunhando as taças de champanhe, começamos a ouvir o característico som de sirenes de polícia. Ao perceber que as sirenes gritavam em nosso encalço, Júlio se emociona, se inspira e me convida a fazer uma canção de amor, já que Alice tinha viajado para a Holanda enquanto nos trasladávamos para Floripa.

Entusiasmadíssimo com a encrenca genial que engendrara, Júlio salta para sua valise de mão e retira lá de dentro uma *Playboy* em que Alice aparece, posando como *playmate* do mês, toda esporrada e me diz: "Vou mandar essa *Playboy* pra minha gata lá na Holanda com as marcas da minha paixão!"

Não me sinto confortável com aquele convite por perceber que estava meio que caído pela mulher do meu amigo, então improviso uma desculpa, afirmando que "estava meio apaixonado por duas mulheres ao mesmo tempo" (o que, de todo, não era uma mentira): uma era a Marina e outra, bem, a outra era a mulher dele, Alice Pink Pank.

E então Júlio me vem com essa: "Mas eu também estou apaixonado pelas duas gatas! Melhor ainda porque assim a gente faz uma música pras duas." E pôs-se a recitar o esboço do que seria, uma vez finalizada nos quinze minutos seguintes, a letra de "Noite e dia".

Marina gravará "Noite e dia" no ano de 1982 e a música se tornará meu primeiro hit nacional.

Naquela noite delirante também compusemos um samba, meio que de breque, jamais gravado, e vou mostrar a letra, que Júlio acabou batizando de "Carmem Miranda", aqui:

Carmem Miranda
(Júlio Barroso e Lobão)

Perdi meu coração num autocine
Meu bem, juro a você que foi um crime
Garota me deixou na contramão
No meio do maior samba-canção

Ah, please, toca o órgão dona Ethel
Meu Deus, parece até que estou no céu
Maxixe, mambo que calor, caramba
Na quinta avenida dancei o samba

> Em pleno soul rasguei a fantasia
> Plena explosão de alegria
> Curtindo a boa com Zé Carioca
> No Empire State instalei minha maloca
>
> Mr. Walt Disney, quase esqueci o meu papel
> Meu Deus parece até que estou no céu

No dia seguinte após a encrenca ser resolvida, acabamos tocando num teatro (acho que era o Teatro Municipal) com lotação esgotada e filas quilométricas na porta. Não preciso dizer que o show foi uma loucura delirante, com todo mundo devidamente bêbado e drogado no palco e na plateia.

Um sucesso absoluto digno de beatlemania.

A Blitz inaugura o Circo Voador no Arpoador

Voltando para o Rio, acabo por convidar meu doravante companheiro de Gang 90, Billy Forghieri, para gravar comigo o *Cena de cinema*, e ele fica morando lá em casa por uns tempos.

Nesse meio-tempo, ocorre mais uma reunião da Blitz. O Evandro tinha conseguido uma data para inaugurarmos um espaço que prometia para aquele verão. Um circo montado pela rapaziada do Asdrúbal Trouxe o Trombone, Nuvem Cigana e Maria Juçá.

Esse circo abrigará uma série de projetos teatrais e artísticos dos mais variados como o grupo de teatro Banduendes Por Acaso Estrelados com uma nova geração de atores, entre eles estavam Cazuza e Bebel Gilberto.

Naquela empolgação provocada pela nossa passagem esfuziante por Floripa com a Gang 90 no ano anterior, sugeri aos meus colegas colocar, quem sabe, umas garotas nos vocais. Empolgados com a ideia, Barreto trouxe a namorada, Marcia Bulcão, para o ensaio, que, por sua vez, rebocou uma amiguinha, Fernanda Abreu.

Como o tempo era muito curto e não tínhamos outro guitarrista, o Billy acabou se comprometendo a dar uma canja nos teclados no tal show.

E assim aconteceu o show de inauguração do Circo Voador e a estreia das duas meninas mais Billy Forghieri, que após a canja nunca mais saiu da banda.

Logo em seguida, Claudinha Niemeyer deixava a Blitz e eu imediatamente chamei o Antônio Pedro, que já fazia dupla de cozinha comigo no power trio do Lulu Santos e assim teríamos a formação da Blitz que gravaria seu primeiro LP.

Mas isso ainda levaria um certo tempo.

As gravações do Cena de cinema reúnem pessoas de todos os cantos

Meu amigo e patrono Inácio Machado consegue depois de várias negociações dez dias de gravação no Tok Studios e isso significava que eu tinha dez dias para ensaiar, arranjar, gravar e mixar um disco inteiro com dez faixas. Ou seja, uma faixa por dia. Tempo apertadíssimo.

Só consegui isso por causa do auxílio de meus queridos amigos e colegas.

Todos os músicos que participaram do disco gravaram de graça.

De cara, o Ritchie me emprestou sua bateria eletrônica, fundamental para gravar todos os instrumentos antes e as baterias de todo o disco por último, algo bem pouco usual. Mas foi assim que deu.

Lulu apareceu no estúdio e meio que tomou para si o comando dos arranjos vocais além de gravar praticamente todas as guitarras. Seu empenho característico me deixou muito emocionado.

Os *backing vocals* do disco foram gravados por Marina, Ritchie e Lulu.

Antônio Pedro gravou alguns baixos e o Marcelo Sussekind, outra lenda viva do rock, ex-integrante da Bolha, futuro fundador do Herva Doce, grande guitarrista e baixista, também assinaria o crédito de técnico de som do projeto junto com o grande Carlos Savalla.

Billy Forghieri gravou com seu Polymoog (primeiro sintetizador polifônico da Moog) o disco todo.

Zé Luiz compareceu para colocar uns saxofones, e o Barreto, além de homenageado na faixa "O homem baile", marcou presença gravando a guitarra de "Love pras dez".

E em dez dias, aproveitando cada segundo de estúdio, tínhamos um disco todo gravado e mixado. Restava apenas saber o que fazer daquilo.

Finalmente a Blitz recebe uma proposta de contrato

Quando não mais esperávamos que houvesse algum interesse pela Blitz, Evandro chega no pedaço esfuziante, após uma pelada no Caxinguelê (famoso campo de peladas no Jardim Botânico que reunia várias celebridades de então), com a notícia que todos nós aguardávamos: finalmente uma grande gravadora topou gravar a banda! Um colega de pelada, funcionário da EMI, ouviu uma fita demo e apostou que aquilo seria um grande sucesso.

A empolgação foi geral e logo em seguida fomos chamados para conversar com o diretor artístico da companhia. Me lembro que a música que mais chamou a atenção dele foi "Você não soube me amar". Pela experiência e faro para o sucesso que tinha, o diretor da EMI deliberou que entrássemos imediatamente em estúdio e confeccionássemos um compacto simples para sair o quanto antes.

E assim se sucedeu. E naquela urgência urgentíssima, gravamos um compacto mais que simples: no Lado A, "Você não soube me amar", e no lado B, uma edição da voz do Evandro a dizer "Nada, Nada, Nada, Nada...".

Em apenas uma semana, Você não soube me amar vira o hit sensação do Brasil

O sucesso foi daqueles do tipo *overnight sensation*: instantâneo e brutal. Só que havia um detalhe: o diretor encanou comigo ao saber que eu tinha um disco na prateleira, pronto para ser, quem sabe, lançado, e exigia que eu trouxesse a master do disco e a picotasse (ele exigia uma espécie de ritual: eu picotando, com uma tesoura, os tapes da master) na frente de toda a diretoria.

Confesso que não achei a ideia boa, tentei argumentar, explicando que, lá fora, as bandas estavam carecas de produzir projetos paralelos e seus integrantes gravavam bateladas de discos solo sem que aquilo comprometesse as vendas e a respectiva carreira da banda, e que eu detestava a ideia de ser cantor ou artista solo, e que minha paixão mesmo era tocar bateria, e que a Blitz era meu projeto de eleição, etc. e tal.

Não colou.

Mas... como eu poderia destruir aquele material único, feito com tanto carinho e amor, com meus amigos doando seu tempo e talento de graça, e fazer tudo isso se evaporar por um motivo tão equivocado e inadmissível quanto aquele?

Fico imaginando, se por ventura eu tivesse cedido, como a história seria contada nos dias de hoje.

A Blitz vira uma coqueluche nacional e o impasse intestino persiste.

Meus companheiros de banda começam a mostrar sinais de prosperidade, adquirindo automóveis, comprando sítios e apartamentos, e eu lá de bicicletinha, indo gravar como músico contratado o restante do LP.

Preparando o bote

Todo mundo apostava que eu cederia diante do megassucesso da banda, que prosperava do dia para a noite, em contraste com a minha megadureza.

Além desse probleminha, havia uma percepção minha de que a gravadora estava interferindo demais na estética da banda, quiçá deformando o conceito inicial em direção a um produto infanto-juvenil banalizado.

Essa percepção acabou por definir a minha decisão final de não assinar contrato.

Mas, antes que desse minha última palavra, estava finalizando todas as faixas na bateria e justamente quando terminava o serviço, vim a saber por outras fontes que a revista *IstoÉ* daria capa para a Blitz. E como um artilheiro vendo uma bola quicar na grande área, não tive dúvida: inventei para os meninos que havia mudado de ideia e que ia assinar na semana seguinte com a EMI.

Alegria total na banda, provocando o alívio da tensão que já durava mais de mês e, para comemorar, eles me convidam para participar da tal entrevista de capa.

É claro que aceito, compareço, falo e poso para as fotos. E, na segunda-feira, sai aquela capa formosa, comigo bem no centro da banda, e devo ter exclamado algo como: "Golaço! Vamos às páginas amarelas sortear uma gravadora para ver se querem me contratar."

Com a gravadora devidamente "sorteada" pelas páginas amarelas, pego um busum em direção à RCA Victor, com a revista e a fita master do *Cena de cinema* debaixo do braço.

Em 20 minutos de reunião, sou o mais novo contratado da gravadora.

Telefono para Evandro contando a novidade e ele fica mudo do outro lado. Passamos um bom tempo de mal.

Resultado? O LP da Blitz sairá em setembro daquele ano sem uma única menção da minha existência, exceto pela misteriosa aparição de um desenho de um Lobão do Walt Disney com o crédito embaixo: "Lobão, bateria".

Uma observação: as duas últimas faixas do labo B, "Ela quer morar comigo na Lua" e "Cruel, cruel, esquizofrenético blues", foram censuradas e riscadas no LP, e só inseridas quando o disco sai sob o formato de CD, muitos anos depois.

Pela lista de compositores, percebemos nitidamente a presença do Asdrúbal Trouxe o Trombone e da Nuvem Cigana nas canções: pelo Asdrúbal, além de Evandro, Patrícia Travassos, e pela Nuvem Cigana, Chacal e Bernardo Vilhena.

Me senti tocando num projeto do Circo do Carequinha, por conta da imagem para a qual a gravadora direcionava a banda.

O disco foi gravado nos estúdios da EMI, em Botafogo, com Antônio Pedro no baixo, esse que vos escreve na bateria, Billy Forghieri nos teclados, Ricardo Barreto na guitarra, Márcia Bulcão e Fernanda Abreu nos *backing vocals*, Evandro Mesquita no vocal e harmônica.

Ouvindo a gravação após todos esses anos, é muito bom notar intactos o frescor, a criatividade e o entusiasmo das pessoas, a genialidade de Evandro, mesmo com aquele som desgraçado de gravação que iria dominar o rock dos anos 80. A minha bateria soa como se estivesse batendo num saco de pipoca, as guitarras do "Barra"... Cadê? Muito *synth* e muito *reverber* nas vozes das meninas.

Mas como foi delicioso ouvir o disco!

Quem diria... eu de artista solo

Em julho desse ano, *Cena de cinema* será remixado nos estúdios da Som livre pelo Carlão e sairá em novembro, dando início à minha

CENA DE CINEMA

PRODUZIDO POR LOBÃO E BERNARDO VILHENA

LADO A

1. CENA DE CINEMA
(Lobão, Marina Lima e Bernardo Vilhena)
2. AMOR DE RETROVISOR
(Lobão)

RCA VICTOR   1982

3. LOVE PRAS DEZ
(Ricardo Barreto e Bernardo Vilhena)
4. O HOMEM BAILE
(Lobão, Antônio Pedro Fortuna e Bernardo Vilhena)
5. DOCE DA VIDA
(Lobão e Bernardo Vilhena)

CENA DE CINEMA

PRODUZIDO POR LOBÃO E BERNARDO VILHENA

LADO B

1. STOPIM
(Lobão e Bernardo Vilhena)
2. SQUIZOTÉRICA
(Lobão e Bernardo Vilhena)

RCA VICTOR   1982

3. SEM CHANCE
(Lobão e Bernardo Vilhena)
4. SCARAMUÇA
(Lobão, Antônio Pedro Fortuna e Bernardo Vilhena)
5. ROBÔ, ROBÔA
(Lobão e Bernardo Vilhena)

FICHA TÉCNICA
LOBÃO: VOZ, SINTETIZADOR, GUITARRAS, VIOLÃO E BATERIA | MARINA LIMA, RITCHIE E LULU SANTOS: BACKING VOCALS | BILLY FORGHIERI: SINTETIZADOR POLYMOOG | ANTÔNIO PEDRO E MARCELO SUSSEKIND: BAIXOS | ZÉ LUÍS: SAXOFONES | LULU E RICARDO BARRETO: GUITARRAS (EM "LOVE PRAS DEZ")

tortuosa e não muito bem-vinda carreira solo. Algo que para um baterista como eu soava como uma condenação.

As músicas são praticamente todas da dupla Bernardo Vilhena e eu, exceto "Cena de cinema", composta por mim, Marina Lima e Bernardo Vilhena, "Amor de retrovisor", apenas por mim, "Love pras dez" por Ricardo Barreto e Bernardo Vilhena e "O homem baile" por mim, Antônio Pedro Fortuna e Bernardo Vilhena.

Apesar do som muito precário, dá pra se ouvir mais a banda tocando como um todo do que no disco da Blitz. Tem um pouco mais de peso e as guitarras são mais na cara. E há momentos ricos no disco: os vocais de Lulu, Marina e Ritchie são soberbos, as guitarras do Lulu, os solos de sax do Zé Luís e o frescor e o total descompromisso do repertório.

Enquanto isso, na cena punk, o Começo do Fim do Mundo

Em meio a confrontos cada vez mais violentos, o movimento punk brasileiro atinge seu apogeu num festival, o Começo do Fim do Mundo, organizado por Antonio Bivar e Callegari no SESC Pompeia, em São Paulo, nos dias 27 e 28 de novembro de 1982, e criado para justamente tentar unificar as tribos e facções do ABC e da capital paulista.

Atraindo mais de três mil pessoas, o festival contava, além dos shows de várias bandas (no total, vinte), com a exposição de discos, filmes e zines com punks na organização e no público.

Apesar do primeiro dia ter transcorrido com relativa tranquilidade, o segundo acabou em pancadaria. A polícia invadiu o local para queimar documentos relacionados à ditadura, distribuindo porrada com fartura no público em geral e em quem quer que estivesse na frente, manifestando qualquer tipo de resistência.

O festival foi gravado num *tape deck* do qual saiu o antológico disco homônimo que posteriormente seria lançado em CD.

O line-up do festival
1º dia: Dose Brutal, Psykóse, Ulster, Cólera, Neuróticos, M-19, Inocentes, Juízo Final, Fogo Cruzado, Desertores.
2º dia: Suburbanos, Passeatas, Decadência Social, Olho Seco, Extermínio, Ratos de Porão, Estado de Coma, Lixomania, Negligente.

O Ulster acabou saindo do disco por não aprovar a qualidade da gravação. Sua música "Heresia" sairia no relançamento do projeto na versão em CD como faixa bônus.

Há gravações em vídeo como no documentário de Gastão Moreira, *Botinada, a origem do punk no Brasil*.

No mainstream, a nova safra invade os programas de auditório

Enquanto os punks desabrochavam de vez em seu universo paralelo, a new wave invadia as televisões, nas novelas, nos programas de auditório e nos *Fantásticos* da vida.

Eu mesmo que não havia sequer decolado com o *Cena de cinema*, já tinha feito um clipe para o *Fantástico*. A Gang 90 emplaca "Nosso louco amor" como tema de abertura de novela e a Blitz e Lulu Santos enlouquecem as pretéritas "macacas de auditório" (vocês podem imaginar um termo desses nos dia de hoje?), dividindo os palcos com Jane e Herondy, Sidney Magal e Sérgio Mallandro, e abrindo caminho para um número cada vez maior de bandas e artistas que seriam conhecidos mais tarde como BRock.

Por um período (bastante curto, admito), o rock conquistará a façanha de se tornar o estilo hegemônico no próprio *mainstream*.

A tal estratégia sugerida pelo Big Boy começava a surtir efeito e a presença massiva desses artistas na tevê irá alterar completamente o equilíbrio estagnado do status quo musical brasileiro.

Alice Pink Pank sai de São Paulo, vem para o Rio e começamos nossa vida de casal

Mesmo indo morar comigo depois de muitos quiproquós, Alice ainda prossegue como integrante da Gang 90 que já apresentava sinais de desgaste não só interno, mas também se ressentindo fortemente do fenômeno estratosférico da Blitz.

No final de novembro de 1982, *Cena de cinema* é lançado através de um show no finado Ricamar, em Copacabana, com a Alice desenhando e confeccionando a indumentária de toda a banda: eu usaria uma calça bag xadrez (xadrez preto e rosa) e camisa social rosa. O restante da banda com o mesmo modelito, só que em xadrez preto e cinza. Tudo muito caprichadinho.

E por falar em banda, a formação era a seguinte: Claudio Infante na bateria, Arthur Maia no baixo e Luiz Paulo Simas nos teclados. Ou seja, uma superbanda que só se reuniu aquela única noite para aquele evento.

Foi a primeira vez na vida que me apresentei tocando guitarra e cantando. Me senti muito esquisito e essa crise de identidade iria me acompanhar até o início dos anos 2000, quando finalmente me assumi como guitarrista e cantor.

Do lançamento para a geladeira

Cena de cinema implodirá em virtude da minha discussão com um executivo da "Casa do Samba", a RCA. Depois de me convidar para gravar a bateria da nova abertura do *Fantástico*, Guto Graça Mello, uma espécie de meu padrinho desde meus primórdios profissionais quando estreei como baterista na peça *A feiticeira*, com Marília Pera, em novembro de 1975, agora diretor musical das novelas da Globo, me pede, ao saber que eu "tinha virado artista", uma cópia do *Cena de cinema* para escolher uma música e inserir, quem sabe, numa novela da casa.

O que seria um grande trunfo para a carreira do disco (e para a minha também) acabou se tornando seu fim: o tal executivo da RCA me responde que não ia "aliviar pra playboy", que aquela gravadora era a Casa do Samba e que "roqueiro nenhum iria ter vida mole por lá".

Resultado? Destruí o escritório do diretor-geral, Hélcio do Carmo. Quebrei o tampo de vidro da mesa, rasguei todos os papéis que encontrei, dei um pontapé num gravador de rolo Revox e joguei tudo que havia nas gavetas pra fora.

Dias depois, sou chamado e a diretoria me notifica de que serei colocado na geladeira para mofar lá por toda a eternidade. Mas uns seis meses depois, a gravadora passaria por uma total reformulação, e toda a diretoria foi substituída.

A sorte me sorria. Decidiram me reaproveitar. Em breve me mandariam para a Festa do Disco em Canela no Rio Grande do Sul, e em seguida me convidarão para rediscutir minhas bases contratuais. Não acreditei nessa jogada do destino. Mais uma sobrevida.

CAPÍTULO 8

1983
RITCHIE, LULU, OS RONALDOS, BARÃO VERMELHO E OS PARALAMAS DO SUCESSO

> "Uma meia pessoa não é alguém que não tem uma opinião, é alguém que não corre nenhum risco de emiti-la."
> "Se você vê a fraude e não expõe a fraude, você é uma fraude."
> Nassim Nicholas Taleb

O ano bissexto de 1983 se inicia com a economia em estado terminal, com a inflação chegando a 200% ao mês, e a indefectível equipe econômica decide implementar uma maxidesvalorização no cruzeiro (moeda da época).

Com essa tensão econômica, uma onda de saques assola São Paulo, e mais de 200 estabelecimentos são alvo de saqueadores.

A região Sul do Brasil é devastada por uma terrível enchente, que atinge impressionantes 170mm de chuva só nos dias 5 e 6 de julho, e os brasileiros se unem num mutirão de solidariedade para ajudar os milhares de desabrigados.

E se na região Sul o problema é água demais, na região Nordeste é a falta dela: uma seca monumental, que se arrastava desde 1979, chega ao seu auge em 1983, atingindo milhares de famílias. Mulheres e crianças são os que mais sofrem com a estiagem.

A violência urbana também aumenta o tom em 83, com um caso chocante: um ladrão mata a professora Laura Tomareski e sua filhinha de oito meses.

Outro dado alarmante é a volta arrasadora do parasitismo sindical. A CUT (Central Única dos Trabalhadores) foi fundada em 28 de agosto de 1983, na cidade de São Bernardo do Campo, em São Paulo, durante o 1º Congresso Nacional da Classe Trabalhadora.

O presidente João Figueiredo é internado em Cleveland, nos EUA, para se submeter a uma cirurgia após um infarto.

Após sete anos de ditadura militar, a Argentina volta à democracia com a posse de Raul Alfonsin, o primeiro presidente civil eleito pelo voto.

É inaugurada uma nova estação de tevê: a Rede Manchete e, nesse mesmo ano, Xuxa Meneghel, ainda modelo, inicia sua carreira de apresentadora infantil no *Clube da criança*.

O *Fantástico* apresenta uma nova abertura e renova seu tema (fui convocado por Guto Graça Mello para gravar a bateria e o episódio acabou gerando a briga com a minha gravadora).

Morre, de forma prosaica, o mito Clara Nunes, vítima de choque anafilático numa operação de varizes. Clara, uma espécie de Michael Jackson na antimatéria, se transformou num fenômeno que acabaria por se repetir com outras cantoras no transcorrer dos anos: a magia de uma cantora branca de classe média ir se empretecendo, se africanizando gradativamente. Enquanto Michael clareava, Clara escurecia. Quando morreu, parecia ter chegado ao estágio de negritude digno de batizar uma ala das baianas de escola de samba. Uma grande perda.

Outra morte trágica é a do grande herói de todos nós, Mané Garrincha.

Na política, morre o Teotônio Vilela, o menestrel das Alagoas, que se tornaria um dos musos do movimento pelas eleições diretas.

No cinema americano, Woody Allen lançava seu genial *Zelig*, que conta o caso de um sujeito que osmotizava os trejeitos, sotaques, maneirismos e opiniões de qualquer interlocutor que encontrasse.

A sinopse é a seguinte: o filme, que se passa nas décadas de 20 e 30, fala sobre Leonard Zelig, um homem desinteressante que tem a capacidade de transformar sua aparência na das pessoas que o cercam. É observado inicialmente numa festa por F. Scott Fitzgerald, que percebe que, ao mesmo tempo em que circula entre os convidados, louvando as classes afluentes num sotaque refinado e esnobe, Zelig se mistura aos criados na cozinha, vociferando enfurecidamente contra os "gatos gordos" num forte sotaque proletário. Rapidamente ganha fama internacional como um "camaleão humano".

Bastavam quinze minutos de uma banal conversação para que Zelig "osmotizasse" e incorporasse a essência, os maneirismos, a voz, os trejeitos, o sotaque, as ideias, a verve, enfim, toda a personalidade de seu interlocutor.

O filme tem Woddy no papel de Zelig e Mia Farrow, no da psicanalista que tenta ajudá-lo com esse estranho distúrbio.

O curioso é que esse filme me ajudará a tentar entender o fenômeno Herbert Vianna (líder do Paralamas do Sucesso) que, por incrível que pareça, se mostrará uma espécie de versão tupiniquim do personagem de Allen.

1983 é também o ano de um desastre aéreo de proporções indignantes: em 1º de setembro, o voo comercial sul-coreano KAL007 cai após ser atingido por um MIG 24 soviético, matando as 629 pessoas a bordo. Eu e Tavinho Paes faremos uma canção sobre esse terrível incidente que se chamará "Bang The Boing", jamais gravada.

Em 15 de março tomam posse os governadores eleitos por via direta após 18 anos de jejum eleitoral.

Em 7 de março estreia *Balão mágico* na Globo, que ficará no ar até 1986, sendo substituído pelo *Xou da Xuxa*.

A Compaq lança seu primeiro microcomputador portátil compatível com o hardware IBM, e é o ano do grande estouro dos videogames no Brasil.

Bandas como Sepultura, Capital Inicial e Titãs do Iê-Iê-Iê iniciam suas atividades fazendo shows em seus estados.

Os Titãs do Iê-Iê-Iê já aparecem em programas de tevê.

Os Paralamas do Sucesso lançam seu primeiro LP.

Chico Buarque, em parceria com Edu Lobo, lança *O grande circo místico*, um tremendo sucesso que conta a história de amor entre um aristocrata e uma acrobata (classes! sempre a mesma obsessão pelas classes!).

Lá fora o metal explode, e na new wave aparece Cindy Lauper com Madonna logo atrás

O metal está em fúria. O Slayer, com seu trash metal, lança o primeiro disco de estúdio, *Show No Mercy*.

O Iron Maiden com seu quarto disco, *Piece of Mind*, apresenta seu novo baterista, Nicko McBrain, e o Metallica lança o glorioso *Kill 'Em All*.

O Mötley Crüe lança seu segundo álbum de estúdio, *Shout At The Devil*.

É necessário ressaltar aqui que, com a exceção do Sepultura, acho a estética metal um tanto vascaína, circense e monotemática para meu gosto. (Acho um pouco repetitivo esse papo de satã, morte, inferno, apocalipse, pragas epidêmicas, sem falar naqueles cantores dando aqueles falsetes terríveis, parecendo empalados por um imenso caralho enterrado na bunda.)

O adorável é que todo metaleiro se enfurece com as minhas opiniões.

Para além da new wave e do metal, o Kiss tira as suas maquiagens e realiza um disco de cara limpa. Seu décimo primeiro álbum de estúdio, meio farofa glam rock, chamado *Lick It Up*.

Nascem Red Hot Chilli Peppers, Bon Jovi e Raça Negra.

Michael Jackson apresenta sua lendária música "Billie Jean", o single mais vendido desse ano, no especial de 25 anos da gravadora Motown, mostrando ao mundo aquele passo de dança que seria eternizado, o *moonwalk*, e iniciando seu processo de clareamento, proporcionalmente inverso ao da nossa saudosa Clara Nunes.

David Bowie, sempre se reinventando, grava um disco histórico (contudo, datadézimo) o *Let's Dance*, com banda multirracial, e se coloca como um dos ícones dos anos 80.

Na Legião Urbana, ainda em estágio embrionário, saem os integrantes Paulo Paulista e Eduardo Paraná e entra em cena o guitarrista Dado Villa-Lobos, juntando-se aos fundadores Renato Russo e Luís Bonfá. O quarto elemento, o saudoso Renato Rocha, o Negrete, se unirá ao trio depois que eles assinarem o contrato com a EMI-Odeon no ano seguinte.

De Niterói para o Brasil, a Maldita está no ar

A Rádio Fluminense FM 94,9 MHz, no ar desde 1974, sofre uma reformulação no ano anterior e passa a transmitir apenas material de classic rock dos anos 70 e heavy metal, e se torna o grande arauto de toda uma geração.

Enquanto todas as outras rádios do Brasil tocavam aquela mesma lenga-lenga inalterada, com os mesmos figurões de sempre por décadas seguidas, a Maldita por sua vez iniciará um processo que alteraria todo o cenário brasileiro, mesmo com seu baixo alcance de transmissão e sua baixíssima audiência em comparação com as rádios *mainstream*.

E nesse cenário improvável, nadando contra a maré, a Fluminense, com o pioneirismo e o charme de ter as primeiras locutoras mulheres (Selma Boiron, Selma Vieira, Liliane Yusim, Mylena Ciribelli, Monika Venerabile) acrescidos dos dinâmicos Djs Maurício Valladares e José Roberto Mahn, capitaneados pelo visionário jornalista Luiz Antônio Mello, inaugura um processo de transformação da cena musical sem precedentes.

A primeira vez que me ouvi tocar numa rádio (eu, como Lobão) foi lá, através de uma fita demo enviada por Inácio Machado, que tornou "Cena de cinema" um cult da rapaziada.

A moda de gravar demos em fitas cassete pegou e, assim, já se podia ouvir som de bandas como Sangue da Cidade, Celso Blues Boy, Capital Inicial, Blitz, Legião Urbana, Barão Vermelho, Kid Abelha, Titãs do Iê-Iê-Iê, Paralamas do Sucesso antes que qualquer outro veículo imaginasse a existência daquelas bandas, e tudo isso em sinergia com a nossa outra vitrine: o Circo Voador.

Posso afirmar com ampla margem de certeza que se não houvesse a Rádio Fluminense e o Circo Voador, o rock brasileiro dos anos 80 jamais penetraria no círculo do *mainstream*.

Os Paralamas do Sucesso aparecem com Vital e sua moto

Posteriormente conhecidos por fazer parte da cena do rock brasiliense, Os Paralamas do Sucesso têm, na verdade, origem fluminense, em Seropédica.

A banda foi formada em 1977, quando Herbert Vianna foi para o Rio estudar no Colégio Militar, reencontrando seu amigo de infância, Bi Ribeiro (que acabou dando o nome da banda depois de eliminarem coisas do tipo "As Cadeirinhas da Vovó"). A primeira formação dos Paralamas contava com Herbert na guitarra, Bi no baixo e Vital Dias na bateria. A banda tinha inicialmente dois cantores, Ronei e Naldo, que saíram em 1982.

Vital, que não compareceu a um show na Universidade Rural do Rio de Janeiro, será substituído por João Barone que se efetivaria na posição.

Como prêmio de consolação, Herbert compôs uma singela homenagem póstuma para o baterista original, emérito motoqueiro: "Vital e sua moto", demo gravada em cassete que foi enviado para a Rádio Fluminense. A rádio começou a tocá-la e esse foi o primeiro hit dos Paralamas e a oportunidade para a banda conseguir um contrato com a EMI-Odeon.

Eduardo Dusek, cantando no banheiro

Dusek, pianista de formação, ator, cantor e compositor, já fazia música para vários nomes da MPB como As Frenéticas, Ney Matogrosso ("Seu tipo"), Maria Alcina ("Folia no matagal").

No Festival MPB 80 surgiu como artista solo com "Nostradamus", dando a impressão de que teríamos uma sequência para a lacuna deixada pelos Mutantes, misturando humor negro, ironia com uma vigorosa textura musical. Em 1983 ele grava um álbum clássico dos anos 80, o poderoso *Cantando no banheiro*.

Do Arpoador para o mundo: João Penca e Seus Miquinhos Amestrados

Todo mundo que frequentava o Arpoador no final dos anos 70 se intrigava com duas misteriosas pichações feitas nos muros das paredes inferiores que davam acesso à areia da praia: "Celacanto Provoca Maremoto" e "João Penca e Seus Miquinhos Amestrados".

A primeira pichação se referia a um personagem da série *trash* nipônica *National Kid* e a segunda, viríamos todos a nos surpreender, revelaria uma banda das mais originais dos anos 80.

E só foi revelado o mistério completamente quando a banda apareceu, acompanhando Eduardo Dusek, com seu visual surfe-rockabilly e aqueles três personagens muito engraçados (Selvagem Big Abreu, Bob Gallo e Avellar Love).

O que realmente me impressionava naqueles caras era uma caudalosa e muito bem assimilada cultura de rockabilly e rock'n'roll dos anos 50, muito raro de se observar num lugar tão autista e umbilicocêntrico como o Rio. Portanto, eles tinham a praia, o surfe e algo mais: cultura de roquenrou de verdade.

Leo Jaime, que sempre exibiu uma veia cômica bastante significativa, era o quarto elemento que volta e meia aparecia para cantar nos shows.

Como era uma banda que atraía vários músicos e personagens esporrantes da cena carioca, a lista dos que passaram pelos Miquinhos além de Leo Jaime é longa, com os também impagáveis Leandro Verdeal, Mimi Erótico, Claudio Killer (Claudio Krudsen), Del Rosa, Guilherme Hully Gully, Rodrigo Santos, Kadu Menezes e Nani Dias (esses três últimos fariam parte dos Presidentes, banda que tocaria e gravaria discos comigo por muitos anos mais tarde).

Mas em 1983 eles lançam o seu primeiro disco de carreira vendendo mais de cem mil cópias:

E aqui vai uma pérola do grupo com letra de Leandro Verdeal:

Psicodelismo em Ipanema

Acordei certo dia de um sono profundo
Eu tava em Ipanema num banco de praça
Aquela noite eu tive sonhos estranhos
Sonhei que tava todo mundo pelado

A loucura era tanta que virava a cabeça
Pessoas cabeludas de ideias cabeludas
Mas o dia amanheceu qual não foi minha surpresa
Tudo, tudo em Ipanema tava beleza

Psicodelismo no cinema
A luz do lanterninha estroboscópica
Garota à gogo, dançando sem pudor
Em cima do Cristo Redentor

Psicodelismo em Ipanema
Todo mundo fora do sistema
Psico Psico Psico Psico
Psico Psico Pisco Psico
Psicodelismo em Ipanema
Todo mundo fora do sistema
Psico Psico Psico Psico
Psico Psico Pisco Psico

Leo Jaime embarca na carreira solo lançando um compacto simples com as canções "O bolha" e "Vinte garotas num fim de semana".

A desconcertante escalada de Ritchie ao topo das paradas

A minha nova moradia, com Ritchie como vizinho de porta, iria me render mais surpresas ainda, e de dimensões demenciais.

Assim que cheguei ao prédio e me pus a ensaiar com a Blitz. Bernardo Vilhena mais uma vez na cena, acabava por incorporar entusiasmado o papel de diretor de clima dos ensaios, estimulando, dando ideias e, assim, entrando para o rol dos compositores da banda. Ele assinou de imediato, numa nova parceria com Ricardo Barreto, outro mega-hit ("Geme Geme") assim como "Love pras dez" (que fazia parte do repertório da Blitz antes que eu a gravasse).

Com Ritchie, Bernardo, velho amigo de outros carnavais, acabou indo procurar o nosso "Ricardinho", e, numa sentada só, saiu o primeiro fruto daquela que seria uma profícua parceria: "Voo de coração".

Ritchie entrou em contato com o Liminha e este conseguiu arranjar um porão no fundo do quintal da sede da Warner na Gávea, montando um estúdio improvisado com uma máquina de oito canais e acabou por produzir uma demo caprichadíssima de "Voo de coração" (uma balada de uma beleza comovente) com a participação do guitarrista do Genesis, Steve Hackett, amigo de longa data do Ritchie.

Acabei por não participar da gravação por não haver espaço no tal porão para se montar uma bateria. A tal demo ficou com uma sonoridade irretocável para os padrões da época.

E essa demo seria acolhida por um bambambã da CBS que, ao ouvir o troço, se apaixonou contratando o Ritchie no ato.

De imediato, os executivos da CBS decidiram lançar aquela demo, do jeito que estava, no formato de compacto simples com "Baby, meu bem" como lado B (que em breve também se transformaria noutro sucesso estrondoso). O resultado foi que "Voo de coração" foi uma das canções mais executadas em apenas uma semana, abrindo o caminho para Ritchie ser chamado a gravar seu primeiro Long Play o mais rápido possível.

    E assim se sucedeu: com Liminha na produção convocando um time de peso, em menos de um mês, o LP que iria mudar a história das vendas na música popular brasileira, cantado e composto por um inglês estava pronto! A dupla Ritchie e Bernardo produzirá dez canções das quais pelo menos oito se tornariam verdadeiros hinos populares e que, para além da minha alegria imensa pelo Ritchie, seriam a salvação da lavoura no meio daquela penúria toda pela qual eu estava passando, uma vez que fora convocado para participar da gravação um disco inteiro, o que me tiraria daquele miserê, pelo menos por algum tempo.

FICHA TÉCNICA

RITCHIE: VOZ, CASIOTONE MT 40 E FLAUTA | LULU SANTOS: GUITARRAS | LIMINHA: GUITARRAS E BAIXO | STEVE HACKETT: GUITARRA | LOBÃO: BATERIA | ZÉ LUÍS: SAX | CHICO BATERA: PERCUSSÃO | LAURO SALAZAR: PIANOS E SINTETIZADORES | ANA LEUZINGER, MARISA FOSSA, PAULINHO SOLEDADE E SONIA BONFÁ: VOCAIS

Algo acabou fugindo do controle e Ritchie acabaria por ser o primeiro artista da CBS a ultrapassar as vendas de Roberto Carlos, fato esse que se tornaria uma falha fatal para sua carreira.

Outro aspecto interessante a se observar é que Ritchie com todo seu refinamento musical e intelectual acabaria sendo enquadrado como ídolo das multidões e rotulado (de forma injusta, a meu ver) como um ídolo brega.

Barão Vermelho e Down em mim

A primeira vez que ouvi uma música do Barão Vermelho foi na sala do Ezequiel Neves, na Som Livre, quando fui fazer a gravação de uma abertura do *Fantástico*.

Confesso que não levava muita fé naquele entusiasmo todo do Ezequiel até a hora em que ele me grudou na cadeira e me obrigou a ouvir uma faixa com a devida atenção.

A tal faixa era um blues rasgado chamado "Down em mim". Fiquei chocado com a qualidade daquela letra. Pela primeira vez em toda a história daquele movimento todo, ouvi uma letra verdadeiramente adulta.

Down em mim
(Cazuza)

Eu não sei o que o meu corpo abriga
Nessas noites quentes de verão
E nem me importa que mil raios partam
Qualquer sentido vago de razão
Eu ando tão down
Eu ando tão down

Outra vez vou te cantar, vou te gritar
Te rebocar do bar
E as paredes do meu quarto vão assistir comigo
À versão nova de uma velha história
E quando o sol vier socar minha cara
Com certeza você já foi embora
Eu ando tão down
Eu ando tão down

Outra vez vou me esquecer
Pois nessas horas pega mal sofrer
Da privada eu vou dar com a minha cara
De panaca pintada no espelho
E me lembrar, sorrindo, que o banheiro
É a igreja de todos os bêbados
Eu ando tão down
É... Eu ando tão down
Eu ando tão down
Down... down

Mas... Eu ando tão down
É... Eu ando tão down

Eu me confrontava assim com a produção de letras que transcenderiam em muito a média de todo o resto daquele paradigma de falar sobre fatos cotidianos, piadinhas engraçadinhas. Além de "Down em mim", aquele disco gravado em quatro canais, com um som tosco, ainda nos brindaria com canções do quilate de "Todo amor que houver nessa vida".

Lulu Santos e seu Ritmo do momento

Lulu, por sua vez, também haveria de despejar uma penca de sucessos com seu segundo LP, *Ritmo do momento*, aquele em que eu fui convidado a fazer *backing vocal* na faixa "Adivinha o quê", junto com Nelson Motta, Arnaldo Brandão, Paralamas do Sucesso e Kid Abelha, no primeiro single do álbum.

Daquele LP sairiam hits do calibre de "Como uma onda", "Um certo alguém" e a própria "Adivinha o quê".

É bom salientar que a qualidade de gravação assim como o *playing* fabuloso de guitarra do Lulu faziam a diferença.

Devemos admitir que, apesar de seu virtuosismo de características muito próprias, foi Lulu o primeiro artista a imprimir aquela sonoridade do guitarrista do Police, Andy Summers, que infestaria todo o meio musical daquele período.

FICHA TÉCNICA

LULU SANTOS: VOZ, GUITARRAS, VIOLÕES E PANDEIRO | LIMINHA: BAIXO E LINNDRUM | MAMÃO (IVAN CONTI) E SERGINHO HERVAL: BATERIA | JORJÃO BARRETO: PIANOS E SYNTHS | GERSON SANTOS: PERCUSSÃO | UBIRAJARA: BANDONEON | LEO GANDELMAN, BETO SAROLDI E RICARDO PONTES: SOPROS | SCARLET MOON, NELSON MOTTA, ARNALDO BRANDÃO, LOBÃO, OS PARALAMAS DO SUCESSO E KID ABELHA: CORO | LULU E LIMINHA: ARRANJOS

O canto do cisne da Gang 90: Nosso louco amor

Minha vida estava uma loucura: enquanto eu gravava o disco do Ritchie, Alice foi convocada para gravar o que seria o primeiro e último LP da Gang 90 com o Júlio vivo.

Minha relação com ele estava péssima e deixamos de nos falar por um bom tempo.

O ânimo da banda, no geral, também estava muito mal. Meu colega de banda e de quarto nas excursões, o guitarrista Miguel Barella, me contou que as sessões de estúdio ficaram inteiramente sob o comando de Herman Torres, o membro que menos se aproximava do padrão estético estipulado, sonhado e desenhado pelo Júlio.

O desfecho foi um resultado sonoro pobre, com aquela indefectível guitarra carregada de *chorus* e o vocal de Herman Torres que mais se assemelhava a uma espécie de Renato Terra pós-moderno.

A Gang 90, a anos-luz na vanguarda artística, não merecia aquilo.

Nosso louco amor
(Júlio Barroso)

Nosso louco amor
está em seu olhar
quando o adeus
vem nos acompanhar

Sem perdão não há
como aprender e errar
Meu amor,
vem me abandonar

Já foi assim
mares do sul
entre jatos de luz,
beleza sem dor
a vida sexual
dos selvagens

Agora que
passou a dor
na rua a luz
da cidade ilumina
nosso louco amor

É bom saber
Voltou a ser
Na rua uma estrela ilumina
Nosso louco amor

[e o trechinho cantado com vocoder,
um sintetizador de voz]

Nosso louco amor é mais que um lance de dados,
não abolirá nosso caso

162   1983 – RITCHIE, LULU, OS RONALDOS, BARÃO VERMELHO E OS PARALAMAS

FICHA TÉCNICA
JÚLIO BARROSO E HERMAN TORRES: VOCAIS | ALICE PINK PANK, MAY EAST,
LONITA RENAUX E WILMA NASCIMENTO: VOCAIS | HERMAN TORRES E WANDER
TAFFO: GUITARRAS | GIGANTE BRAZIL E ALBINO INFANTOZZI: BATERIA | LUIZ PAULO
SIMAS: TECLADOS | TAVINHO FIALHO: BAIXO

"Nosso louco amor" será o tema de abertura da novela da Globo quase homônima, que foi ao ar de abril a outubro de 1983.

Após meses brigado comigo, Júlio me aparece de repente lá em casa para uma inesperada visita. Minha alegria é imensa e passamos o fim de semana em franca reaproximação.

E nesse esfuziante clima de reencontro, visitamos Bernardo Vilhena e, numa daquelas noitadas excelentes, acabamos por compor os três juntos "Corações psicodélicos" e a versão de uma música do Aerosmith ("Seasons of Wither") que viria a se chamar "Moonlight paranoia".

Traçamos alguns planos, parcerias futuras, projetos, novos horizontes. Contudo eu não sabia que estava desfrutando do meu último encontro com Júlio. Ele volta para São Paulo e alguns meses depois é encontrado morto na calçada de seu prédio.

Iniciava-se então um período pós-Júlio onde a caretice, os conchavos e os lobbies imperariam.

Verminose renasce como Magazine e a WEA contrata a banda

Verminose era uma banda de presença garantida em todas as casas, bares e biroscas disponíveis para se tocar em São Paulo e, em virtude da turbulenta e crescente cena punk, se viu no centro do conflito entre tribos rivais do ABC e da capital numa pancadaria que ocorrera no Lira Paulistana.

A partir desse incidente, Kid Vinil, figura protuberante na história do rock nacional, radialista, compositor, cantor, agitador cultural e

jornalista, irá se pronunciar em entrevista à *Veja* criticando a cena punk paulista e sendo acusado, por isso, de traidor do movimento.

Percebendo o desgaste e a banalização da cultura punk, Kid engata uma quinta e decide enveredar para a new wave inspirado no rockabilly e trocar o nome da banda para Magazine.

E pelo faro do produtor musical Peninha Schmidt, a Magazine vai gravar seu primeiro álbum.

Em 2001, a versão do álbum em CD tinha cinco faixas como *bonus tracks*: "Professor apaixonado", "Tic tic nervoso", "Atentado ao pudor", "Glube glube no clube", "Sapatos azuis" e "Comeu".

O disco é um compilado dos dois primeiros álbuns da banda, que sairá após aquele célebre expediente que as gravadoras utilizavam de lançar um compacto simples de baixíssimo orçamento para depois lançar um LP de baixíssimo orçamento também, uma tônica nas produções discográficas e no tratamento dispensado pelas gravadoras aos seus contratados roqueiros.

A Magazine enfileirou hits como "Kid Vinil", "Sou boy" e "Tic tic nervoso" no hit parade além da sensacional versão de "Fuscão preto", de Almir Rogério, e "Comeu", de Caetano Veloso, trilha de abertura da novela *A gata comeu* a primeira interferência da Tropicália no rock dos anos 80.

Kid Vinil encabeçaria o movimento Trash 80's nos anos 2000.

A RCA me retira da geladeira, Guto Barros volta ao Brasil: Os Ronaldos

Com a queda súbita de todo o staff de executivos da RCA Victor, entra uma nova diretoria, novos divulgadores, novo departamento artístico, tudo indicando que a matriz norte-americana desejava seguir aquele fluxo de sucesso perpetrado pela nova geração do rock brasileiro. Portanto, adeus Casa do Samba!

Contudo, por mais alvissareira que a situação se mostrasse para o meu caso em particular, uma figurinha tida e havida como carta fora do baralho, futuro próximo me mostraria que estava longe de ser um mar de rosas, e eu teria de lidar muito mais com os espinhos.

Assume a direção musical o carismático saxofonista Miguel Plopschi, da lendária banda da jovem guarda The Fevers, com o flagrante intuito de reformular a mentalidade da gravadora.

E como eu deveria ser, até aquele momento, a única opção de rock no seu *cast*, nada mais prático do que me "ressuscitar", me tirar da geladeira imposta pela antiga equipe.

Todavia, enquanto toda essa torrente de acontecimentos ocorria, meu eterno amigo de infância, Guto Barros, está de volta de mais outra temporada de refúgio em Boston, após dispensar a vaga de guitarrista, sócio-fundador e compositor da Blitz, por não se sentir confortável com os rumos estéticos da banda.

Recuperado do estresse por que passara, Guto retorna ao Brasil repleto de novas ideias e planos para formar uma banda.

"Uma banda!" Exclamei... Sim, era a minha chance de sair daquela incômoda posição de artista solo (mesmo que já defunto profissionalmente). Eu poderia voltar a tocar minha bateria e ao *habitat* ao qual estava acostumado a existir, pois me condicionara a me ver atuando exclusivamente como baterista.

Todavia, Guto me explica que já está ensaiando com seu irmão mais velho, o Baster, na bateria e um garoto muito bom no baixo, o Odeid.

Como já entabulava parcerias em canções com a Alice, que recentemente havia se desligado em definitivo da Gang 90, desisti da ideia de voltar à bateria, mas imaginei que pudéssemos juntar aquela rapaziada toda numa só banda, mesmo que eu fosse acabar como guitarrista e vocalista.

Guto nos convida, Alice e eu, para visitar o estudiozinho do Baster lá em Botafogo, na rua Mundo Novo, e verificar se nos encaixávamos no novo projeto. A ideia original era fazer algo meio Bad Manners, meio ska (uma espécie de reggae em ritmo aceleradíssimo, muito em voga na cena punk londrina no final dos anos 70, início dos 80) e o Guto já tinha alguns esboços de canções para a banda nova.

A primeira música que nos mostrou foi um ska em inglês chamado "Rastaman in The Army" e, em seguida, o que viria a se tornar "Ronaldo foi pra guerra".

Quando ouvi aquela levada acelerada com um riff nervoso, já com uma parte da letra encaixada, exclamei: "Rapaziada, já sei o nome da nossa banda: Os Ronaldos! O que acham?" Todos gostaram muito da ideia e, desde então, começamos a buscar traços estéticos e comportamentais que pudessem nos caracterizar como Ronaldos.

As duas canções eram muito fortes e prometiam inaugurar um repertório esfuziante para aquela banda. Alice e eu havíamos composto, no nosso Casio MT 40, um esboço da estrutura básica do que viria a ser "Bambino" e "Canos silenciosos" (esta última só seria gravada após a minha saída da banda) e "Teoria da relatividade", que ao ser gravada, seria censurada pela Solange alegando ser uma letra imoral.

Sendo assim, nossa embrionária bandinha já possuía um repertório a latejar, pedindo para nascer.

Quando fui chamado à RCA para ser notificado do meu reaproveitamento, aqueles ensaios com a nova turma já estavam num estágio bastante avançado e eu não queria abrir mão de voltar a ser parte de uma banda. Não suportava mais a ideia de voltar a ser "artista solo".

Para minha surpresa, a nova diretoria se mostrou muito flexível quanto ao fato de me verem reencarnado numa banda já que o mercado estava muito afeito a grupos, e a figura do artista solo não estava lá tão em alta assim.

Ficou então acertado que eu levaria os integrantes à gravadora e, assim que tudo estivesse de acordo, discutiríamos as bases de um novo contrato, com um novo nome artístico etc. e tal.

Porém, antes disso, a diretoria pediu meu comparecimento à tradicional Festa do Disco de Canela, que ocorria todos os anos num megaencontro envolvendo toda a fauna e a flora do meio artístico, e estava prestes a acontecer. Fui aconselhado a ir sozinho por razões logísticas, e a minha participação no evento tornou-se de alta importância para os planos de marketing que seriam elaborados para nossa banda. Quando eu voltasse do festival, nos poríamos a engendrar o futuro do novo projeto.

E assim se sucedeu: em questão de dias lá ia eu rumo a Canela, para uma jornada que certamente definiria os rumos da minha próxima encarnação como artista.

E com vocês, a única banda heterossexual do mundo: Camisa de Vênus!

O Camisa de Vênus é certamente uma das grandes antíteses desse movimento: uma banda punk baiana enfurecida, desafiando todos os cânones do velho coronelato baiano tropicalista e tudo o mais que vinha pela frente.

Formada pelo então radialista Marcelo Nova nos vocais, Robério Santana no baixo, Gustavo Mullem na guitarra e Aldo Machado na bateria, a banda já havia conseguido uma tremenda façanha, fincando de forma contundente sua bandeirinha no mapa da cidade de Salvador, meca da máfia do dendê, e lotando as casas noturnas da cidade com um massivo séquito de seguidores. E isso tudo, na caradura, desafiando toda aquela estética tropicaloide impositiva, disforme, carnavalesca e risonha.

Com um sucesso emplacado entre as tribos punks nas plagas soteropolitanas, "Controle total", uma versão de "Complete Control", do Clash, o Camisa decide descer para São Paulo para fazer a diferença.

E será nesse ano da graça de 1983 que esses cinco malucos cometerão um disco de uma urgência e de uma violência poucas vezes registradas antes ou depois dele, gravando, em apenas uma noite, onze chineladas...

Com seu vocalista, líder e letrista Marcelo Nova assinando dez das onze faixas do disco (a única exceção seria o clássico samba-canção "Negue"), a Som Livre acabou se interessando pela banda e correu para contratá-la, mas logo após o lançamento do LP, quis impor que o grupo trocasse de nome.

O Camisa de Vênus, além de continuar Camisa de Vênus, se deu, só para apimentar a parada um apelido, turbinando o próprio nome: Capa de Pica. Assim mandou um foda-se do tamanho de um bonde para a gravadora global e fugiu a todos os parâmetros de comportamento "gente fina", que imperaria na nossa ceninha fofa, acovardada e silenciada.

Aqui vai uma das letras do Camisa, um de seus primeiros hits:

Bete morreu
(Marcelo Nova e Robério Santana)

Bete tão bonita, gostosa
Era a atenção da escola
Sempre na coluna social
Exibindo seu sorriso banal
Todos queriam Bete
Desejavam Bete
Sonhavam com Bete
Mas ela nem ligava

Um dia ela saiu de casa
Mas ao dobrar a esquina
Foi empurrada dentro de um carro
Para deixar de ser menina

Amordaçaram Bete
Espancaram Bete
Violentaram Bete
Ela nem se mexeu

Bete morreu
Bete morreu

Seu corpo foi encontrado
Por um chofer de caminhão
E agora está apodrecendo
Lá dentro do caixão

Amordaçaram Bete
Espancaram Bete
Violentaram Bete
Ela nem se mexeu

Bete morreu
Bete morreu
Bete, Bete morreu
Bete, Bete morreu
Bete, Bete morreu
Bete, Bete morreu

CAMISA DE VÊNUS
PRODUZIDO POR JOSÉ EMÍLIO RONDEAU
LADO A

1. PASSAMOS POR ISSO
(Gustavo Mullem e Marcelo Nova)
2. METÁSTASE
(Karl Hummel e Marcelo Nova)

SOM LIVRE   1982

3. BETE MORREU
(Marcelo Nova e Robério Santana)
4. CORRENDO SEM PARAR
(Karl Hummel e Marcelo Nova)
5. NEGUE
(Adelino Moreira e Enzo de Almeida Passos)

CAMISA DE VÊNUS
PRODUZIDO POR JOSÉ EMÍLIO RONDEAU
LADO B

1. O ADVENTISTA
(Karl Hummel e Marcelo Nova)
2. DOGMAS TECNOFASCISTAS
(Karl Hummel e Marcelo Nova)

SOM LIVRE   1983

3. HOMEM NÃO CHORA
(Karl Hummel e Marcelo Nova)
4. PASSATEMPO
(Gustavo Mullem e Marcelo Nova)
5. PRONTO PRO SUICÍDIO
(Gustavo Mullem e Marcelo Nova)
6. MEU PRIMO ZÉ
(Karl Hummel e Marcelo Nova)

Desconfio severamente que a presença corrosiva do Camisa de Vênus no mercado deveria deixar seus poderosos conterrâneos preocupados de verdade. Talvez nesse breve período de tempo, no início dos anos 80, os marechais da Tropicália-MPB tenham realmente se visto prestes a perder seu poder. Mas isso não duraria muito tempo.

Festa do Disco de Canela: meu primeiro encontro com Os Paralamas

Ao chegar a Canela me deparei com aquele hotel gigantesco, de estilo colonial, que abrigaria um monte de artistas de tudo quanto era estilo e feitio musical possível e imaginário.

Foi lá que tive a notícia da existência de uma banda chamada Barão Vermelho por intermédio de um de seus integrantes, o tecladista Maurício Barros.

Nas noitadas regadas a muito vinho gaúcho, havia uma série de shows para nos entreter e acabei me divertindo muito com a apresentação de Sérgio Mallandro, no auge com o seu hit "Quero fazer glu-glu", e do Trio Los Angeles na abertura.

E foi após um amistoso entre os artistas (um Grenal) que acabei por conhecer um punhado de grandes astros da canção. Nomes como Paulinho da Viola (ponta de lança adversário que selou nossa sorte, marcando o gol da vitória do Internacional), João Nogueira (nosso armador e xerife, que se recusava a passar bola para roqueiro), Sá e Guarabyra garantiam nossa zaga quase incólume até os 44 do segundo tempo, e João Barone, dos Paralamas, que atuava eficiente e solícito na ponta esquerda do nosso escrete (eu dava vexame como ponta de lança, envergando um par de chuteiras três números abaixo do meu).

Para minha surpresa e alegria, logo ao terminar o jogo, Barone (creio que a explícita rejeição pela nossa condição de "roqueiros" intensificou a nossa imediata aproximação) me confidenciou, durante o nosso trajeto até um quiosque montado à beira do campo, que sua banda era fã do meu implodido *Cena de cinema*, que eles tocavam o disco todo em seus ensaios!

Sinceramente, seria difícil de imaginar alguém interessado por um disco que só tocou na Rádio Fluminense. Mas tinha sido justamente por intermédio da Fluminense que eles tomaram conhecimento do disco. Eles também tinham suas demos em cassete executadas pela rádio e a canção "Vital e sua moto" era um hit da emissora.

Sendo assim, envoltos numa aura de pura empatia, Barone me convida a aparecer no quarto do guitarrista da banda, uma vez que o dito-cujo não era muito chegado a futebol e preferia ficar às voltas com seu instrumento.

Banho tomado, lá fui eu para os aposentos de Herbert, imbuído de genuíno entusiasmo. Sou recebido com muita alegria e carinho por um carinha que parecia mais um nerd de videogame que um pretendente a pop star.

Muito simpático, afável, solícito, após a calorosa recepção de boas-vindas, ele arremata sem transição sua guitarra desligada, ávido por me mostrar alguns riffs do *Cena de cinema*!

Nunca havia, até aquele presente momento, vivenciado o prazer de ver uma pessoa que jamais vira me mostrar os acordes de uma composição minha. Isso me deixou embevecido e surpreso.

Iniciamos então uma série de papos em que discorremos sobre nossas preferências musicais, nossos planos para o futuro e eis que desato a falar da minha nova banda, da volta de meu grande amigo e companheiro de várias batalhas, Guto Barros, dos Estados Unidos, com a ideia de formar um grupo.

Herbert se mostrava muito interessado e assim prossegui dando mais informações sobre o tal novo projeto, dizendo que a banda se chamaria Os Ronaldos etc. e tal.

Em meio ao entusiasmo pedi a ele a guitarra e comecei a desferir os primeiros riffs do "Rastaman in The Army", um ska explícito que desembarcava num refrão mais ou menos: "Ô ô ô ô ô ô ô ô... What you gonna do? Rastaman in the army..." etc.

Sempre muito receptivo, Herbert se mostra realmente entusiasmado com aqueles riffs e quer aprender o quanto antes a sequência. Resgata a guitarra dos meus braços e com facilidade, já sai executando o trechinho! Que bacana!

Para encurtar a história, volto para o Rio com uma sensação gostosa de pertencimento, pois fizera muitas amizades em Canela.

Cada vez mais imaginava que esse conglomerado de novos artistas de várias partes do Brasil haveria de se transformar em breve num coeso, embora eclético, movimento musical capaz de renovar e expandir a mentalidade cultural vigente.

Caetano Veloso lança Uns

As contratações de bandas de rock por todas as gravadoras davam nítidos sinais de que o segmento galgava célere para tomar o *mainstream* de vez e havia indícios notórios da inadaptação dos coronéis à súbita perda de controle da situação.

Caetano mostra em *Uns* esses nítidos sinais com músicas como "Eclipse oculto", um roquinho mequetrefe tentando soar meio new wave onde ele diz coisas como: "Nosso amor não deu certo/ Gargalhadas e lágrimas/ De perto fomos quase nada/ Tipo de amor que não pode dar certo na luz da manhã/ E desperdiçamos o blues do Djavan" e, como quem não quer nada, lança esse caô, esse joão-sem-bracismo, esse engodo no refrão: "Não me queixo/ Eu não soube te amar/ Mas não deixo de querer conquistar/ Uma coisa qualquer em você/ O que será?"

Noutra faixa, "Quero ir a Cuba", naquelas "sacações umbilicocêntricas", anseia ir a Cuba quiçá para uma ilha que possa ser outra vez a Bahia que lhe escapava por aqui. Será? Observemos:

Quero eu ir a Cuba
(Caetano Veloso)

Mamãe eu quero ir a Cuba
Quero ver a vida lá
La sueño una perla encendida
Sobre la mar
Mamãe eu quero amar
A ilha de Xangô e de Yemanjá
Yorubá igual a Bahia

Desde Célia Cruz
Cuando yo era un niño de Jesus
E a revolução
Que também tocou meu coração
Cuba seja aqui
Essa ouvi dos lábios de Peti
Desde o chá-chá-chá
Mamãe eu quero ir a Cuba
E quero voltar

Vocês querem algo mais antirrock do que Cuba?
O disco conta com um hit "Você é linda", que é uma bela canção.

Nascem Lobão e Os Ronaldos

O encontro da nossa banda com a gravadora acaba sendo uma grande vitória e fica decidido, em votação envolvendo a diretoria e os componentes, que nos chamaremos Lobão e Os Ronaldos, eu voto vencido, pois insisto até o fim que a banda deve se chamar apenas Os Ronaldos.

Mas para quem estava passando por tantos perrengues na vida, aquilo era um mero detalhe. Consegui alterar meu contrato incluindo meus colegas de banda e dividindo todos os royalties irmamente. Agora, eu, Guto Barros, Baster Barros, Odeid Pomerancblum e Alice Pink Pank éramos Lobão e Os Ronaldos e a "ronaldagem" gravaria um LP! Missão cumprida!

Cinema mudo, o choque

Irão se passar alguns meses daquele meu amigável encontro num quarto de hotel em Canela com Herbert até que sinto um baque de dimensões inimagináveis, responsável pelo sequestro da búdica placidez que habitava minha alma. E esse baque ocorrerá em três tempos, em três fases, com um doloroso e constrangedor (d) efeito cascata:

Fase 1
Abro o jornal e leio: "Os Paralamas do Sucesso lançam *Cinema mudo*, seu primeiro LP." "Cinema mudo?", exclamo basbaque! E na sequência, me ponho aflito a averiguar o acontecido: "Peraí... Um camarada, revestido de expressiva aparência de honestidade de sentimentos, que diz pra você que é fã do seu LP no aconchego intimista de um quarto de hotel, teria tido a desfaçatez de cometer

logo em seguida, sem a menor vergonha na cara, um disco chamado *Cinema mudo*?"

Parece que sim.

Será que ele (Herbert) fez isso acreditando que eu jamais voltaria à ativa, em meu até então constatável abismal e irreversível oblívio de geladeira de gravadora?

Será que ele (Herbert), apostando na minha suposta impotência em reaver uma voz a ser ouvida ou ter de volta minha carreira artística, investirá fundo no duvidoso fato de que ninguém jamais notaria a flagrante similaridade entre os dois produtos?

Fase 2

Para meu inteiro estupor, após a leitura da notícia no jornal, ponho-me célere a ouvir o disco dos Paralamas e logo na faixa "Cinema mudo", reconheço intactos todos os riffs de "Rastaman in The Army", um por um.

Noutra faixa, "Patrulha noturna" escuto outra pérola: "Qualé seu guarda, que papo careta, só tô tirando chinfra com a minha lambreta..." Lambreta? Cinema mudo? Será que eu estava ficando maluco?

Fase 3

Para completar minha inédita perplexidade, percebo que Herbert, com a envergadura de um verdadeiro Zelig nativo, grava seu vocal com os mesmos maneirismos que eu usara para cantar no *Cena de cinema*!

"Caralho!", exclamei a concluir ludibriado, "é a música do Guto!" É o título chupado do meu disco, olha só a lambreta, e aquela ali é a porra da minha voz! Esse merda chupou a minha alma! Fraude! Fraude!"

Há quem afirme que sou louco, que são apenas pequenas coincidências e a minha indignação é completamente infundada. Pode ser sim, mas o que estou relatando aqui foi o que senti no momento e esse episódio seria decisivo para o desenrolar de uma história que atravessaria quase duas décadas e iria alterar de forma dramática as relações entre quase todos os meus colegas durante todos os anos 80.

Outro fator digno de nota é o disco ser uma verdadeira colcha de retalhos, de cópias bastante localizadas, e isso acaba se tornando uma cortina de fumaça, uma espécie de atenuante diante de múltiplos pastiches confeccionados pela banda assim como a notória influência individual sofrida por Herbert ao decalcar o estilo guitarrístico típico de Lulu Santos (que gravou junto com eles no disco e, até o presente momento, ainda não se mostrou melindrado) que, por seu turno, decalcara o seu de Andy Summers; do baterista Barone a emular o estilo de Stewart Copland; sem falar no mais gritante de todos os pastiches que é a similaridade explícita de toda a banda a soar miseravelmente como um Police subnutrido. (Por sinal, ambos, né? Lulu e Paralamas. E talvez, por isso mesmo, o silêncio de quem acredita ter cem anos de perdão.)

No entanto, o grave disso tudo não é a farsa em si. Grave é perceber uma farsa indulgentemente ignorada, coletivamente aceita e aplaudida, pois afinal de contas concluo que, para um país como o Brasil, nosso autoproclamado cu do mundo, aquele arremedo soava mais do que satisfatório.

Para voltar a escrever sobre esse lamentável episódio, recorri dolorosamente a audição desses dois álbuns, *Cena de cinema* e *Cinema mudo*, e para ser sincero, confesso a vocês que todos os mesmíssimos incômodos confirmaram-se mais uma vez.

Se você, caro leitor, tiver paciência ou alguma curiosidade em vivenciar essa experiência, sugiro que comece ouvindo a faixa "Amor de retrovisor", a segunda do lado A do *Cena de cinema*. Feche os olhos e tente não ter reminiscências da voz do Herbert Vianna.

Em seguida, volte ao disco dos Paralamas e ouça "Patrulha noturna", depois volte à faixa-título do meu disco.

Perceba o instrumental, os vocais, o tema das letras e depois tente insistir em me diagnosticar como paranoico.

"Rastaman in The Army", por razões óbvias, jamais foi gravada, afinal se reeditava incólume na estrutura de "Cinema mudo", que, pelo mero título, já seria motivo de sobra para confirmar uma desavergonhada picaretagem conceitual que tanto me enfurece.

Por essas e por muitas outras aberrações que se sucederiam sistematicamente pelos anos seguintes, percebo Os Paralamas do Sucesso como a maior fraude que os anos 80 produziram.

A partir desse disco, o rock brasileiro perderia por completo a sua inocência e vivenciaria uma radical transformação de paradigma: da loucura delirante e caótica de uma Gang 90 para o burocrático e tacanho sistema de cópias e lobbies.

E a partir desse episódio que se multiplicaria como um mórbido padrão no transcorrer de uma jornada de quase vinte anos, vou carregar comigo a sensação permanente de ser um tremendo otário travestido de vilão paranoico.

Ali começava minha jornada rumo a um inferno gente fina, come-quieto, duradouro e enlouquecedor, que só terminaria de fato, com o terrível acidente sofrido pelo Herbert.

Herbert Vianna fazia a guitarra e o vocal; Bi Ribeiro, o baixo; e João Barone, a bateria e percussão. Em "O que eu não disse", Lulu Santos tocava guitarra slide. Em "Foi o mordomo", Ruban fazia os teclados. Em "Volúpia", Leo Gandelman, o arranjo de metais. E em "Cinema mudo", Herbert Vianna e Marcelo Sussekind tocavam cravo.

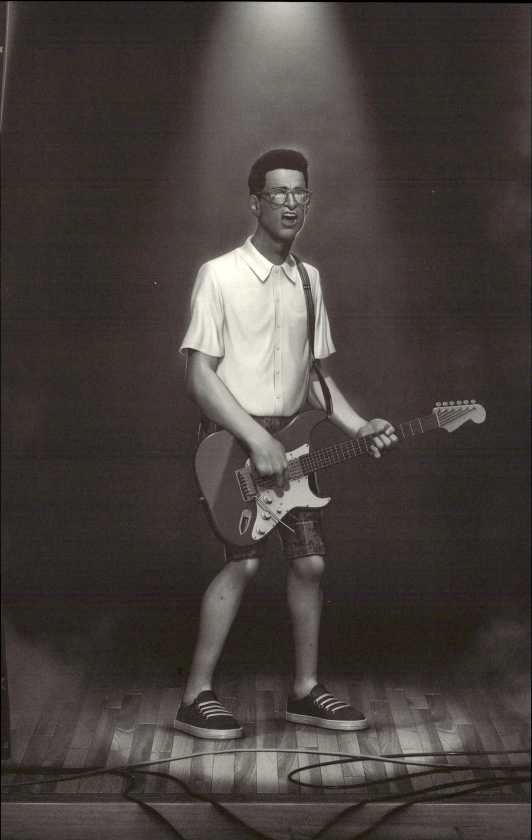

CAPÍTULO 9

1984
O BRASIL TRANSPIRA ROQUENROU!

> "A gente faz música e não consegue gravar. A gente escreve livro e não consegue publicar. A gente escreve peça e não consegue encenar. A gente joga bola e não consegue ganhar. Inútil! A gente somos inútil!"
>
> Roger Moreira em "Inútil"

O Brasil vive um momento de efusão com a movimentação popular em torno do anseio de voltar a escolher o presidente da República por via direta.

Já se iam vinte anos e uma geração inteira privada da experiência de ir às urnas se contorce impaciente nos interstícios da Nação.

No dia 25 de janeiro de 1984, mais de 300 mil pessoas comparecem à Praça da Sé, em São Paulo em torno de um só clamor: Diretas Já!

Num anseio de sair desse círculo vicioso, a nova geração intui, em sua gana de se reinventar fora desse gênero de protesto, que precisa eleger uma manifestação cultural não só alienígena mas também necessariamente conflitante com as expectativas acadêmicas: o rock.

As manifestações se entumescem e, no dia 10 de abril, mais de um milhão de pessoas se reunirá na Candelária e seis dias após, novo comício com mais de um milhão de pessoas no Anhangabaú, em São Paulo.

1984 também será lembrado pelo estouro da boy band porto-riquenha Menudos, iniciando a menudomania.

É um ano definitivo para Michael Jackson, lançando seu álbum *Thriller* que mudará a face da música pop para sempre.

Jackson ganhará oito Grammys pelo disco, incluindo o de melhor álbum, melhor canção ("Billie Jean"), melhor videoclipe e o Grammy de compositor do ano.

Na política internacional, Reagan se reelege para mais um mandato na presidência, derrotando o candidato democrata Walter Mondale e essa reeleição fará toda a diferença ao final da década quando Reagan e João Paulo II se tornarem os dois maiores artífices da queda do comunismo como o conhecíamos até então.

Oscar Niemeyer projeta o Sambódromo sob a chancela de Darcy Ribeiro, então vice-governador e secretário de Cultura do governo de Leonel Brizola, sob o elevado pretexto de implementar seus tão queridos Cieps (escolas de ensino integral), utilizando assim o espaço da passarela do samba como um ninho de cultura e educação.

A passarela ficou e as escolas escafederam-se.

É necessário salientar também que, no governo Brizola, houve um alarmante salto nos índices de criminalidade, assim como o incremento exponencial do armamento pesado nos morros cariocas, impondo um tenebroso *way of life* ao povo do Rio de Janeiro, condenado doravante a conviver e a tentar sobreviver à brutalidade de um permanente estado de guerra.

No governo Brizola, é o momento em que o malandro de morro, em sua evolução armamentista (há décadas já abandonara a navalha em troca de um tresoitão), desfilará altaneiro de submetralhadora Uzzi, de AK-47, granadas de mão e com uma milionária soma de dinheiro guardada em sacos junto com outros tantos sacos de cocaína, espalhados pelos morros do Rio.

Ao invés de resolver o problema com urbanizações, policiamento ostensivo e educação, o Rio começa assim a exportar para o mundo sua imagem de terra sitiada festiva, promovendo safaris turísticos aos pontos de conflito, sempre se valendo do endêmico e cruel cacoete de folclorizar sua miséria.

Neste ano de 1984 testemunhamos a morte do Tarzan *default* de nossa infância, John Weissmuller.

Marvin Gaye, no auge de seu sucesso, é assassinado pelo próprio pai.

É o fim da linha também para o cineasta François Truffaut assim como para os escritores Truman Capote e o notável memorialista Pedro Nava.

Nos cinemas do mundo assistimos embevecidos a *Amadeus*, de Milos Forman.

Spielberg dá prosseguimento a saga do arqueólogo herói, que retorna às telas com *Indiana Jones e o templo da perdição*.

Além desses filmes tivemos *Paris, Texas*, de Wim Wenders, *O exterminador do futuro*, de James Cameron, *À sombra do vulcão*, de John Huston além de *Karatê Kid: a hora da verdade* e *Os caça-fantasmas*.

No cinema brasileiro nós conviveremos com aquele mesmo esquema de pornochanchadas e filmes sobre a ditadura, acrescido de um novo filão mercadológico: os filmes pop rock água com açúcar, já nascidos no berço da sessão da tarde, como o *Bete Balanço*, de Lael Rodrigues com Deborah Bloch e Lauro Corona; e *Garota dourada*, de Antonio Calmon, uma continuação de *Menino do Rio*, com André de Biase, Bianca Byington, Andréa Beltrão e Cláudia Magno, ambos com aquele talento singular dos diretores para transformar toda a cena de rock que nascia numa tremenda babaquice cor-de-rosa.

Não poderemos deixar de citar também aqui o célebre e laureado *Cabra marcado pra morrer*, eleito pela Associação Brasileira de Críticos de Cinema como um dos cem melhores filmes brasileiros de todos os tempos, o que é a cara desses cretinos.

O filme tem a aura da interrupção opressora, da censura da ditadura militar e passou 17 anos em estado de hibernação antes de as filmagens serem retomadas.

Como não poderia deixar de ser, o filme narra a vida de um líder camponês da Paraíba, João Pedro Teixeira, assassinado em 1952.

A falta de imaginação típica do embotado criativo, a imunidade crítica à própria imbecilidade, o envaidecimento insalubre diante da evidente mediocridade estético-ideológica são de uma magnitude comovente. O filme é dirigido por Eduardo Coutinho.

E as novelas da Globo? O brasileiro se enxerga nos personagens de plástico (quando não os imita religiosamente) das novelas da Globo e entre algumas desse ano estão *Vereda tropical*, *Partido alto*, *Transas e caretas*.

Na literatura, José Saramago lança um de seus livros mais brilhantes: *O ano da morte de Ricardo Reis*.

Enquanto isso, a indústria fonográfica vive uma febril procura por novos nomes do rock e a WEA, por intermédio do produtor musical Peninha Schmidt, joga sua tarrafa na cena paulistana, contratando numa só tacada Ultraje a Rigor, Titãs, Agentss e Ira!

A EMI contrata, via Os Paralamas do Sucesso, o pessoal de Brasília, a galera do Legião Urbana, Capital Inicial e Plebe Rude, uma operação que dará a Herbert Vianna um cacife político muito poderoso e será o passo inicial da formação de uma teia de poder ultrarramificada, complexa e muito bem engendrada.

A RCA aposta na cena gaúcha e contrata Garotos da Rua, Engenheiros do Hawaii, Os Replicantes, DeFalla e TNT.

Velô

Concomitante a essa gananciosa e barata especulação da indústria fonográfica, Caetano Veloso lança seu *Velô*, já mostrando evidentes sinais de que sua atenção estava voltada para o que acontecia ao seu redor.

Certa feita ele chegou a declarar que "Podres poderes" seria uma versão mais "fraquinha" de "Inútil", do Ultraje a Rigor, muito embora houvesse produzido o oposto da concisão elegante da canção original: na sétima estrofe de uma quilométrica letra, ele canta meio que desdizendo o que emulou incensar: "Será que apenas os hermetismos pascoais/ os tons, os miltons/ Seus sons e seus dons geniais/ nos salvam, nos salvarão/dessas trevas e nada mais..." E nada mais, Caetano?!

Um expediente bastante característico do nosso bardo de Santo Amaro da Purificação: dizer aquilo que não está cantando para expressar não falando aquilo que insinua no intuito de minimizar o que oculta, maximizando a fantasia cenográfica de um elogio em que tropeça.

Pessoalmente, sempre me incomodei muito com essa letra um tanto histérica, enervante e defensiva, sem falar na constrangedora falta de intimidade com o rock.

Mesmo assim, o disco tem belos momentos como o "O homem velho", uma letra lindíssima em que Caetano se confronta com o chegar da idade e canta: "O homem velho deixa a vida para trás/ Cabeça a prumo, segue rumo e nunca, nunca mais/ O grande espelho que é o mundo ousaria refletir os seus sinais/ O homem velho é o rei dos animais..." e prossegue: "A solidão agora é sólida, uma pedra ao sol/ As linhas do destino nas mãos a mão apagou/ Ele já tem a alma saturada de poesia, soul e rock'n'roll/ As coisas migram e ele serve de farol..." Isso é verdadeiramente lindo!... E a terceira estrofe desliza assim: "A carne, a arte arde, a tarde cai/ No abismo das esquinas/ A brisa leve traz o olor fugaz/ Do sexo das meninas..."

E como se pudéssemos ouvir o som da areia que se esvai numa ampulheta onde a gravidade da vida cai, emenda: "Luz fria, seus cabelos têm tristeza de néon/ Belezas, dores e alegrias passam sem um som/ Eu vejo o homem velho rindo numa curva a caminho do Hebron/ e ao seu olhar, tudo que é cor muda de tom..." E conclui repleto de doloroso merecimento: "Os filhos, filmes, ditos, livros como um vendaval/ Espalham-no além da ilusão do seu ser pessoal/ Mas ele dói e brilha único, indivíduo, maravilha sem igual/ Já tem coragem de saber que é imortal."

Uma letra soberba, emocionante, de uma honestidade crua e soberana diante da finitude, das distâncias, do vazio e do infinito.

Há também a canção "O quereres" que se desabrocha regada por um poema de Gregório de Matos, seu vulcânico conterrâneo barroco, chamado "Reprovações".

"Nine of Ten" é fluida, *flaneur* e me dá a impressão ao ouvi-la de que Caetano se afirma vivo para, quem sabe, fazer crer a ele mesmo que está apto ao rock'n'roll ao se ancorar na Londres onde viveu, como uma espécie de carteirada em si mesmo, apostando, é claro, nos devidos ricochetes... E se for isso mesmo, é uma revelação adoravelmente engenhosa.

"Shy Moon" é linda demais e dá vontade de ouvi-la mais e mais, e que tem a participação de Ritchie.

E para fechar o disco, "Língua"!

"Língua" é uma elegia nervosa originária da mesma verve histérico-barroco-tagarela de "Podres poderes". O único consolo em ouvir essa faixa é sentir a presença de Elza Soares que estava sumida. Caetano teve o feliz lampejo de tirá-la daquele sumiço dolorido para todos nós.

Fora isso, seremos condenados a ouvir aqueles barroquismos acrobáticos afetados onde o pintor, num ímpeto descontrolado de vaidade, peca por se deter muito mais na confecção da moldura do que no quadro em si.

No fim da audição do disco é inevitável você imaginar um Caetano mergulhado na reflexão sombria da possibilidade de perda de seu território, dos seus tais poderes, bem mais autorreferenciais do que ele poderia desejar, da sua juventude e de seu prestígio.

Vai passar

E vem Chico Buarque e lança seu disco de 1984, *Chico Buarque*, com parcerias de Dominguinhos, João Bosco e Pablo Milanez.

A primeira coisa que se constata ao terminar a audição desse conjunto de fonogramas é a quantidade de músicos de primeiríssima grandeza, a produção caríssima, os arranjos de orquestra e, no entanto, ao seu absoluto final, a ironia triste a nos revelar seu resultado pífio.

Ao observar os arranjos, deparamo-nos com aquela concepção musical inteiramente reacionária, marca registrada de Chico, sempre voltada a um delirante e inexistente purismo de raiz, provocando no ouvinte mais atento uma desagradável sensação de constante inadequação e desproporção.

Some-se a esse fato um excesso de notas executadas por parte da maioria dos músicos, que aparentam receber uma tíbia orientação musical por parte de seja lá quem esteja incumbido da função.

Atentando para a base rítmica dos sambinhas, deparamo-nos com aquele contrabaixo que inventaram aqui no Brasil (uma jabuticaba musical) para substituir o surdo-mor, típico do samba, uma solução ineficaz, viciada e cafona de querer inserir um instrumento inadequado ao estilo, cuja sonoridade é inexoravelmente regional, ainda mais quando o baixista timbra seu instrumento para soar como Jaco Pastorius.

A mesma crítica cabe à bateria: tirando as levadas de bossa nova inventadas nos anos 60 pelos mestres Edson Machado, Milton Banana (e desenvolvidas pelo próprio Wilson das Neves, que há anos toca com Chico), até hoje nunca ouvi uma levada satisfatória para o acompanhamento do samba numa bateria. Sempre acaba rescendendo a churrascaria.

Portanto, a sensação precisa de ouvir um disco desse calibre é a de ser refém de um verdadeiro engodo chancelado por um típico punheteiro cultural, especializado em produzir material para um afetado público padronizado que compra esse tipo de porcaria só para ter a ilusão de que ouve algo "inteligente", quando está simplesmente se intoxicando de uma mísera manifestação arrogante de pseudobrasilidade. Esses carinhas, como já dizia meu saudoso sogro, não atiram com arma.

"Vai passar", a última faixa do disco, um sambinha muito do mequetrefe, seria a única digna de nota e, mesmo assim, só por vir a se tornar um dos hinos das passeatas pelas Diretas Já.

A unanimidade, além de burra, massacra.

Marina grava Fullgás

Neste ano repleto de acontecimentos, Marina decide entrar em estúdio para realizar o seu terceiro disco e confirmar sua enveredada para um tipo de som mais rock.

Passou lá em casa e mostrou algumas de suas novas composições no violão e me perguntou se eu tinha algum material novo. Mostrei um teminha que eu estava compondo no meu Casio MT 40 e me lembrei de que tinha feito havia poucos dias uma canção, mas não estava lá muito satisfeito com o resultado. Um amigo, no entanto, quando a ouviu, me aconselhou a não descartá-la, pois achava que poderia ser um grande sucesso. Ela me pediu que tocasse a tal canção e decidiu incluí-la no seu novo repertório.

Alguns dias depois, ela me convida para gravar a bateria na tal música e lá vou eu para os estúdios da PolyGram, na Barra. Chego lá e percebo que ela havia colocado uma letra, junto com seu irmão, Antonio Cicero, no tal teminha que agora tinha um título, "Nosso estilo", e assim gravo as minhas duas novas composições para o novo disco da Marina: "Nosso estilo" e a tal outra, aquela que eu não estava lá muito motivado a deixar existir, "Me chama".

O disco sairá no início do ano seguinte fazendo a festa no verão ao emplacar um hit atrás do outro: "Fullgás", "Mesmo que seja eu", "Pé na tábua" e "Me chama", e me presenteia assim com mais um hit nacional, sem que eu sequer exista direito como artista. Esse disco alçaria o nome de Marina ao primeiríssimo escalão da música popular brasileira.

Ricardo Cristaldi, Niko Resende, Pedrão e Marina fizeram o arranjo de todas as faixas, exceto "Mais uma vez", arranjo de Lulu Santos, "Nosso estilo", arranjo deste que vos escreve, e "Mesmo que seja eu", arranjo de Marina e banda (Paulo Machado, Paulinho Guitarra, Chico Julien, Rui Motta e Luizão).

Podem chamá-lo também de Moreira... Roger Moreira

E eis que surge na ribalta uma das bandas mais importantes do rock brasileiro: Ultraje a Rigor.

Tendo como principal característica um poder de síntese raro em suas letras somado a um humor anárquico e esbaldante, o Ultraje vem representar de forma direta tudo aquilo que a juventude anseia e também tudo aquilo que não quer engolir.

Enquanto o punk exibia sua fúria e, na fúria, toda a sua insatisfação, a até então chamada new wave (ou seja, a rapaziada da classe média) abrigava uma série de ramificações e estilos (dos mais idiotas até os mais interessantes) que, uma vez bem-sucedidos acabariam por produzir um material de surpreendente criatividade subversiva.

E é nesse rol de extrema criatividade subversiva que o Ultraje a Rigor se encontra e reina soberano.

Roger Moreira não é Kid Morengueira nem tampouco Adoniran, mas com certeza deixaria esses seus pares orgulhosos e felizes em tê-lo presente numa metafísica e faceira conversa de mesa de bar.

Antes de começar a escrever esse divertido guia, convidei o Roger para bater um papo na minha casa, durante uma tarde de verão, sobre a trajetória do Ultraje, a produção musical daquele período, o papel das gravadoras, a rapaziada do metiê, as panelinhas, sua visão sobre Tropicália, a MPB, entre outras tantas coisas mais. E a alegria desse reencontro foi tamanha que acabamos por perpetrar uma parceria, até então inédita. Mas isso é assunto para depois.

Roger também acredita, tendo frequentado os festivais de música do Colégio Objetivo, que o grande sonho dos educadores era fazer surgir em suas hostes estudantis um Chico Buarque mirim! Sendo assim, toda a meninada mais suscetível à influência prestigiosa e também opressora dos professores (a maioria, literalmente, esmagada) ansiaria por se tornar um Chico Júnior, a única vertente possível a ser abordada por quem, por ventura, tivesse alguma real ambição em vencer o certame.

Caso contrário, o aspirante concorrente não conseguiria ser encarado como um compositor sério, de "música de qualidade" e seria sumariamente descartado do concurso musical, revelando dessa forma um sinistro padrão recorrente e sistemático espalhado em todos os quadrantes do país (escolas, imprensa, tevês, universidades, rádios), numa indubitável e sólida manifestação de totalitarismo cultural. E como todos nós sabemos, o totalitarismo é uma das características mais indeléveis de uma estrutura fascista.

Ultraje!

Perguntei ao Roger como havia sido a formação inicial do Ultraje e ele me respondeu que sempre nutriu a ideia de ter uma banda, mas nada muito ambicioso, apenas uma banda para se manter tocando nos bares da cidade de São Paulo, promovendo uns covers dos Beatles, ou seja, pretensão zero em se tornar um pop star. Como banda cover não conseguiam entrar no circuito estabelecido que já era dominado por algumas delas. E logo perceberam que havia outro circuito, de bandas que compunham, e começaram a compor também.

Depois do Leôspa, baterista, o terceiro elemento a ingressar na banda, mas que já era membro de outra agremiação musical chamada IRA! (que se tornaria notável em muito breve) era o contundente e originalíssimo guitarrista Edgard Scandurra. Segundo Roger, Edgard sempre atuou como um músico satélite, já focado em sua banda matriz.

E após uma traumática experiência com um baixista excêntrico, um quarto elemento chamado Silvio, ingressa na banda o Maurício, formando assim o núcleo principal do Ultraje.

E assim iniciaram timidamente a compor material próprio, tocando em lugares mais descolados como o Lira Paulistana, onde conheceram as meninas das Mercenárias e os Titãs, naquele começo caótico da chamada Vanguarda Paulistana, embora não se sentissem exatamente parte integrante dela.

Roger relembra de um episódio jocoso ocorrido em pleno show no Lira Paulistana quando flagrou o mito Arnaldo Baptista tentando em vão evadir-se sub-repticiamente do recinto (levem em consideração que o Lira era um local ínfimo e claustrofóbico).

Quando o nosso Syd Barrett da Cantareira passa pela frente do palco, já meio acabrunhado pela constrangedora situação, Roger dispara: "Espera aí, bicho, ainda não acabou não! Tem mais música!"

Aquele já era o Ultraje no ano de 1982.

Nós vamos invadir sua praia!

O Ultraje a Rigor também tem a distinção de ser a primeira banda paulista dessa safra a tocar no Rio de Janeiro e "Nós vamos invadir sua praia" surgiu de uma ideia do Mario Manga, do Premê, que também havia sido contratado por uma gravadora do Rio e falou de forma inofensiva: "Vamos invadir aquela praia!" Conta Roger que, por conta do humor característico do Ultraje, muitos incautos imaginaram que a banda fosse carioca e a primeira vez que eles tocaram no Rio, no Circo Voador, subiram ao palco de sunga. E de cara começaram a ser vaiados! Após umas três músicas, com o tempo clássico de absorção cognitiva do carioca mediano, desencadeou-se uma onda de aplausos e... risos! Finalmente eles entenderam! E assim estava inaugurada a era "paulista-exportação".

Edgard, que estava na primeira formação do Ultraje, havia seguido seu rumo com o Ira!, sendo substituído pelo Carlinhos (Carlo Bartolini), um grande guitarrista e produtor musical de excelência além de uma pessoa de delicadeza e solicitude ímpares.

Em seguida, Carlo será substituído pelo demencial Sérgio Serra, um guitarrista brilhante, criativo, visceral, um dos maiores (embora socialmente insuportável) que já tive o prazer de conhecer, ouvir e tocar.

Tenho aqui a acrescentar outro fato importante: o Ultraje foi uma das bandas que se rebelou contra a epidemia do jabá nas rádios, sendo ejetada *incontinenti* das listas de execução da maioria das grandes emissoras em retaliação diante da insubordinação da banda, num lastimável efeito cascata fruto do corporativismo especulativo, burro e burocrático das instituições envolvidas no showbizz.

Os favores sexuais nas relações entre artistas e executivos(as) das gravadoras, rádios e televisões era coisa sabida e fato consumado. Nada para se ficar de cabelo em pé. Hoje a coisa anda bem pior, se é que isso é possível.

Ter um lobby poderoso dentro desse meio passou a ser a meta única de grande parte dos artistas restantes na cena. E isso seria o fim.

Kid Abelha e Os Abóboras Selvagens

A primeira vez que ouvi falar do Kid Abelha (já achei o nome de uma babaquice ostensiva) foi porque um aluno meu de bateria, o Beni

Borja, um cara por quem tenho o maior carinho, estava convertendo sua banda Chrisma, formada por ele, Leoni no baixo e Pedro Farah na guitarra, para uma outra de apelo mais new wave.

É interessante salientar que, para alguns membros da comunidade musical, ser new wave era se mostrar meio nonsense, utilizar expressões meio insólitas, desconexas, surreais e, por isso, vira e mexe, nos aparecia um babaca aplicando esses conceitos de forma cretina em títulos de bandas como: Os Paralamas do Sucesso, Engenheiros do Hawaii, Titãs do Iê-Iê-Iê. Kid Abelha e Os Abóboras Selvagens era mais um dessa lista.

Se havia algo que pudesse ser a encarnação da antítese do que era a Gang 90, esse algo era o Kid Abelha.

Na medida em que foi passando o tempo, Chrisma insere Paula Toller (uma espécie de Nara Leão new wave), namorada e colega de PUC-Rio de Leoni, e em seguida convida o saxofonista (e pessoa adorável) George Israel que tocava em Búzios para integrar a banda.

O grupo musical passa a se chamar Kid Abelha e Os Abóboras Selvagens durante uma transmissão ao vivo na Rádio Fluminense, que já vinha executando a canção "Distração".

A banda começa a fazer shows no Circo Voador, nosso Filmore do Arpoador (e logo em seguida, da Lapa), e recebe um convite para participar do disco de coletâneas *Rock voador* com duas faixas: "Distração" e "Vida de cão é chato pra cachorro".

Pedro Farah desiste da banda e vai morar nos Estados Unidos, sendo substituído por Bruno Fortunato (um colega meu de Colégio Rio de Janeiro e guitarrista excepcional).

E o Beni, outro sócio-fundador, vira produtor do Biquini Cavadão e deixa a banda para ser substituído, doravante, por bateristas contratados.

Nesse ano de 1984, o conjunto será contratado pela WEA, que o testará com um compacto simples, *Pintura íntima*, com a faixa-título, também conhecida como "Fazer amor de madrugada", no lado A e, no lado B, "Por que não eu?".

O primeiro compacto ganha um disco de ouro e a WEA lança mais outro compacto, *Como eu quero*: no lado A a faixa-título, um outro estrondoso hit, e no lado B, "Homem com uma missão".

O grupo recebe mais outro disco de ouro.

Assim o Kid Abelha parte para a gravação do seu primeiro álbum, ainda em 1984, *Seu espião*, com o qual recebe seu terceiro disco de ouro com hits enfileirados uns nos outros: "Fixação", "Nada tanto assim", "Alice não me escreva aquela carta de amor", e os hits lançados anteriormente em compacto.

Mais tarde, lá pelos idos de 1986, Leoni sai da banda, depois de um desentendimento num show do Leo Jaime, para formar os Heróis da Resistência.

Da Gota Suspensa ao Metrô

Metrô era uma banda de origem franco-brasileira que havia se formado antes sob o nome de Gota Suspensa e tinha como integrantes da sua formação mais clássica a modelo e atriz Virginie Boutard nos vocais, Alec Haiat na guitarra, Yann Lauouneman nos teclados, Xavier Leblanc no baixo e Dany Roland na bateria. O Dany, além de excelente baterista, se celebraria por incorporar o personagem Fernandinho daquele famoso anúncio de jeans US Top ("Bela camisa, Fernandinho").

O Gota Suspensa tinha influência de bandas progressivas como Pink Floyd, King Crimson, assim como os Novos Baianos e tropicalistas mais rodados, e fazia apresentações lotadas para um público cada vez maior e fiel, tocando em lugares clássicos da época como o Clash e o Carbono 14.

Xavier Leblanc acaba sendo substituído por nada menos do que o já olímpico e saudoso Tavinho Fialho no baixo, recebe o saxofonista Marcel Zimberg como novo integrante e grava um LP por uma gravadora independente, a Underground Discos e Artes, que os contrata após receber uma fita gravada para que o grupo se candidatasse ao concorrido festival de música do Colégio Objetivo (FICO).

O disco é muito bem recebido pela crítica e tratado como cult, e a CBS se interessa pela banda, contratando-os.

A partir de então, a banda sofre uma radical transformação recebendo as influências da new wave que imperava ubíqua na cena americana com grupos como The B-52s, Blondie, Devo assim como Kraftwerk, e opta então por um novo nome: Metrô.

Em seguida lançam o compacto simples com "Beat acelerado" no lado A, que se torna um hit instantâneo, e "Sândalo de dândi" no lado B.

Em 1985 lança pelo selo subsidiário da CBS, a Epic, seu primeiro álbum, *Olhar*, produzido por Luiz Carlos Maluly, que contém hits como "Tudo pode mudar", "Cenas obscenas" (com a participação do João Penca e Seus Miquinhos Amestrados e Leo Jaime), "Jonny Love" (que fez parte da trilha sonora do segundo filme pop de Lael Rodrigues, *Rock estrela*) e "Ti Ti Ti", de Rita Lee e Roberto de Carvalho, tema de abertura da novela homônima exibida entre 1985 e 1986, que substituiu "Décadence avec élégance", descartada por ser muito "pesada", segundo a explicação que a direção da emissora me deu.

Todavia (com toda a certeza, os meninos da banda sequer souberam desse episódio), fomos grandes companheiros nas intermináveis jornadas de programas de auditório como *Clube do Bolinha*, *Programa Barros de Alencar*, *Perdidos na Noite*, do Faustão, *Hebe*, *Globo de Ouro*, *Cassino do Chacrinha*, onde todo mundo se encontrava, se celebrava, se ajudava a arrumar o topete ou a dar uma ajeitadinha na gravata um do outro.

E os meninos do Metrô sempre estavam entre os mais simpáticos, atenciosos e amigáveis, tornando aquelas verdadeiras maratonas estafantes uma experiência de companheirismo, diversão e afeto genuíno.

O grupo entrou em fadiga com o estressante ritmo das turnês, a precariedade dos lugares, as tediosas esperas no aeroporto e as longas viagens de ônibus, tudo isso somado a uma aparente inadaptação ao estilo new wave, e sem contar a nostalgia da banda pela sua verve experimental.

Virginie sai da banda no auge do sucesso para trabalhar com Arrigo Barnabé e depois formar um outro grupo, Virginie e Fruto Proibido, com o demencial baterista Albino Infantozi (que tocava num grupo lendário de rock progressivo paulista nos anos 70, o Quarto Crescente), Dom Beto e Nilton Leonardi.

Alec, Yann, Dany e Xavier formariam um outro grupo chamado "A mão de Mao".

Ronaldo foi pra guerra. Me chama

Após um início de ano conturbado com o suicídio de minha mãe, a gravação do segundo disco do Ritchie em São Paulo e a morte do Júlio Barroso, Os Ronaldos vão tocar na badalada Danceteria, em Nova York, e minha nova empresária, a doce e querida Leninha Brandão que, por coincidência, divide escritório com o empresário dos Paralamas, o Zé Fortes, me pede encarecidamente que releve o episódio *Cena de cinema/ Cinema mudo*, explicando que eu fora um tanto rigoroso com um cara que se confessava um verdadeiro fã meu, que o Herbert só fez aquilo por pura admiração etc. e tal. Aceitei meio relutante o argumento, relevei o que Herbert cometera e permiti, meio que rosnando, a inclusão dos Paralamas na viagem a Nova York, onde

Leninha conseguiria inseri-lo num rabicho da programação da casa num outro dia da semana.

Chegando a Nova York, fomos direto para o Village comprar umas becas, sapatos e ir a lojas de discos pra saber o que estava rolando. Ficamos todos hospedados no infame Earl Hotel (o lendário Cockroach Hotel), ali na Washington Square.

Alice nos proporcionou uma espécie de *sightseeing* aos clubes que ela frequentava com o Júlio, como o CBGB's, Mudd Club e Ritz, e vira e mexe eu dava uma inspecionada na mímica corporal do Herbert, maquinando paranoicamente desconfianças das mais reprováveis e infundadas como: "Esse cara fica nos olhando (Alice e eu) todo embevecido... Só me falta esse Zelig dos infernos arranjar uma mina gringa pra namorar."

Minha paranoia atingia níveis preocupantes!

Na passagem ronalda de som, emendo casualmente um "Me chama" (então recém-nascido) e Herbert, sentado ao lado do palco, exibe uma expressão facial que denunciava uma emoção profunda no momento mágico daquela audição e, após a passagem de som, me confessa algo varado de admiração, num comentário mais ou menos assim: "Poxa, essa música é aquele caso, quando a gente ouve, fica se martelando por dentro perguntando 'Como não fui eu que fiz essa canção?'"

Sinceramente, nem sequer me passava pela cabeça que haveria qualquer chance daquele aparentemente submisso rapaz dos óculos reincidir em mais outra chupada.

O show é um sucesso, a banda volta para o Brasil e eu e Alice, agora assinando Alice R. (R de Ronaldo), partimos para a Bélgica e, em seguida, para a Holanda para visitar a família dela.

Retornamos ao Brasil e, sem demora, iniciamos as gravações de *Ronaldo foi pra guerra*.

A gravação desse disco, com todos os recursos tecnológicos infinitamente superiores comparados com os de *Cena de cinema*, conseguirá soar mais precária e amadora do que a de seu predecessor.

Com o trauma adquirido por testemunhar a replicação da minha voz que doravante faria parte da identidade musical do Herbert, todo o *Ronaldo foi pra guerra* foi alterado num quarto de tom realizado na mixagem (com o artifício de acelerar a máquina de gravação) para não me confundirem com o dito-cujo. Portanto, se você for ouvir o disco, não pense que minha voz está fininha porque eu era muito jovem.

Gravamos "Bambina", "Tô à toa Tokyo," "Teoria da relatividade" (que seria censurada), "Ronaldo foi pra guerra", "Os tipos que eu não fui" (que a gravadora escolheria como música de trabalho não dando em nada) e "Rio do delírio" que, como relatei anteriormente, fora composta depois de ler a sinopse de *Rio Babilônia* e era uma rasgada bossa nova, meio Tom Jobim, meio Michel Legrand.

Guto Barros assinará e cantará a hilária "Não tô entendendo"; e Alice, "Inteligenzia", que compôs em parceria com Bernardo.

O disco sairá em julho daquele ano com um single de "Os tipos que eu não fui", uma vez que nosso diretor artístico não se impressionou muito com a qualidade do repertório ("Porra Lobão, esse disco nunca vai tocar nas rádios!").

Quando o disco já estava sendo recolhido das prateleiras e a gravadora já acenava com a possibilidade de rescisão do contrato, uma determinada rádio no Rio de Janeiro (a Manchete FM) começa a tocar de forma espontânea a faixa "Me chama" (já naquela época, isso era um caso raríssimo, pois uma música só toca no rádio quando se paga).

Em poucas semanas, como num acidente descontrolado, a música invade todas as rádios do Brasil e se torna uma das canções mais executadas do ano, e sem jabá.

Para vocês dimensionarem o mal que faz o jabá, imaginem só se por acaso a Rádio Fluminense cobrasse o tal maldito jabá: o rock dos anos 80, como o conhecemos, jamais existiria. Estaríamos ouvindo as mesmas bostas de sempre, como nos dias de hoje.

Com a explosão de "Me chama", Os Ronaldos ressuscitam aos olhos dos diretores da gravadora e "Corações psicodélicos" estoura em seguida.

Mais outra sobrevida com que o acaso me brindava.

Sendo assim, Os Ronaldos partem para uma excursão interminável e triunfal, não obstante, com cachês estipulados sem a famigerada correção monetária, fato este que transformará, ao final da turnê, nosso cachê numa quantia tão irrelevante que nem sequer daria para pagar a conta do aluguel.

Na verdade iniciamos nossa era de shows numa minitemporada de duas semanas no Radar Tantã, ainda com a corda no pescoço, antes do estouro de "Me chama", como uma última chance para a banda, e é justamente no meio dessa temporada que "Me chama" explode nas rádios, nos salvando da extinção certa.

Algo interessante a salientar sobre esse disco é sua profunda melancolia, em meio àquela atmosfera "alegre" de final de new wave e "Me chama" já mostrava toda uma tristeza de perda e de abandono. "Abalado" era outro espécime, fruto desse mesmo sentimento de abandono e por isso decidi pinçá-la e colocá-la inteira aqui abaixo:

Abalado
(Alice R. e Lobão)

Tô na rua e perco o passo
E passo a passo chego a ver
Como eu não vi, passar o seu sorriso

Fico nessa mesma, nessa, nessa
Nessa lombra, nessa solidão

A loucura é tão clara
Como o escuro da lucidez
E ser claro a essa altura
É o mesmo que riscar um fósforo
Pela segunda vez

Não acho nada
Acho ninguém
Meu companheiro é o espelho
E eu queria tanto ser feliz e sentir

Não acho nada, não acho ninguém
Não acho nada, acho ninguém
Não acho nada, não acho ninguém
Não, não acho nada, não acho ninguém

A loucura é tão clara
Quanto o escuro da lucidez
Meu coração dispara e seu sorriso
Ilumina alguma esquina
Como um talvez

Não acho nada...

O passo do Lui, Me liga

O destino ainda me pregará mais uma amarga peça quando tenho outra surpresa não muito agradável ao ligar o rádio desavisadamente, numa determinada manhã e de supetão a nova música de trabalho dos Paralamas começa a tocar. O nome dela? "Me liga".

E com um detalhe apavorante: o disco dos Ronaldos não havia saído e se por acaso a Marina não houvesse gravado "Me chama" antes, eu certamente (por vergonha na cara) teria abortado a música do disco e da minha vida.

Essa terrível ladainha estava apenas começando.

Todavia, após a audição do *Passo do Lui*, batalhei para retirar uma das letras que pudesse exalar algum tipo de experiência de vida um pouco mais profunda que fosse (essa era outra coisa que me irritava nos Paralamas: a atmosfera de garoto brincando no quintal da vovó).

As letras sempre foram muito bobas e, com alguma benevolência, acabei por escolher ("Mensagem de amor"), para exibi-la em seguida, muito embora a música seja um decalque descarado da sonoridade da última fase do Police (*Synchronicity*), provocando no ouvinte um pouco mais exigente uma certa repulsa. Mas vá lá.

Mensagem de amor
(Herbert Vianna)

Os livros na estante já não têm mais tanta importância
Do muito que eu li, do pouco que eu sei
Nada me resta

A não ser a vontade de te encontrar
O motivo eu já nem sei

Nem que seja só para estar ao seu lado
Só pra ler no seu rosto
Uma mensagem de amor

A noite eu me deito
Então escuto a mensagem no ar
Tambores rufando
Eu já não tenho nada pra te dar

A não ser a vontade de te encontrar
O motivo eu já nem sei
Nem que seja só para estar ao seu lado
Só pra ler no seu rosto
Uma mensagem de amor

No céu estrelado eu me perco
Com os pés na terra
Vagando entre os astros
Nada me move nem me faz parar

A não ser a vontade de te encontrar
O motivo eu já nem sei
Nem que seja só para estar ao seu lado
Só pra ler no seu rosto
Uma mensagem de amor

A febre das danceterias

Só em São Paulo daria para passar meio ano tocando em danceterias como Carbono 14, Aramaçã, Clash, Rose Bombom, Victoria Pub, o chiquérrimo Gallery (a Blitz chegou a tocar lá quando eu ainda tocava na banda), Hong Kong (lugar que marcou a estreia na cidade do Barão Vermelho em 1983), Latitude 3001 (danceteria em forma de caravela, point obrigatório) ou no lendário Madame Satã, onde todo mundo se encontrava e que abrigava com uma resplandecente fauna do calibre de espécimes como João Gordo, Cazuza, Clemente, Titãs, o neto do Tancredo Neves, Kid Vinil, Alex Antunes, Akira S, tudo isso acontecendo num momento intenso do *underground* paulista onde darks, punks, putas, travestis, new wavers, góticos faziam daquela casa um acontecimento único na noite paulistana e brasileira.

Tínhamos também o Memory, onde era gravado o programa *Nova Onda* da Record, o já decantado Pauliceia Desvairada, o Projeto SP, um circo de lona branca com uma infraestrutura altamente profissional, ali na esquina da Augusta, sem falar no Rádio Clube, inaugurado com um baile pró-Diretas Já, além do clássico Raio Laser em Moema, com seu palco baixinho e som altíssimo... E o onírico Roof?, no terraço do prédio da Dacon, que promovia festas demenciais nos dias de semana.

No Rio se podia tocar no Mamute, lá na Tijuca, no Mamão Com Açúcar (no antigo drive-in da Lagoa Rodrigo de Freitas), no Circo Voador, no Noites Cariocas no Morro da Urca, e tirar onda de entediado no Crepúsculo de Cubatão (reduto dark) e no Dr. Smith (já no final da década).

Essa feérica movimentação e essa estupenda quantidade de casas noturnas que se dedicavam ao rock nunca mais iria se reproduzir por aqui. Isso transformou a noite dos anos 80 numa experiência inigualável, uma delirante maratona, que nos consumia praticamente todas as noites, sem pausa nem descanso, de sexo desregrado (ainda não haviam anunciado ao mundo a existência da Aids como perigo real), consumo industrial de álcool, heroína, cocaína, ácido e muito roquenrou. Um verdadeiro parque de diversões movido a alegria química e límbica.

Estávamos plenos, investidos de nossos ingênuos e perigosos personagens, devidamente introjetados, e somente poucos de nós conseguiram se desvencilhar dos seus papéis e de suas personas, que com o passar do tempo seriam atropelados pelo destino ou simplesmente transformados em caricaturas fósseis.

Titãs, Sonífera ilha

Os Titãs (originalmente, do Iê-Iê-Iê) é um grupo que foi formado nos idos de 1982, no Colégio Equipe em São Paulo, onde um certo Sergio Groisman atuava como uma espécie de agitador cultural ou coisa parecida e onde uma rapaziada acabou por se reunir e fundar uma das bandas mais singulares e interessantes do rock brasileiro.

Seus nove componentes faziam meio que de tudo, parecendo um carrossel holandês: Arnaldo Antunes, Branco Mello e Ciro Pessoa se revezavam entre vocal solo e *backing vocals*, Sérgio Britto, Paulo Miklos e Nando Reis também cantavam e se revezavam no baixo e teclados e com a banda propriamente dita de instrumentistas, composta por André Jung na bateria, Tony Bellotto na guitarra e Marcelo Fromer na outra guitarra.

Todos compunham, todos tinham um monte de ideias, todos era diametralmente diferentes entre si e, no entanto, a banda possuía uma unidade e uma identidade, com uma assinatura única. Era impossível perceber qual deles seria o líder daquela anárquica e disciplinada organização.

O Ciro Pessoa acabou saindo da banda para formar o Cabine C, antes mesmo do lançamento do primeiro álbum, que sairia pela WEA nesse ano de 1984, já com o nome oficial de, simplesmente, Titãs.

O hit desse primeiro álbum seria "Sonífera ilha" numa pegada bem jovem guarda, e nossos primeiros encontros se sucederam nos camarins dos programas de auditório. E foi num *Clube do Bolinha* desses da vida que começamos a estreitar mais e mais nossas relações para nos tornarmos amigos muito próximos.

Eu me divertia muito assistindo às performances meio robóticas, meio insólitas e, ao mesmo tempo, ultracoreografadas e ensaiadas dos Titãs, cada um, uma figura mais esquisita que a outra. Éramos companheiros inseparáveis das noitadas fossem elas no Rio ou em São Paulo, e me aproximei mais especificamente de Arnaldo e do Branco Mello.

Chegamos a ter uma turminha para fazer aquela peregrinação estonteante pela noite de São Paulo: eu, Alice, Clemente, Branco Mello, a mãe do Branco Mello (mais maluca que todos nós juntos e igual ao Branco Mello!) e Chico de Paula (genial cineasta e diretor do primeiro e único *Areias escaldantes*). Passávamos pelo Madame Satã, Rose Bombom, às vezes até no Gallery. Íamos a um show, depois bebericávamos algo no Latitude e quando amanhecia, a mãe do Branco nos levava para um nababesco e reconfortante breakfast no Eldorado lá do centro. Mais *style*, impossível.

Foi um momento de muita alegria e de uma certeza absoluta que nossa geração formaria um movimento coeso e ímpar na música brasileira. Foi o instante único em que mais me senti pertencendo a uma determinada turma, e esse sentimento jamais viria a se repetir comigo.

Em pouco tempo, Alice sairia dos Ronaldos para tentar carreira solo, o Chico de Paula iniciaria os planos de como conseguir colocar o seu genial roteiro numa película, já pensando em reunir toda uma geração num filme só: Os Ronaldos, Titãs, Capital Inicial, a galera do Asdrúbal, o Luiz Fernando Guimarães, Cristina Aché, Regina Casé,

Diogo Vilela, e tantos outros, numa empreitada delirante, ambiciosa e épica.

Solteiro, quase acendendo um caso no outro, começo a namorar a Monique Evans, que tinha sido convidada para atuar no *Areias escaldantes*, o que acabou não acontecendo.

Passamos o réveillon daquele ano juntos e com os Titãs, que iriam tocar na noite de Ano-Novo. Nessa noite tomei conhecimento de um fato curioso: aquele seria o último show do André Jung como Titã. Fora combinado com os rapazes do Ira! que, após aquela apresentação, o André assumiria as baquetas do grupo de Scandurra e Nasi, isso tudo sem o baterista ter a menor noção de sua inexorável "transmigração".

O substituto de André seria Charles Gavin (baterista de uma banda paulistana até então sem quase nenhuma relevância na cena, o RPM), que passaria os próximos 25 anos efetivado como baterista dos Titãs.

Pois bem, voltando à vaca-fria, esse show foi no Mamão com Açúcar e eu receio que também deva ter tocado naquela noite com os Ronaldos.

Terminava aquele ano superlotado de acontecimentos, perdas dolorosíssimas, vitórias das mais improváveis. Mas o mais importante: eu ainda tinha esperança de poder nutrir o anseio de deixar de ser um náufrago jogado na vida para reaver o lar da minha alma.

CAPÍTULO 10

1985

ROCK IN RIO,
TANCREDO, RPM,
LEGIÃO, ULTRAJE,
CAZUZA E
DÉCADENCE

"Você não pode querer enxergar o futuro através de uma projeção *naïve* do passado."

Nassim Nicholas Taleb

O ano de 1985 irá expor o rock brasileiro aos elementos que pesarão bastante para seu extermínio, muito embora ainda tivéssemos alguns anos de rebarba, despejando um número descomunal de grandes sucessos nas rádios e hinos imorredouros no inconsciente coletivo brasileiro.

O Rock In Rio terá uma grande implicação nessa morte anunciada, inaugurando uma era de dilapidação sistemática da imagem do rock nativo ao colocar os artistas brasileiros em condições de performance desproporcionalmente humilhantes em relação aos seus congêneres internacionais.

A suposta consagração de nomes nacionais no Rock In Rio como Blitz, Barão Vermelho ou Os Paralamas do Sucesso não será suficiente para esconder o processo de deliquescência já em estágio avançado e alastrado por todo o segmento.

A editora Abril, no vácuo do grande sucesso do festival, irá lançar no mesmo ano a revista *Bizz* que agirá como lente de aumento dos efeitos já tão daninhos que o Rock in Rio causou e ainda irá causar.

Some-se a isso a aproximação definitiva de elementos como RPM, Ritchie, Titãs e Paralamas do Sucesso com a Tropicália (só eu, na minha santa paranoia conseguia me irritar e me horrorizar com aquilo, ficando cada vez mais isolado e com uma fama de maluco cada vez maior) mais a banalização absoluta do gênero através da interferência das gravadoras nas produções (que insistiam em nos tratar como subproduto), com desmedidas contratações de bandas responsáveis posteriormente pela consubstancialização da pouco prestigiosa alcunha de Trash 80's. O rock brasileiro estava ferido de morte.

Dona Risoleta parte pra carreira solo

O ano começa com aquele teatro de horrores em 15 de janeiro, quando Tancredo Neves derrota Paulo Maluf no Colégio Eleitoral e é eleito pelo voto indireto o sucessor de João Figueiredo na Presidência da República, fato este alardeado como o fim do regime militar vigente por mais de vinte anos.

E para completar a pornochanchada política, Tancredo Neves morre no dia 21 de abril, dia de Tiradentes, outra farsa!

Escrevo sobre todos esses fatos agora com esse ar de tudo saber, todavia sou forçado a confessar que no transcorrer de todo aquele drama nacional, eu estava muito mais comprometido com meu drama pessoal de sexo descontrolado, álcool, heroína, cocaína e um pouco de roquenrou, me dedicando assim a uma rotina que me mantinha absolutamente alheio a toda aquela palhaçada.

Me lembro que havia acabado de me mudar para uma casa na rua Visconde de Itaúna, no Jardim Botânico, após uma longa temporada vivendo em hotéis, sem perceber que caminhava célere para me tornar uma caricatura de mim mesmo ao investir inconsciente num personagem idiota que era apenas uma pose.

Pois bem, chega de filosobol. Como eu ia dizendo, foi nesse tipo de atmosfera pré-demencial que vim a tomar conhecimento da morte de Tancredo Neves, graças aos auspícios jornalísticos da única leitura séria então vigorando no país, o *Planeta Diário*, que em suas páginas estampava, em letras garrafais, um grito que saltava aos olhos: "Dona Risoleta parte pra carreira solo!" Pra quem não sabe, dona Risoleta era mulher de Tancredo.

Kiko Zambianchi

Kiko Zambianchi é um dos mais talentosos compositores dessa geração e, na minha opinião, um nome que tem uma visibilidade muito aquém da merecida. Nascido em Ribeirão Preto, Kiko além de cantor de voz muito própria, é um excelente guitarrista e compositor, com sucessos como "Primeiros erros", "Rolam as pedras", "Nossa energia" e "Quem sofre sou eu" (as duas últimas com a participação de Lulu Santos e Marina Lima; e Marina também iria gravar "Eu te amo você", que se transformará num poderoso hit). Kiko será gravado também por Erasmo Carlos com "Mancha e intrigas". Um fato curioso é que a gravadora de Kiko na época (EMI) meio que ignora o potencial de "Primeiros erros", descartando as chances de trabalhá-la nas rádios e pressionando o músico a acelerar o processo de feitura de um novo disco. Kiko, contudo, num gesto heroico, sai com a fita da música debaixo do braço, batendo de rádio em rádio da Grande São Paulo e, aos poucos, a música foi sendo mais e mais pedida pelo público, se tornando um dos principais sucesso do artista, sem contar que "Primeiros erros" é uma das canções mais lindas da década.

Nos anos 2000, Kiko será um dos grandes responsáveis pelo verdadeiro renascimento do Capital Inicial: o sucesso de seu *Acústico MTV* foi tamanho, que mais parecia ser uma banda que acabara de chegar ao mercado.

O RPM vira febre nacional

E foi justamente em maio de 1985, quando a nação inteira ainda vivia sob aquele trauma terrível da morte de Tancredo, que o RPM se transforma no maior fenômeno de toda a nossa geração com seu álbum de estreia, *Revoluções por minuto*, alçando a banda a um nível de estrelato jamais concebido ou imaginado por todos nós, seus pares. O Brasil vivia, respirava, cantava e amava tudo relacionado ao RPM.

Não se tratava apenas de um megassucesso, com várias músicas enfileiradas entre as mais tocadas do rádio num só primeiro disco: era uma devoção total, religiosa e absoluta, algo só comparável à beatlemania.

Contudo, aquele sucesso descomunal vindo da noite para o dia, de forma tão abrupta, haveria de colocar a banda numa situação muito perigosa, pois o impacto dessa magnitude na vida de uma pessoa, ou de um grupo, é algo muito difícil de dimensionar quanto mais de lidar.

E a saga do RPM começou nos idos de 1980, quando Paulo Ricardo ainda trabalhava como crítico musical e por acaso esbarra em Luiz Schiavon, vizinho de porta de sua então namorada. Schiavon é pianista clássico, mas após uma tentativa frustrada, que durou uns três anos, de fazer uma banda de jazz rock junto com Paulo, ele veio a se enamorar da música eletrônica e sintetizadores.

Paulo Ricardo foi morar fora do Brasil (França e Inglaterra) como correspondente da revista *Somtrês*, e pôde se nutrir de todas as novidades e tendências do que rolava nas plagas de lá. Ao retornar da

Europa, de volta a São Paulo, a dupla se reúne outra vez e, já sob o nome de RPM (um puta nome, por sinal), inicia o trabalho de composição de um repertório.

Em seguida, a dupla se transforma em trio quando convocam Fernando Deluqui, naquele período tocando guitarra no novo grupo de May Est, recém-ex-Absurdettes.

Deluqui, por seu turno, traz consigo o jovem baterista de apenas 15 anos, Júnior Moreno, cuja tenra idade inviabilizará sua presença na banda por ser estritamente proibida a presença de menores justo nos lugares em que eles se apresentavam: casas noturnas, bares etc.

Confrontados com essa impossibilidade, os rapazes são impelidos a convocar um novo baterista para completar o doravante quarteto e assim aparece Charles Gavin (ex-Ira! e futuro Titãs), como já relatei no capítulo anterior.

Revoluções por minuto no forno

As gravações do disco ocorreram entre 1984 e 1985, mas "Louras geladas" e "Revoluções por minuto" já haviam sido lançadas sob o formato de EP, gravadas só com bateria eletrônica, uma vez que Charles Gavin migrara para os Titãs.

O baterista a ser efetivado viria a ser o P.A., que só entraria no meio das gravações do disco. Por esse motivo ele não saiu na foto da capa, o que causou, assim que o disco foi lançado no mercado, uma falsa impressão de que o quarteto era um trio. Muita gente especulava ser RPM uma sigla do tipo ELP (Emerson, Lake & Palmer), provocando na imaginação de mentes ociosas como a minha, passatempos e joguinhos de adivinhação para tentar decifrar qual seriam os nomes envolvidos: Rômulo, Policarpo & Miroslav; Romário, Pipoca & Marcelinho; Ruy, Paulo Henrique & Mariano? Nananinanão!

Revoluções por minuto, sim senhor! O RPM chegava enfiando o pé na porta.

Mas como não poderia deixar de ser, assim que os executivos da CBS receberam a fita demo da banda com um repertório que incluía canções como "Olhar 43" e "A cruz e a espada", esses visionários investidos da sagrada missão de profetas do hit parade, impõem aos rapazes recém-contratados aquela cantilena por todos nós ouvida nos corredores das gravadoras, em todos esses anos que fomos instados a frequentá-las: "Gente! Essas músicas são muito 'inteligentes'! Brasileiro é bicho burro e só ouve bosta. Esse tipo de coisa não toca em rádio de jeito nenhum. Aprendam isso de uma vez por todas!"

Gostaria de ver esses caras dando esses '"conselhinhos maneiros" pro Chico Buarque ou pro Caetano Veloso...

A rapaziada da MPB detinha a exclusividade absoluta de poder fazer música "inteligente" e nós, bem, nós éramos para esses burocratas de gravadora apenas uma brincadeira inconsequente, mas, acima de tudo, uma brincadeira extremamente lucrativa.

Éramos os arrimos de toda aquela gigantesca e obsoleta estrutura parasita que entraria em imediato colapso, caso dependesse desses "inteligentes", pois eles só faziam consumir rios de dinheiro, produzindo desinteressante e enfadonha gosma "inteligente" para nós, burros de carga descartáveis termos de nos contentar com produções lixo de baixíssimo custo, constantemente direcionados e impelidos a fazer canções... "burras".

FICHA TÉCNICA
PAULO RICARDO: VOZ E BAIXO | LUIZ SCHIAVON: PIANO, SINTETIZADORES E DRUM MACHINE | FERNANDO DELUQUI: GUITARRA E VIOLÃO | PAULO P.A. PAGNI: BATERIA E PERCUSSÃO | LUIZ CARLOS MALULY: VIOLÃO ("A CRUZ E A ESPADA") | ROBERTO SION: CLARINETA ("A CRUZ E A ESPADA")

O disco de estreia do RPM foi colocado pela revista *Rolling Stone* entre os cem maiores discos da música brasileira de todos os tempos, contrariando todas as previsões dos nossos oraculares executivos.

Ouvindo o álbum com atenção, optei por pinçar a letra de uma bela e triste canção ("Juvenília") que retrata fielmente a desesperança de uma geração traída, tanto pelo sistema político como também pela opressão dessa tirania cultural horrorosa (com seus caciques de sempre, tirando onda de únicos e possíveis salvadores da pátria), que insiste em nos colocar nesta maldita cama de Procusto, onde você é que tem de se ajustar ao tamanho dela, custe o que custar (seus membros, sua cabeça, sua identidade), e nunca o contrário. É essa liberdade que eles planejaram para nós.

Juvenília
(Paulo Ricardo)

Sinto um imenso vazio e o Brasil
Que herda o costume servil
Não serviu pra mim
Juventude
Aventura e medo
Desde cedo
Encerrado em grades de aço

E um pedaço do meu coração é teu
Destroçado com as mãos

Pelas mãos de Deus
E as imagens
Transmissões divinas
E o cinismo
E o protestantismo europeu

Parte o primeiro avião
E eu não vou voltar
E quem vem pra ficar
Pra cuidar de ti
Terra linda
Sofre ainda a vinda de piratas
Mercenários sem direção

E eu até sei quem são, sim eu sei
Você sempre faz confusão, diz que não
E vem, vem chorando
Vem pedir desculpas
Vem sangrando
Dividir a culpa entre nós

Legião Urbana explode com... Legião Urbana

Em janeiro de 1985, o então quarteto de Brasília, Legião Urbana, lança seu primeiro álbum homônimo que virá a alcançar a casa de um milhão de cópias vendidas e será eleito pela agora defunta revista *Bizz* como disco do ano.

Seus mesmerizantes hits invadiram de súbito as rádios com pesadas execuções por todo o Brasil. "Será", "Ainda é cedo", "Geração

Coca-Cola", "Soldados", "Teorema" se transformaram no fundo musical de toda uma geração, recrutando assim centenas de milhares de ardorosos e fiéis legionários que fariam dos shows da banda algo parecido com uma liturgia.

Com aquele tratamento de terceira dispensado pelas gravadoras ao rock, o álbum, como todos os nossos, tem baixo orçamento e é muito mal gravado. No entanto, o que vai vigorar é atmosfera coesa de uma banda afinada entre si, mesmo que musicalmente limitada.

As músicas têm influências de U2, New Order e The Smiths demasiado perceptíveis e esse detalhe sempre me incomodou um pouco, mas tudo isso se supera devido a força, o talento e a voz de Renato Russo, ultrapassando todas as precariedades impostas pelas circunstâncias.

A primeira faixa é também a primeira música de trabalho do álbum e terá um videoclipe gravado no Rose Bom Bom, em São Paulo, com a direção de Toniko Melo.

Inevitável, no exato instante em que escrevo estas linhas, ouvir os versos de "Podres poderes" ecoarem na minha cabeça, como um agouro de fazer inveja ao corvinho never more do Allan Poe, e ficar refletindo...

"Será que apenas os hermetismos pascoais/ Os tons, os miltons/ Seus sons e seus dons geniais/ Nos salvam, nos salvarão dessas trevas e nada mais"...

E nada mais?...

Geração Coca-Cola
(Renato Russo)

Quando nascemos fomos programados
A receber de vocês
Nos empurraram com os enlatados
De USA, de nove às seis

Desde pequenos nós comemos lixo
Comercial e industrial
Mas agora chegou nossa vez
Vamos cuspir de volta o lixo em cima de vocês

Somos os filhos da revolução
Somos burgueses sem religião
Somos o futuro da nação
Geração Coca-Cola

Depois de vinte anos na escola
Não é difícil aprender
Todas as manhas do seu jogo sujo
Não é assim que tem que ser

Vamos fazer nosso dever de casa
E aí então vocês vão ver
Suas crianças derrubando reis
Fazer comédia no cinema com as suas leis

Somos os filhos da revolução
Somos burgueses sem religião

Somos o futuro da nação
Geração Coca-Cola
Geração Coca-Cola
Geração Coca-Cola
Geração Coca-Cola

Depois de vinte anos na escola
Não é difícil aprender
Todas as manhas do seu jogo sujo
Não é assim que tem que ser

Vamos fazer nosso dever de casa
E aí então vocês vão ver
Suas crianças derrubando reis
Fazer comédia no cinema com as suas leis

Somos os filhos da revolução
Somos burgueses sem religião
Somos o futuro da nação
Geração Coca-Cola
Geração Coca-cola
Geração Coca-Cola
Geração Coca-Cola

Estamos chegando ao ápice da hegemonia do rock brasileiro que durará mais dois anos.

LEGIÃO URBANA

PRODUZIDO POR JOSÉ EMÍLIO RONDEAU

LADO A

1. SERÁ *(Renato Russo, Dado Villa-Lobos e Marcelo Bonfá)*
2. A DANÇA *(Renato Russo, Dado Villa-Lobos e Marcelo Bonfá)*

EMI-ODEON — 1985

3. PETRÓLEO DO FUTURO
(Renato Russo e Dado Villa-Lobos)
4. AINDA É CEDO
(Renato Russo, Dado Villa-Lobos, Marcelo Bonfá e Ico Ouro-Preto)
5. PERDIDOS NO ESPAÇO
(Renato Russo, Dado Villa-Lobos e Marcelo Bonfá)
6. GERAÇÃO COCA-COLA
(Renato Russo)

LEGIÃO URBANA

PRODUZIDO POR JOSÉ EMÍLIO RONDEAU

LADO B

1. O REGGAE
(Renato Russo e Marcelo Bonfá)
2. BAADER-MEINHOF BLUES
(Renato Russo, Dado Villa-Lobos e Marcelo Bonfá)

EMI-ODEON — 1985

3. SOLDADOS
(Renato Russo e Marcelo Bonfá)
4. TEOREMA
(Renato Russo, Dado Villa-Lobos e Marcelo Bonfá)
5. POR ENQUANTO
(Renato Russo)

FICHA TÉCNICA
RENATO RUSSO: VOZ, VIOLÃO E TECLADOS | DADO VILLA-LOBOS: GUITARRAS E VIOLÃO | RENATO ROCHA: CONTRABAIXO | MARCELO BONFÁ: BATERIA, PERCUSSÃO E GLOCKENSPIEL.

Ultraje! Nós vamos invadir sua praia

Finalmente, após o sucesso estrondoso de seus compactos com "Inútil"/ "Mim quer tocar" e "Eu me amo" pela WEA, o Ultraje a Rigor lança seu primeiro álbum já consagrado: "Inútil" se tornará o hino inconteste de uma geração.

Como Roger já contou a maior parte da história do grupo no capítulo anterior, resta-me acrescentar alguns detalhes.

As faixas "Marylou" e "Eu me amo" tem a participação de Herbert Vianna na guitarra, a faixa-título tem Selvagem Big Abreu, Leo Jaime, Ritchie e este que vos escreve nos *backing vocals* e cacos, numa sessão de gravação onde nos esbaldamos, com direito a guerras de almofada, de pistolinha de água e muita encarnação entre cariocas e paulistas, já que a faixa a ser gravada tratava exatamente disso.

Daí eu zoar o Roger com aquele sotaque idiota tentando imitar paulista (Eu "recomeindo") ou o "Traz a vitrolinha" (trazer artefatos para a praia era coisa de farofeiro segundo a etiqueta de praia do carioca).

Esse disco irá catapultar o nome da banda para a estratosfera e fazer o Ultraje abarrotar todos os lugares por onde passava, quebrando todos os recordes de público de casas como o Canecão. Tudo isso com um show turbinado pela quantidade demencial de hits, fato muito raro num só LP e, de quebra, de estreia.

Em dezembro de 2007 a revista *MTV* elegerá o *Nós vamos invadir sua praia* como o melhor álbum de rock nacional de todos os tempos.

E agora, o hino que representará todos nós para sempre.

Inútil
(Roger Moreira)

A gente não sabemos escolher presidente
A gente não sabemos tomar conta da gente
A gente não sabemos nem escovar os dente
Tem gringo pensando que nóis é indigente

Inútil!
A gente somos inútil
Inútil!
A gente somos inútil

Inútil!
A gente somos inútil
Inútil!
A gente somos inútil

A gente faz carro e não sabe guiar
A gente faz trilho e não tem trem pra botar
A gente faz filho e não consegue criar
A gente pede grana e não consegue pagar

Inútil!
A gente somos inútil
Inútil!
A gente somos inútil

Inútil!
A gente somos inútil

Inútil!
A gente somos inútil

A gente faz música e não consegue gravar
A gente escreve livro e não consegue publicar
A gente escreve peça e não consegue encenar
A gente joga bola e não consegue ganhar

Inútil!
A gente somos inútil
Inútil!
A gente somos inútil

Inútil!
A gente somos inútil
Inútil!
A gente somos inútil

FICHA TÉCNICA
ROGER: VOZ, GUITARRA BASE E SAX ALTO | CARLO BARTOLINI: GUITARRA SOLO E VOCAIS | MAURÍCIO DEFENDI: BAIXO E VOCAIS | LEÔSPA: BATERIA E VOCAIS | LIMINHA: GUITARRA, VIOLÃO, PERCUSSÃO, PROGRAMAÇÕES ("JESSE GO") | HERBERT VIANNA: GUITARRA SOLO ("MARYLOU") | LOBÃO, RITCHIE, SELVAGEM BIG ABREU E LEO JAIME: VOCAIS ("NÓS VAMOS INVADIR SUA PRAIA")

Eu e Cazuza, Cazuza e eu

Enquanto isso, nas noites do Baixo Leblon, minha amizade com Cazuza vinha se estreitando e, além de amigos bem próximos, éramos também os maiores encrenqueiros da área. Passávamos noites inteiras tagarelando de mesa em mesa, de bar em bar, sempre procurando por alguma confusão.

Posso admitir com precisão que éramos duas figuras insuportáveis devido ao nosso esmerado e ingênuo compromisso em vestir nossos personagens de *enfants terribles*. E foi no diapasão dessa loucura, para alívio de nossos companheiros, que ambos acabamos por ser expulsos de nossas respectivas bandas.

E vejam bem, ponderem comigo: um roqueiro ser expulso de uma banda de rock é mais grave que alguém ser expulso de uma suruba por mau comportamento!

De noitada em noitada acabamos por perpetrar nossa primeira parceria quando recebi uma letra que ele havia acabado de escrever num guardanapo, me enfiando depois o artefato no bolso da calça. Fui para casa com o dia amanhecendo e, ao longo de uns 28 minutos, compus a linha melódica da voz e os arpejos no violão como se estivesse fazendo um bercinho para colocar aquele belo e triste poema.

Assim nasceu "Mal nenhum".

Cazuza ainda se apresentaria no Rock In Rio como integrante do Barão Vermelho, contudo, ao final daquele ano, em novembro, já estaria lançando seu primeiro disco solo, *Exagerado*.

EXAGERADO
PRODUZIDO POR NICO RESENDE E EZEQUIEL NEVES
LADO A

1. EXAGERADO
(Cazuza, Leoni e Ezequiel Neves)
2. MEDIEVAL II
(Cazuza e Rogério Meanda)

SIGLA/SOM LIVRE   1985

3. CÚMPLICE
(Cazuza e Zé Luiz)
4. MAL NENHUM
(Cazuza e Lobão)
5. BALADA DE UM VAGABUNDO
(Roberto Frejat e Wally Salomão)

GUIA POLITICAMENTE INCORRETO DOS ANOS 80 PELO ROCK

EXAGERADO
PRODUZIDO POR NICO RESENDE E EZEQUIEL NEVES
LADO B

1. CODINOME BEIJA-FLOR
(Cazuza, Ezequiel Neves e Reinaldo Arias)
2. DESASTRE MENTAL
(Cazuza e Renato Ladeira)

SIGLA/SOM LIVRE   1985

3. BOA VIDA
(Cazuza e Frejat)
4. SÓ AS MÃES SÃO FELIZES
(Cazuza e Frejat)
5. ROCK DA DESCEREBRAÇÃO
(Cazuza e Frejat)

GUIA POLITICAMENTE INCORRETO DOS ANOS 80 PELO ROCK

FICHA TÉCNICA
CAZUZA: VOZ | NICO RESENDE E JOÃO REBOUÇAS: TECLADOS | ROGÉRIO MEANDA: GUITARRA
| FERNANDO MORAES: BATERIA E PERCUSSÃO | ZÉ LUÍS: SAXOFONE

Mal nenhum
(Cazuza e Lobão)

Nunca viram ninguém triste?
Por que não me deixam em paz?
As guerras são tão tristes
E não têm nada demais

Me deixem, bicho acuado
Por um inimigo imaginário
Correndo atrás dos carros
Como um cachorro otário

Me deixem, ataque equivocado
Por um falso alarme
Quebrando objetos inúteis
Como quem leva uma topada

Me deixem amolar e esmurrar
A faca cega, cega da paixão
E dar tiros a esmo e ferir
O mesmo cego coração

Não escondam suas crianças, não
Nem chamem o síndico
Nem chamem a polícia

Nem chamem o hospício, não

Eu não posso causar mal nenhum
A não ser a mim mesmo
A não ser a mim mesmo
A não ser a mim

Um recado pro Cazuza:
Amigo, tô aqui em 2017 escrevendo um livro sobre a nossa época, lá dos anos 80 e por isso, finalmente fui impelido a ouvir a sua versão de "Mal nenhum". Me desmontei de tanto chorar. Tá linda! Você cantou pra caralho, o arranjo tá foda e eu só posso te pedir desculpas pela minha arrogância de ter jurado pra você jamais ouvir a sua gravação. Espero que esteja mais ajuizado por aí. Te amo muito, seu porra.

Chico insiste na volta de um malandro que nunca foi

Certa vez, lá pelos idos dos anos 80, quando vivia enfurnado no morro da Mangueira, indaguei ao Ivo Meirelles então presidente da bateria da Estação Primeira, meu parceiro, filho do venerável sambista e compositor Ivan Meirelles, aonde estariam os novos sambistas da escola, uma vez que só conseguia levar meus leros sambístico-filosobólicos com figuras históricas da velha guarda como Carlos Cachaça, Dona Neuma, Dona Zica, Nelson Sargento, Carlinhos PM, Beto-Sem-Braço, e meu parceiro com um ar reflexivo me responde: "Sabe o que é rapaz, samba, hoje em dia no morro, só mesmo pra turista. Samba hoje é coisa de branco. O morro gosta mesmo é de funk."

Recolho esse episódio para tecer um paralelo com o claro anacronismo da nossa intelectualidade obsidiada em decalcar um gênero (o samba) e seus personagens (o povo) de forma ingênua, boba, reacionária e irreal. Povo... como eles amam essa palavra!

Esses punheteiros de pau mole são especialistas em transformar expressões culturais pujantes em verdadeiras línguas mortas. Vejam só o que aconteceu com o choro, com a Bossa Nova, com o samba e, com certeza, já, já, com o rap e, em seguida, com o funk !

Já imaginaram, num futuro muito próximo, um funk teorizado naquela narrativa gelatinosa desses babacas, publicado num manual de colégio, chancelado pelo MEC? Pela Lei Rouanet?

Tipo... como amassar uma linguiça sem perder a dignidade do oprimido? É o toque de Viagra na antimatéria: tudo que eles tocam, murcha!

Bem, chega de filosofia! Voltemos ao nosso assunto.

Já havia comentado no capítulo anterior sobre a fenomenologia da tal "música inteligente", e agora trago aqui para vocês um exemplar clássico do que me empenho em desenhar. Pincei a faixa "A volta do malandro", abertura do disco *Malandro* de Chico Buarque deste ano da graça de 1985 para refletirmos um pouco.

1, 2, 3 e já: volta de que Malandro, Chico?

Que malandragem é essa? Onde caberia esse seu malandro, ó bardo da Gávea, em meio a toda essa garotada produzindo furiosamente músicas que escreverão um pedaço crucial da história brasileira e, presta atenção no detalhe, reconquistando a Lapa! Repovoando a Lapa! Não com malandragem, mas se virando para tocar no Circo Voador, ou na birosca ao lado, carregando nas costas seus sonhos junto com amplificadores, guitarras elétricas e alto-falantes.

Que malandragem é essa, meu Deus do céu, que nos atira a um limbo folclorizado, carimbado por um personagem caricato de Walt Disney, o mesmo que Chico Buarque subscreve, clama, acalanta, canta, idealiza e não desapega?

Como se já não fosse o bastante ser incapaz de constatar por tentativa e erro que essa tal malandragem, mãe de todo jeitinho brasileiro, já nos patrocinou retumbantes fracassos nesse afã idiota de cultuar a eterna jactância da pseudoesperteza (mesmo que de camisa listrada e chapeuzinho de aba?)

Isso só cabe na cabeça de quem jamais subiu um morro ou de quem vai fazer laboratório de malandragem em Paris, ou as duas coisas! Isso equivale (em babaquice) ao drama de um virgem existencial platonicamente enamorado por uma boneca inflável furada!

E essa babaquice vem da mesma cepa, da mesma miopia epistêmica (senão descarado cinismo mesmo) de, por exemplo, querer combater um regime autoritário através de uma ideologia totalitária e se sentindo o bonzinho! Ideologia esta que traz em seu bojo um nível de tirania, morte e sanguinolência exponencialmente superior ao do regime a ser derrubado.

Ou de se indignar com o abuso dos militares brasileiros indo veranear numa ilha virada num campo de concentração e de extermínio, privando da intimidade de um genocida para lamber-lhe as bolas.

É muito constrangedor convivermos por tantas décadas com essa doença mental da intelectualidade brasileira em querer enxergar custe o que custar um gigante num nanico.

Este é um capítulo recheado de letras repletas de realidade, vísceras, arrojo, humor, revolta, coragem, fúria, potência e poesia. Pois bem, vamos acrescentar a este cenário que é uma beleza, a letra dessa música do Chico e percebam vocês o porquê da minha cruel insistência em apontar onde a paumolenguice habita:

A volta do malandro
(Chico Buarque)

Eis o malandro na praça outra vez
Caminhando na ponta dos pés
Como quem pisa nos corações
Que rolaram nos cabarés

Entre deusas e bofetões
Entre dados e coronéis
Entre parangolés e patrões
O malandro anda assim de viés

Deixa balançar a maré
E a poeira assentar no chão
Deixa a praça virar um salão
Que o malandro é o barão da ralé

Alguns anos mais tarde, a Lapa voltará a existir na morbidez da recorrência de um resgate cultural promovido pela coletividade dos mauriçolas socialistas da PUC, naquela tentativa borocoxô de povoarem orgulhosos uma Disneylândia kitsch da pseudomalandragem

Esse esforço pouco edificante de quem trata sua própria prisão de ventre com indolência, é intensificado mais ou menos a partir da reabertura do espaço do Circo Voador em 2005, já em plena era PT.

A Vila Madalena, em São Paulo, por incrível que possa parecer, acabou deformada por esse mesmo diapasão, se tornando hospedeira do recorrente universotário de butique, um suplemento mequetrefe de uma emulação imbecil da Lapa carioca. Ou seja: o fake do fake do fake cuja insólita matriz é nada mais nada menos que o Zé Carioca!

E é isso que dá ficar ouvindo Chico Buarque, uma máquina de produzir legiões de idiotas, não raro, travestidos como pobres de cenografia de novela das sete, infestando os bares, biroscas e botequins, movidos a cachaça com linguiça classe média alta podre da Friboi, cercados por rodas de samba mal tocado na crença absoluta de chancelarem um renascimento da pureza cultural de uma raiz absolutamente inexistente. O que poderia ser pior?

Revista Bizz

O que poderia ser pior é percebermos uma imprensa especializada em rock se firmando no mercado, pegando o vácuo da prosperidade, fruto das penosas conquistas daquela geração, e desenvolvendo o mote iniciado no Rock In Rio: por um lado, promover o enaltecimento vívido e explícito do rock internacional e do outro, primar pelo achincalhamento, a ridicularização da cena nacional, poupando apenas um seleto grupo de escolhidos, sabe-se lá por qual critério. Com essa fórmula curta e grossa, com uma fachada que, a princípio, só poderia nos encher de esperanças de voos mais altos e, assim, partir para a conquista definitiva de um espaço até então movediço dentro da cultura brasileira, nascia do ventre da Editora Abril, a revista *Bizz*, uma espécie de coveira dos anos 80 e de si mesma pois, de tanto vaticinar a morte do rock, recebeu como herança de sua arrogância e rancor a terrível sina de morrer, morrer e morrer através dos anos, imune aos segredos da sobrevivência, da robustez e da não fragilidade, por talvez ter ignorado, quando ainda havia tempo, os hábitos da real investigação, da honestidade intelectual, do real conhecimento musical em detrimento de um simplório conhecimento enciclopédico de fatos e nomes e, principalmente, por ter ignorado o salubérrimo ato do cultivo da humildade.

A *Bizz*, do alto de sua soberba, desabará por ter se especializado em dinamitar os próprios pés, envolta na ilusão gerada por uma compulsão autolaudatória desproporcional aos seus méritos, no uso pouco inteligente e ingênuo do seu poderio de fogo.

Na mesma linha da *Bizz*, a *MTV* nascerá (e morrerá) da mesma forma.

Ai de mim, ai!! Ai! Blau, Blau! Blau!

Uma das maiores presenças no cenário musical brasileiro nos anos 80 foi, indubitavelmente, a dupla Sullivan e Massadas, que também era conhecida nos bastidores como santíssima trindade pela suposta presença fantasmática e allankardéquica de Miguel Plopschi, então diretor artístico da minha gravadora BMG, que seria o agenciador do vasto repertório da dupla, a desaguar uma torrente de sucessos imorredouros nos discos de Tim Maia ("Me dê motivo", "Leva"), Gal Costa ("Um dia de domingo", com participação de Tim Maia), Roupa Nova ("Whisky à gogo"), Joanna ("Amanhã talvez"), Alcione ("Nem morta"), Trem da Alegria ("Uni duni tê"), Fagner ("Deslizes"), Xuxa ("Lua de cristal"), Roberto Carlos ("Amor perfeito"), Clube da Criança ("É de chocolate") e inúmeros outros grandes nomes da música popular brasileira.

O que nos parece, com o devido distanciamento histórico, é que Miguel, saxofonista do lendário The Fevers, sabia o que realmente significava música popular e trouxe a dupla de compositores (verdadeiramente popular) para o seio da MPB, salvando assim as orelhas dos brasileiros da "música inteligente" e os cofres das gravadoras da bancarrota.

Como houve alguma resistência por parte de um grupo de roqueiros contratados da gravadora (dentre os quais eu me incluía), o "espírito santo" dessa santíssima trindade começa a contratar bandas mais moderninhas que viessem a se dispor a gravar músicas da emblemática dupla.

O Absyntho foi criado em 1982 com a formação Sylvinho Blau Blau no vocal, Sérgio Diamante no teclado, Wanderley Pigliasco no baixo e Darcy na bateria, e será contratado pela BMG gravando em seguida o que virá a se tonar um mega-hit das rádios e uma coqueluche dos programas de auditório: "Ursinho Blau Blau", composta por Massadas e Sérgio Diamante.

Os programas de auditório ficarão bem mais divertidos com a presença daquelas bandas como Absyntho ("Ursinho Blau Blau": "Ai, ai, ui! Blau Blau!...") ou Dr. Silvana ("Taca a mãe pra ver se quica") ou Herva Doce ("Amante profissional": "Moreno alto, bonito e sensual...") ou o Radio Taxi ("Dentro do Coração": "Põe devagar, põe devagarinho..."). Essa nova "faceta" do rock 80 pavimentará a reputação do que mais tarde será associado como a marca registrada dessa década: o Trash 80's.

Uma canção feita do fundo do coração para Sylvinho Blau Blau

Um fato interessante: certa vez, estava eu cumprindo pena no Ponto Zero em Benfica e eis que aparece para me visitar o querido Sylvinho Blau Blau.

Sim! Apesar de toda a classe artística se movimentar intensamente em prol da minha soltura, poucos dos meus colegas chegaram a ir à cadeia me visitar e, dentre esses poucos, lá estava ele, Sylvinho, um cara com quem tivera muito pouco contato e que, pela sua atenção e seu carinho, me impulsionou a compor uma canção em retribuição ao seu gesto.

Sylvinho me contou naquela visita que o Abysintho já havia dado o que tinha que dar e por isso mesmo partiria para uma carreira solo, convidando nomes de peso da canção nativa para compor as músicas do seu próximo projeto. Entre esses nomes figuravam Lulu Santos, Bernardo Vilhena, Sullivan e Massadas, Vinicius Cantuária, Evandro Mesquita, Arnaldo Brandão (então no Brylho). A faixa-título "Topete" (de Lulu Santos e Bernardo Vilhena) contaria com a participação do próprio Lulu na gravação.

Este aqui que vos escreve também enviaria uma canção (feita no dia seguinte à visita, utilizando as horas ociosas da reclusão involuntária) chamada "Aconteceu" em parceria com Bernardo Vilhena, que fecharia o *long*.

Areias escaldantes

Dentro da história do filme *Areias escaldantes* estão impressos todos os anseios, esperanças e limitações de uma geração. É o único filme que realmente tratou com genuinidade os problemas, os cacoetes, os gostos, o comportamento, a estética e os vícios de toda uma era.

Querer colocar *Areias escaldantes* ao lado de *Bete Balanço*, *Rock estrela*, *Menino do Rio* e *Garota dourada* é um grande equívoco, pois *Areias* tem uma narrativa inteiramente oposta do restante.

Em primeiro lugar, Chico de Paula, seu diretor e roteirista, era um cara da nossa idade, saía com a gente para as noitadas, para os programas de auditório, para as turnês, para os shows de *playback* da baixada fluminense e, além disso, tinha em seu coração e na sua cabeça uma vontade de retratar tudo aquilo que estava acontecendo na forma de um roteiro repleto de humor surreal, nonsense e ficção científica. Seria algo com uma ópera rock, como o manifesto de uma rapaziada que se rebelava contra aquela estrutura viciada que era onipresente e imposta de cima para baixo em todas as áreas.

Se nós, da música, vivíamos o drama com as gravadoras e da patrulha da *intelligentsia*, Chico de Paula viveria seu drama com a

Embrafilme a sabotar todos os seus passos, negando verba, retirando o filme de todos os festivais, minguando para zero o número de salas de exibição (por simplesmente não conceber que aquela estética representasse o cinema nacional).

Ou seja, por onde tropeçássemos, encontrávamos uma patrulha ideológica ou um empresariado estúpido a subestimar qualquer manifestação artística daquele pessoal não alinhado ao *establishment* cultural vigente (vigente até hoje!)

O heroico e inexistente lançamento do filme irá marcar o apogeu e o canto do cisne da nossa esperança de querer deixar a nossa marca na cultura brasileira.

Chico havia reunido nomes dos mais emblemáticos dessa geração e tantos outros nomes lendários do cinema nacional, tecendo uma verdadeira declaração de amor e rebeldia, tudo misturado com uma comovente delicadeza, mas com uma pujança e uma resiliência raros de se encontrar por aí.

O roteiro do filme fala de uma cidade fictícia, Kali, numa trama passada num futuro próximo (1990), quando um grupo de jovens terroristas executa roubos, sequestros e assassinatos debaixo das ordens de uma fantasmática "Entidade", perseguidos pela polícia da elite local, totalmente ineficiente e pateta.

Não é necessário especular sobre a metáfora de uma geração ansiosa por encontrar uma identidade, usando sua força, subversão e bom humor para desqualificar e desbancar aqueles poderes de sempre a tentar impor seus projetos de hegemonia.

Por total falta de grana, o que deveria ser o sequestro de um avião passou a ter locação no cais do porto, num cargueiro, e o roteiro era todo alterado cena a cena. Acabei por acompanhar quase todas as tomadas, não raro dando meus palpites como na ideia de filmar uma cena inteira de fuga desesperada dentro de um túnel em marcha a ré, pois haviam montado o retroprojetor ao contrário e não havia tempo nem dinheiro para remontá-lo da forma correta.

Trata-se da cena hilária protagonizada pelo Sandrão (Sandro Solviatti, figura lendária do Arpoador e ator mítico do cinema nacional, que jurava ter feito sexo com anãzinhas extraterrestres) como um motorista de táxi sequestrado, levando os terroristas vividos por Diogo Vilela, Luiz Fernando Guimarães e Regina Casé, todos sentados atrás na viatura, numa espetacular fuga em alta velocidade dentro de um túnel, só que... de marcha a ré.

Esse tipo de atitude, com a cara e a coragem, improvisação, criatividade, amor e muita diversão, propiciou a finalização do filme. No elenco Regina Casé, Luiz Fernando Guimarães, Cristina Aché, Diogo Vilela, Eduardo Poly, Jards Macalé, Guará Rodrigues, Sérgio Bezerra, Lobão, Neville d'Almeida, Titãs (Paulo Miklos, Branco Mello, Marcelo Frommer, Charles Gavin, Arnaldo Antunes, Tony Bellotto, Nando Reis, Sérgio Britto), Os Ronaldos (Guto Barros, Odeid Pomerancblum, Baster Barros), Dany Roland (da banda Metrô, "bela camisa, Fernandinho")

Assinei a trilha incidental e participei da escolha da trilha sonora que é composta por: "Inútil" (Ultraje a Rigor), "Areias escaldantes" (Lulu Santos), "Não vou me adaptar" (Titãs), "Núcleo base" (Ira!), "Longe de Tudo" (Ira!), "Massacre" (Titãs), "Ronaldo foi pra guerra" (Lobão e Os Ronaldos), "Televisão" (Titãs), "Leve desespero" e "Descendo o rio Nilo"(Capital Inicial), "Melodix" (Metrô), "Nós vamos invadir sua praia" (Ultraje a Rigor), "Fire in The Jungle" (May East, Gang 90), "Eu sei, mas eu não sei" (Gang 90 e as Absurdettes), "Mal nenhum" (Lobão e os Ronaldos).

O filme não recebeu o selo da Embrafilme no lançamento e, assim, só conseguiu ser exibido em outros países. Na década de 2000, *Areias escaldantes* foi considerado pela crítica um filme *cult*, sendo relançado no Brasil somente em DVD.

Décadence, meu fim nos Ronaldos

Com a saída de Alice da banda, os Ronaldos excursionaram por todo o país tocando em tudo quanto foi lugar e, naquele clima de exaustão pós-turnê, nos deparamos com o compromisso de gravar o próximo álbum.

Eu havia composto poucas músicas e teria de me virar pra inventar material novo. Até aquele momento só havia feito "Mal nenhum" e recém-acabado "Décadence avec élégance" que compus sob encomenda para uma novela da Globo (*Ti Ti Ti*) e, como já falei antes, foi rejeitada por ser "muito pesada" para o horário.

Tem muita gente que acredita que a canção tenha sido feita para a Monique Evans e, pela enésima vez, juro de pé junto que não foi. Jamais faria uma canção com aquele teor para uma pessoa que amei de verdade e por quem tenho o maior respeito.

Na verdade, eu já estava separado dela quando uma outra namorada minha me flagrou com uma tampa de Minalba cheia de heroína e me passou uma tremenda esculhambação, que aquela situação não poderia ser mais deplorável, decadente etc. e tal.

Aquilo mexeu com meus brios, me envergonhei sinceramente daquela cena caricatural e acabei jogando a tampinha de Minalba cheia de heroína dentro da privada para nunca mais consumir aquela droga.

Todo aquele clima de exaustão somado a meu comportamento insuportável fizeram com que eu fosse merecidamente expulso da banda e só conseguimos gravar aquelas duas canções que se transformariam no epitáfio do meu sonho de fazer parte de uma banda.

O compacto simples saiu com "Décadence", que independente de ser trilha de novela ou não, se transformou de imediato num possante hit radiofônico logo seguida por "Mal nenhum".

A partir dessa ruptura minha vida entraria num grande parafuso e 1986 seria um ano repleto de brigas e encrencas.

Naquele momento de profunda solidão percebi que só restava a mim mesmo começar a pensar em fazer um repertório e encarar a dura realidade de doravante ser um artista solo.

Mas o pior ainda estava por vir...

CAPÍTULO 11

1986

DECLARE GUERRA, RÁDIO PIRATA AO VIVO, PÂNICO EM SP, O FUTURO É VÓRTEX, CABEÇA DINOSSAURO O ROCK ERROU E OUTROS ACERTOS E DESACERTOS

> "O segredo da criatividade é saber como esconder as fontes."
> Albert Einstein

O ano de 1986 já começa com o pé esquerdo: na manhã de 28 de janeiro, após 73 segundos de seu lançamento, o ônibus espacial Challenger vira uma bola de fogo no céu de Cabo Canaveral, em transmissão ao vivo para todo o mundo assistir estarrecido à morte de seus sete tripulantes, fazendo com que a NASA suspendesse por mais de dois anos seu programa espacial.

Já aqui no Brasil, em 28 de fevereiro, o governo de José Sarney implementava o primeiro de muitos pacotões anti-inflação, o patético Plano Cruzado.

Saía o cruzeiro de cena e entrava o cruzado e os fiscais do Sarney a vigiar os preços nas gôndolas de supermercados

É um ano que também consolidará a hegemonia do PMDB na política brasileira quanto a maioria absoluta das cadeiras do Congresso Nacional.

Em novembro, sai o Plano Cruzado II, tentando, debalde, corrigir as cagadas do anterior.

Eram tempos de muita tensão, quando a tarefa de manter o valor do dinheiro e transformá-lo em bens de consumo era uma façanha.

Em 27 de novembro, Brasília vira uma praça de guerra durante o "Badernaço", em que manifestantes pedindo a revogação do Cruzado II entram em confronto com policiais, causando muita destruição e enterrando de vez mais outro plano furado daquele governo que tanto nos afligia e envergonhava.

Neste ano morre a Mãe Menininha do Gantois, o grande Jorge Luiz Borges, um de meus escritores e poetas prediletos, e o lendário apresentador e grande defensor dos verdadeiros valores da música popular brasileira, Flavio Cavalcanti, em cuja última apresentação ao vivo veio a defenestrar o recém-lançado *O rock errou*.

No cinema internacional, David Bowie atua no musical de rock de Julien Temple, *Absolute Beginners*, baseado na obra de Colin MacInnes sobre a vida na movimentada Londres de 1958 e a geração que fundaria o rock'n'roll dos anos 60.

Pedro Almodóvar lança *Matador* com Antonio Banderas e Carmen Maura e aqui no Brasil... Bem, aqui no Brasil aquela pasmaceira de sempre da Embrafilme, patrocinando com nosso rico dinheirinho merdas estratosféricas em todos segmentos.

Como já é de nosso costume aqui, vamos primeiro aos títulos maravilhosos das pornochanchadas deste ano: *Emoções sexuais de um jegue, No calor do buraco, Devassidão total até o último orgasmo, O beijo da mulher piranha, Máfia sexual* etc. e tal.

No segmento pop rock, temos *Rockmania* e no trash horror, o genial Ivan Cardoso vem com *As sete vampiras*. Na seção psicanalítica vamos-discutir-a-relação/papo-cabeça-atarraxar-de-lâmpada, *Eu sei que vou te amar*, de Arnaldo Jabor. Além de *Com licença, eu vou à luta*, de Lui Farias.

O homem da capa preta, de Sérgio Rezende, com José Wilker e *O grande mentecapto*, de Oswaldo Caldeira, (baseado no romance homônimo de Fernando Sabino que, além de um grande escritor, era também um baterista muito competente), com Diogo Vilela, Luiz Fernando Guimarães e Regina Casé são filmes que podem ser colocados, por assim dizer, na categoria de fora da curva em relação a seus pares.

Mas vamos ao que interessa: a música produzida nesse turbulentíssimo e profícuo ano de 1986 ficará na história como o apogeu criativo dessa geração 80 com uma quantidade torrencial de álbuns lançados no mercado, que se tornarão verdadeiros clássicos da música popular brasileira.

Em 11 de fevereiro, mês de carnaval, a Plebe Rude lança um petardo chamado *O concreto já rachou*.

Plebe Rude rachando o concreto

A Plebe Rude já tinha um público grande e fiel e, nos idos de 1982, a recém-formada Legião Urbana abriria o show da banda num célebre festival em Patos de Minas. Logo após o evento ambas as bandas acabaram presas por causa das letras de suas músicas: Plebe por causa de "Voto em branco" e Legião por causa de "Música urbana 2". Quando os policiais souberam que eles eram de Brasília os soltaram, temendo que houvesse entre aqueles moleques o filho de algum figurão poderoso. Isso é que o que pode se chamar de uma carteirada involuntária.

A Plebe fazia parte da lendária turma da colina junto com Aborto Elétrico, Blitx 64, Metralhas, entre outras bandas, ou seja, é uma das mais longevas da rapaziada de Brasília e sempre se caracterizou por sua postura ácida frente ao *status quo* político e social brasileiro, criando verdadeiros brados de revolta com melodias pungentes somadas a batidas vigorosas numa atmosfera de fúria lírica como, por exemplo, nos hinos "Até quando esperar" e "Proteção".

Formada inicialmente por Philippe Seabra, Gutje, André X e Jander Bilaphra, sempre causavam um tremendo impacto por todos os lugares que passavam.

Um fato jocoso: um encontro divisor de águas

A Plebe já havia tocado em todas as danceterias do circuito Rio–São Paulo e, em determinada apresentação no Circo Voador, conheceram Herbert Vianna após um show em que haviam cometido uma furiosa "homenagem" a ele em forma de uma música ("Minha renda"), decalcando o perfil da personalidade do líder dos Paralamas com impressionante precisão.

O surpreendente desdobramento desse primeiro ato (que transformará a ação num episódio digno de um roteiro de pornochanchada) é o Herbert, numa raríssima presença de espírito (e num lance de ilimitada cara de pau) ter se mandado para o show dos caras (tudo indica que já estava determinado a encontrá-los, sabendo de antemão do "presentinho"), aturar a pressão psicológica e emocional de ouvir a tal música em sua "homenagem", rodeado por uma plateia de adolescentes possuídos, esperar o show acabar, ir ao camarim, enfrentar uma densa e inevitável saia justa, para, de forma quase que miraculosa, sair de lá amigo de infância dos rapazes e pasmem(!), com o trato de ser o produtor da Plebe em seu disco de estreia em 1986, tornando-se assim um dos principais responsáveis pelo estouro nacional da banda. Uma façanha digna de toda a nossa admiração.

E aqui está a letra em tributo a Herbert Vianna:

Minha renda
(Philippe Seabra, André X,
Gutje e Jander Bilaphra)

Você me prometeu um apartamento em Ipanema
Iate em Botafogo, se eu entrasse no esquema
Contrato milionário, grana, fama e mulheres
A música não importa, o importante é a renda!
Ambição, grana, fama e você
Ambição, grana, fama e você

Tenho que fazer sucesso antes que seja tarde
Eles acham que eu vendo, eu tenho uma boa imagem
O meu produtor, ele gosta de mim
Grana vale mais que a minha dignidade

Tocar no Chacrinha ou na televisão
tudo isso ajuda pra minha divulgação
isso quer dizer mais grana pra produção e pra mim!

Você me comprou, pôs meu talento à venda
Você me ensinou que o importante é a renda
Contrato milionário, grana, fama e mulheres
A música não importa, o importante é a renda!

Ambição, grana, fama e você
Ambição, grana, fama e você

Ele trocam minhas letras, mudam a harmonia
no compacto está escrito que a música é minha

já sei o que vou fazer pra ganhar muita grana
vou mudar meu nome para Herbert Vianna

Estar no Chacrinha ou na televisão
tudo isso ajuda pra minha divulgação
isso quer dizer mais grana pra produção e pra mim!

Grana, fama e você!

Um lá menor aqui, um coralzinho de fundo (fundo!)
minha letra é muito forte? Se quiser eu a mudo
e tem que ter refrão (sim!) um refrão repetido (repetido!)
pra música vender, tem que ser acessível!

Ambição, grana, fama e você
Ambição, grana, fama e você

Não sei o que fazer, grana tá difícil
tenho que me formar e nem escolhi um ofício
Você é músico, não é revolucionário!
Faça o que eu te digo que te faço milionário!

Estar no Chacrinha ou na televisão (a minha renda)
tudo isso ajuda pra minha divulgação (a minha renda)
isso quer dizer mais grana pra produção e pra mim!

A minha renda!

A mensagem que a canção passa foi interpretada pelos observadores argutos da imprensa (isso não é para rir) como apenas uma brincadeirinha irreverente, irrisória (e com toda certeza, pela banda também!) pelo fato, intuo, de a Plebe Rude não ser uma banda punk de atitude, com letras explícitas e diretas e sim fofos integrantes de uma boyband, aspirantes a subir na vida fazendo piadinhas faceiras, meio inconsequentes, meio de duplo sentido, para quem sabe, depois de um tapinha complacente nas costas, depois de um "deixa disso", conseguir ser encaixada na trilha sonora de algo como *Malhação*. A mensagem é esta, né? Ok, então que ao menos retirassem a canção do disco e a tratassem como uma piada privada, ou que a colocassem de uma vez no Balão Mágico, não faz sentido?

Ou pode ser também (devo admitir com humilde resignação essa outra possibilidade) que eu não tenha tido a capacidade necessária de alcançar a sutileza do real significado da letra, que, na verdade, seja uma rasgada declaração de amor, respeito e admiração eternos e só eu (em virtude das drogas, meu cérebro derreteu) não saquei.

Aceito sugestões.

A Plebe Rude acabou por ser contratada pela EMI via Paralamas e conseguiu lançar um mini LP.

Nota: Após essa sacaneadazinha, eu não poderia deixar de colocar aqui um dos hinos da nossa geração e ratificar o meu respeito e amor por uma banda que escreveu com garra sua história, sua luta e sua música.

Até quando esperar
(Philippe Seabra e André X)

Sei
Não é nossa culpa
Nascemos já com uma bênção
Mas isso não é desculpa
Pela má distribuição

Com tanta riqueza por aí, onde é que está
Cadê sua fração
Com tanta riqueza por aí, onde é que está
Cadê sua fração
Até quando esperar

E cadê a esmola que nós damos
Sem perceber que aquele abençoado
Poderia ter sido você

Com tanta riqueza por aí, onde é que está
Cadê sua fração
Com tanta riqueza por aí, onde é que está
Cadê sua fração

Até quando esperar a plebe ajoelhar
Esperando a ajuda de Deus
Até quando esperar a plebe ajoelhar
Esperando a ajuda de Deus

Posso
Vigiar seu carro
Te pedir trocados
Engraxar seus sapatos
Posso
Vigiar seu carro
Te pedir trocados
Engraxar seus sapatos

Sei
Não é nossa culpa
Nascemos já com uma bênção
Mas isso não é desculpa
Pela má distribuição

Com tanta riqueza por aí, onde é que está
Cadê sua fração
Até quando esperar
A plebe ajoelhar
Esperando a ajuda do divino Deus

 O disco foi produzido por Herbert Vianna e é considerado pela crítica especializada como um dos melhores álbuns brasileiros e está, segundo a revista *Rolling Stone*, entre os cem melhores discos da música brasileira.

Inocentes: Pânico em SP!

Outra gloriosa banda punk que cometerá outro clássico imorredouro da música popular brasileira é a Inocentes, cujo líder e mito Clemente, pai fundador do movimento no Brasil, integrante dos seminais Restos de Nada e Condutores de Cadáver, haverá de num futuro ainda longínquo integrar as hostes do Plebe Rude, substituindo o Ameba.

O disco *Pânico em SP* será cotado pela revista *Rolling Stone* como o sexto melhor disco punk do rock Brasil e haverá de marcar a ferro e fogo corações e mentes de muitos grandes artistas da área, se tornando um modelo presente na criação do *Cabeça dinossauro* dos Titãs, fato esse já admitido pelo que restou da banda (eles são agora uns três, se não me engano, e na época eram 8!)

O disco é iracundo, emocional, inspiradíssimo, com letras sensacionais, que se utilizam daquele expediente do vocal e líder, Clemente, cantar e o coro em seguida repetir, gritando, o que adiciona à execução furibunda dos instrumentos uma dramaticidade de coro de teatro grego.

Abaixo, uma das letras mais dramáticas e pungentes do cancioneiro popular brasileiro.

Pânico em SP
(Clemente)

Pânico em SP, pânico em SP, pânico em SP!
Pânico!
Pânico em SP, pânico em SP, pânico em SP

As sirenes tocaram
As rádios avisaram

Que era pra correr
As pessoas assustadas
E mal informadas
Puseram a fugir... sem saber por quê

Pânico em SP, pânico em SP, pânico em SP
Pânico!

O jornal, o rádio, a televisão
Todos os meios de comunicação
Neles estava estampado
O rosto de medo da população

Pânico em SP, pânico em SP, pânico em SP

Chamaram os bombeiros
Chamaram o exército
Chamaram a polícia militar
Todos armados
Até os dentes
Todos prontos para atirar
havia o quê

Pânico em SP, pânico em SP, pânico em SP

Mas o que eles não sabiam
Aliás o que ninguém sabia
Era o que estava acontecendo
Ou que realmente acontecia

Pânico em SP, pânico em SP, pânico em SP

As faixas "As verdades doem", "Violência e paixão", "Velocidade indefinida", "Rota de colisão", "Vermes", "A face de Deus" foram inseridas posteriormente na versão em CD.

Declare guerra: o Barão está vivo!

Com a saída do Cazuza do Barão Vermelho, que, além de carismático *frontman*, era seu principal letrista (e que letrista!) e levou consigo uma boa parte do repertório do que seria o próximo disco, a banda fica numa situação, no mínimo, muito preocupante. Afinal de contas, não havia como prever a reação dos fãs, nem como Roberto Frejat se sairia assumindo a vaga da protuberante figura do Cazuza.

Pode-se afirmar, com muita tranquilidade, que a segunda encarnação do Barão Vermelho foi um dos feitos mais notáveis da década, desafiando todos os sombrios prognósticos em relação ao futuro do grupo.

A grata surpresa de todos foi a constatação de que na figura, mais sóbria, do possante guitarrista havia, ainda embotado, um grande cantor com uma voz quente, agradável, com um timbre marcante, que muito bem se harmonizava com o som da banda. Além disso, é claro, Frejat exibiu uma assombrosa segurança, assumindo aquela posição tão desafiadora.

É bom ressaltar que, apesar da tumultuada saída do Cazuza, a amizade e a parceria com Frejat continuavam intactas. Contudo, naquele rito de passagem crucial ao Barão, a banda necessitaria de reforços para manter a qualidade das letras, sua marca registrada.

Para isso, foram convocadas as presenças poderosas de Renato Russo, Humberto F., Antonio Cicero, Ezequiel Neves (que também assinaria a produção do disco), Arnaldo Antunes, Denise Barroso (Lonita Renaux) e Júlio Barroso (esses dois últimos, parceiros na canção "Não quero seu perdão", que Frejat havia pinçado do livro póstumo de poesias do Júlio e que muito carinhosamente me permitiria readaptar numa outra música, com outra resolução poética, que viria a ser realizada lá pelos idos de 2004).

Apesar do disco não receber muita atenção nem muita publicidade acabou vendendo mais de 200 mil cópias. Uma grande conquista.

A sonoridade da banda também ficou bem mais definida, a execução instrumental mais sofisticada a nos brindar com aquela benfazeja surpresa. Teríamos, com aquela divisão, duas novas fontes de música e poesia: Cazuza, em sua nova condição de artista solo, e o Barão Vermelho, doravante um grupo com características próprias, caminhando com seus próprios pés.

A música que mais tocou nas rádios foi a faixa-título "Declare guerra" e ouvindo aqui o disco confesso que é impossível não se comover com a coragem de Frejat, um pouco tímido na nova função, mas enfrentando aquele desafio com uma bravura admirável.

É necessário salientar a influência da soul music, do blues, de uma latinidade que algumas horas nos remete ao Santana, mas tudo com uma assinatura muito marcante do que virá a ser o som inconfundível do Barão Vermelho. Frejat tocou guitarra para caralho, com um som, timbre, execução, e fraseados magníficos. Dé Palmeira é um dos grandes baixistas brasileiros não só de sua geração, mas de todos os tempos. Maurício Barros é um mestre do órgão Hammond, sabe tudo. Dá gosto de ouvir. Guto Goffi mostrou-se um baterista que toca para a banda, além de ser compositor de várias faixas.

Ouvir "Não quero seu perdão"(que confesso nunca ter ouvido antes) me pôs a pensar como um poema pode afetar um músico de formas tão diversas. Frejat fez dele um *shuffle up* tempo, alegre, radiante, e eu compus a minha versão para o disco *Canções dentro da noite escura* de 2004, uma roupagem soturna, mágica, delirante, meio trip hop. Fascinante.

Esse álbum seria o último do Barão pela Som Livre.

A voz da razão, O rock errou, Revanche

Quando "Décadence" começou a tocar pesado nas rádios ou seja, poucas semanas após seu lançamento, eu já estava fora dos Ronaldos e muito preocupado em montar um repertório para, num período o mais rápido possível, ainda poder desfrutar da popularidade do single que tinha "Mal nenhum" no lado B. Emendar alguma música do disco novo com o bochicho do compacto me daria muito mais chances de sobreviver àquele vazio de não fazer mais parte de uma banda.

Já estávamos em setembro, outubro daquele ano quando eu e Bernardo Vilhena começamos a engendrar o repertório de um novo projeto.

Bernardo Vilhena voltaria a ter uma presença mais destacada nesse trabalho uma vez que no álbum dos Ronaldos sua participação foi bem menos presente do que no meu disco de estreia.

A ordem do dia era fazer um disco que se destacasse daquele monte de banda que havia invadido o mercado, tentar formar um perfil que, finalmente pudesse englobar o rock como também todas as minhas influências de Dolores Duran, Maysa, samba de raiz, choro. Só não sabia como fazer isso sem soar uma colcha de retalhos.

Como já tínhamos a primeira faixa pronta, "A voz da razão", de 1977, que elegemos como marco zero por se tratar de uma sambão, meio soul, meio rock, meio jazz e que preenchia exatamente nosso conceito do disco. O intento não era, de forma alguma, eliminar o rock, mas deixar de lado aquilo que eu achava estar errado naquele momento no rock.

Quando desfrutamos da alegria de retirar aquela música do fundo do baú, Bernardo me recordou o quanto nós amávamos a Elza Soares, sempre uma referência nas nossas conversas e, por que não convidá-la a participar do disco? Uau! Isso seria um sonho se tornando realidade!

O conceito começava a ganhar vida própria, sambão, Elza Soares, rock...

Errado? Hummmm... Isso dá samba! Um trocadilho perfeito com o conceito perfeito: o rock errou! Começamos de imediato a trabalhar na música.

Bernardo desenvolvia um texto com o qual eu não estava lá muito de acordo, pois naquele momento, gostaria mais de criticar o rock do que de defendê-lo dos já clássicos (pré-)conceitos culturais da academia da MPB, mas foi o que acabou saindo e, por ser uma letra muito poderosa, concedi ao destino que me gritasse ao pé da orelha, me fazendo acordar para o fato de que canção, quando é de verdade, têm vida própria e chega uma hora que você não tem mais nada a ver com aquilo.

No dia seguinte, passamos a outro tema que havíamos escrito, a partir dos nossos papos "filosobólicos" das semanas de imersão, e havia uma recorrência inevitável aos assuntos concernentes à nossa precária realidade política, econômica, social (a inflação galopante, a mentalidade hegemônica do brasileiro "esperto", enfim, essas coisas que estamos fartos de perceber, jamais resolver e que vêm se arrastando inalteradas até os dias de hoje). E nesse amontoado de pensamentos aleatórios tinha um tema lá escrito solto e no caderno uma frase: "A favela é a nova senzala."

Já exauridos daquele intenso dia de trabalho, Bernardo, empolgado com o *insight*, recolhe a solitária frase e vai para casa. No dia seguinte, ainda deitado, vejo uma folha de papel surgir por debaixo da porta do meu quarto.

Era a letra integral de "Revanche". Passei mais de trinta anos com bode dessa música simplesmente porque ela me fazia lembrar de toda a via-crúcis que haveria de ser a trajetória desse disco e todas as suas lamentáveis ramificações, brigas e tudo mais.

Mas seria desonesto da minha parte ignorar a importância que essa canção teve no transcorrer de toda a década, portanto, como para saldar uma velha dívida, vou transcrevê-la aqui.

Revanche
(Bernardo Vilhena)

Eu sei que já faz muito tempo que a gente volta aos princípios
Tentando acertar o passo, usando mil artifícios
Mas sempre alguém tenta um salto, e a gente é que paga por isso
Uôôô, ôôô
Uôôô, ôôô

Fugimos p'ras grandes cidades, bichos do mato em busca do mito
De uma nova sociedade, escravos de um novo rito
Mas se tudo deu errado, quem é que vai pagar por isso?
Quem é que vai pagar por isso? Quem é que vai pagar por isso?
Quem é que vai pagar por isso? Uôôô

Eu não quero mais nenhuma chance, eu não quero mais... revanche
Eu não quero mais nenhuma chance, eu não quero mais...

A favela é a nova senzala, correntes da velha tribo
E a sala é a nova cela, prisioneiros nas grades do vídeo
E se o sol ainda nasce quadrado, a gente ainda paga por isso
E a gente ainda paga por isso, e a gente ainda paga por isso, uôôô

Eu não quero mais nenhuma chance, eu não quero mais... revanche
Eu não quero mais nenhuma chance, eu não quero mais...

Um café, um cigarro, um trago, tudo isso não é vício
São companheiros da solidão, mas isso só foi no início
Hoje em dia somos todos escravos, e quem é que vai pagar por isso
Quem é que vai pagar por isso? Quem é que vai pagar por isso?
Quem é que vai pagar por isso? Uôôô

Eu não quero mais nenhuma chance, eu não quero mais... revanche
Eu não quero mais nenhuma chance, eu não quero mais...
Uôôô, ôôô
Uôôô, ôôô

Pausa para o Baixo Leblon, Cazuza

Naquelas noites chuvosas de agosto costumávamos, como não poderia deixar de ser, perambular pelos bares do Baixo Leblon, cumprindo assim um périplo que começava no Real Astória, passava pelo Diagonal e Pizzaria Guanabara e terminava, para enfiarmos de vez o pé na jaca, varando o dia no lendário People, uma casa onde acontecia de tudo e onde todo mundo ia aprontar algum tipo de cagada qualquer.

Certa noite, estamos eu, Cazuza, Daniele Daumerie e mais outros amigos no subsolo da lendária boate quando determinada diva da MPB, a madrugada já alta, batalhando por um papelote de cocaína, telefona para um traficante lá do subsolo (tinha uma mesa de sinuca lá em baixo) e exige urgentemente que ele compareça ao local com uma "preza" de cocaína.

O sujeito do outro lado, provavelmente já meio de saco cheio, não entende direito o nome do local e a diva, tremelicando de abstinência, grita impaciente ao telefone: "Ô seu menino, num tá ouvindo direito, não? O lugar aqui se chama People. Quer que eu soletre? PÊ-I-PÊ-Ó--U: PI-PÔU, PI-PÔU!!!!"

Acabamos indo pra minha casa e, sob os eflúvios inspiradores (e aspiradores) daquela noite, saíram duas novas canções bem naquele clima: "Baby Lonest" e "Glória" (Junkie bacana).

No estúdio com Elza Soares

O ano de 1985 termina e varamos janeiro de 1986 dentro do estúdio.

Convidamos músicos de outros gêneros musicais para formar a banda: Jurim Moreira, um grande baterista de jazz e MPB, o João Baptista que tocava com o Milton Nascimento há anos (um baixista excepcional que realizaria um solo de baixo memorável em "Revanche") e o Torcuato Mariano, guitarrista monstruoso (argentino radicado havia anos no Brasil) que assumiria de fato a produção musical do disco, criando coisas como o riff da introdução de "Canos silenciosos", além de solos, um fraseado e timbre de guitarra incríveis, além de ter gravado também os teclados.

E será no estúdio da BMG que vou conhecer Elza Soares.

Nosso amor foi à primeira vista. Ficamos horas batendo papo e fazendo scats (estilo improvisado de cantar, produzindo sons aleatórios, usando a voz como se fosse um instrumento musical; surgiu nos Estados Unidos, muito praticado por cantores como Ella Fitzgerald e Louis Armstrong) só para passar o tempo, já que havia um problema com a máquina de gravação.

O tal probleminha, virou um problemão. A máquina quebrou e a sessão estava encerrada. Ficou assim adiada a nossa gravação, para meu desespero e pavor! Depois acabamos marcando uma nova data: 12 de janeiro

Pois bem. No dia 11 de janeiro, o filho da Elza morre num trágico acidente de automóvel. Telefono para ela para reagendarmos a data mais uma vez e, para meu total espanto, ela se recusa a adiar a sessão.

No dia seguinte, Elza chega direto do enterro do filho, adentrando o estúdio para o assombro de todos nós.

Não havia muita coisa a dizer e, sem transição, Elza me pede um favor, que eu lhe dê um tempinho, que coloquem uma fita na máquina e emenda: "Com aquela sua música que diz 'A favela é a nova senzala...', porque eu preciso cantar em cima dela. Não precisa me ensinar a letra. Eu só quero cantar, livre. Só cantar."

O Flavinho Senna, que pilotava a mesa naquele dia, coloca a fita na máquina, e Elza se recolhe no escuro do estúdio.

O clima era de uma tristeza inexprimível, até que, de repente, a música começa a tocar (sem a minha voz), e a voz de Elza rasga o estúdio.

Tenho certeza de que aquele momento foi a coisa mais emocionante e comovente que uma expressão musical já me causara e me causará.

O mais surpreendente na Elza foi a capacidade de ela sair daquele luto de três toneladas para me dar um sorriso de neguinha sapeca e sugerir: "Lupus, querido (ela só me chama de Lupus até hoje), vamos gravar o samba? Quero gravar junto contigo, olho no olho."

Era inimaginável o turbilhão de emoções que invadia o estúdio. Ninguém podia acreditar no que estava vendo! Agora Elza estava pronta, me chamando com as mãos, toda serelepe e fagueira, já esquentando a voz com aqueles trejeitos vocais que só ela sabe emitir.

E nesse clima gravamos os vocais da faixa "A voz da razão".

As gravações do disco terminam. Agora só nos resta mixar e masterizar.

O ROCK ERROU

PRODUZIDO POR GUTI, LENINHA BRANDÃO,
LOBÃO E TORCUATO MARIANO

LADO A

1. ABERTURA (INSTRUMENTAL)
*(João Baptista, Jurim Moreira, Lobão
e Torcuato Mariano)*
2. O ROCK ERROU *(Lobão e Bernardo Vilhena)*
3. A VOZ DA RAZÃO *(Lobão e Bernardo Vilhena)*

RCA VICTOR   1986

4. BABY LONEST
(Ledusha, Cazuza e Lobão)
5. SPRAY JET
(Lobão e Bernardo Vilhena)
6. MOONLIGHT PARANOIA/
SEASONS OF WITHER
*(Joe Perry e Steven Tyler, versão de
Júlio Barroso, Bernardo Vilhena e Lobão)*

GUIA POLITICAMENTE INCORRETO DOS ANOS 80 PELO ROCK

O ROCK ERROU

PRODUZIDO POR GUTI, LENINHA BRANDÃO,
LOBÃO E TORCUATO MARIANO

LADO B

1. REVANCHE
(Lobão e Bernardo Vilhena)
2. NOITE E DIA *(Lobão e Júlio Barroso)*

RCA VICTOR   1986

3. CANOS SILENCIOSOS
(Lobão)
4. GLÓRIA [JUNKIE BACANA]
(Lobão e Cazuza)
5. CLICK
(Lobão e Bernardo Vilhena)

GUIA POLITICAMENTE INCORRETO DOS ANOS 80 PELO ROCK

A capa será motivo de muita polêmica. Sou eu, de padre e Daniele, nua.

Este que vos escreve fazia o vocal e guitarra; Mariano Martinez, a guitarra e os teclados; Torcuato Mariano, a guitarra; Jurim Moreira, a bateria; e João Baptista, o baixo. Em "Moonlight paranoia", Daniele Daumerie fazia vocal. E em "A voz da razão", vocês já sabem: Elza Soares, grandiosa.

O rock errou foi lançado sem receber muita atenção da imprensa, exceto pela capa. Sua vendagem (60 mil cópias) também foi muito tímida em comparação com a média de todas as bandas no mercado. Por exemplo, o Barão Vermelho, mesmo vendendo 200 mil cópias de *Declare guerra*, acabou mudando de gravadora. Ritchie, que vendeu 350 mil cópias do seu segundo disco, teve seu contrato rescindido com a CBS.

Embora com baixa venda e pouca visibilidade na imprensa, o disco conseguiu emplacar "Revanche," "Canos silenciosos", "Noite e dia", "O rock errou" e "Baby Lonest" nas rádios, e as três primeiras ficaram entre as mais tocadas do ano.

Foi nesse 1986 que eu haveria de ser detido no aeroporto do Galeão por porte de um galho de maconha, encontrado no bolso da minha calça, embrulhado num plástico, que através de análise laboratorial descobriram estar impregnado de 0,8 decigramas de cocaína.

Eu seria condenado por esse delito no ano seguinte a um ano de prisão sem direito a liberdade condicional. E passaria mais de cinco anos sendo caçado como um animal, sofrendo inúmeros processos, prisões e cancelamentos de shows em todo o território nacional por ser considerado simplesmente "um mal social".

Nesse ano de 1986, Arnaldo Antunes e Tony Bellotto, dos Titãs, também seriam presos, ambos por porte de heroína. Bellotto será liberado no ato e Arnaldo após uma semana.

Selvagem?, um disco que inaugura no rock elementos brasileiros e temas sociais

Em fevereiro daquele ano de 1986, após João Barone se restabelecer de uma fratura causada por um acidente, Os Paralamas do Sucesso entram no recém-inaugurado estúdio Nas Nuvens (de Liminha e Gilberto Gil) para realizar o seu terceiro disco de carreira, que catapultará o grupo para o rol de uma das bandas de maior prestígio do Brasil.

A imprensa já alardeava, com efusão e expectativa, assegurando que a banda viria com um divisor de águas do rock brasileiro. A excitação era tamanha, que desde janeiro (o disco só sairia em abril) os jornalistas e críticos já preparavam o terreno para o grande público estar emocionalmente pronto para aquele tão ansiado acontecimento.

Um exemplo disso apareceria na coluna de Jamari França, um dos mais influentes críticos de rock do Brasil (e que se tornaria o biógrafo oficial da banda), no *Jornal do Brasil*, a "Rock Clips": "Paralamas já estão com uma demo pronta do LP que começam a gravar em fevereiro, depois do Carnaval: prometem um reggae radical, nada parecido com qualquer som vigente, com letras abrindo para diferenças sociais, e terá uma música do Barone e do Bi, recitada, falando de um cara que entrou para a Marinha porque 'tava a fim de viajar e ficou frustrado por passar o tempo inteiro enfiado no navio descascando batata'. João Barone em fevereiro estará totalmente liberado para shows."

Em outra edição da mesma coluna, em 14/02/86, Jamari França ressalta a presença do grande radialista da Rádio Fluminense, Maurício Valladares (que viria em breve ser considerado uma espécie de quinto elemento da banda; o quarto era o empresário Zé Fortes): "Os Paralamas do Sucesso começam a gravar segunda-feira no estúdio

Nas Nuvens seu terceiro LP, *Selvagem?*, com Liminha na produção. Na quinta que vem, Herbert, Bi, Barone, Zé Fortes e Mauricio Valladares promovem uma festa de reggae no [bar] Mistura Fina Barra com material novo que o Bi acaba de trazer dos Estados Unidos. Mauricio, ex-Rádio Fluminense, é especialista em ritmos negros, e já promoveu duas festas no Crepúsculo de Cubatão [*antiga boate em Copacabana*]. Ressalve-se que os Paralamas participam como pessoas físicas, não haverá show deles."

Ainda no *Jornal do Brasil*, em 28/02/86, o antropólogo Hermano Vianna (então mestrando no Museu Nacional), irmão de Herbert Vianna, escreveria em sua coluna um libelo contra o excessivo apego ao rock inglês em detrimento dos ritmos africanos: "Quem acompanha, com o mínimo de seriedade, a trajetória do pop nos anos 80 sabe que os músicos britânicos vivem atualmente uma descarada falta de criatividade. Não bastam as poses entediadas, as roupas elegantes, os esquisitos cortes de cabelo ou o desesperado esforço de jornais ingleses (e brasileiros) para nos empurrar grupinhos como Jesus and Mary Chain, Cult e comparsas. O rock britânico se contenta com repetições inaturáveis de clichês pós-punks que nos são vendidos como se fossem o máximo da novidade. E muita gente boa cai nesse papo furado. É certo: há anos a vitalidade frequenta outras praias. A música negra internacional vive um de seus períodos mais efervescentes. Do comercial (Aretha Franklin, Tim Maia) ao esotérico (Kassav', Trouble Funk): esta é a trilha sonora deste fim de século."

E termina o artigo assim: "Contra os reverendos do tédio, tristeza, ingenuidade e má poesia, o pop negro contemporâneo deflagra a alegria e o bem viver. Como diz o lema curto e grosso de Gilberto Gil: 'Trocar o logos da posteridade pelo logo da prosperidade.' Não é essa a missão da pós-modernidade?"

É interessante perceber que Gilberto Gil, na época, inaugurando uma aliança que dura até os dias de hoje, deu uma música para Os Paralamas gravarem ("A novidade"). Quando Gilberto Gil assume o Minc, Hermano Vianna se tornará um de seus principais articuladores, justamente no período em que a Lei Rouanet passará a agraciar nomes consagrados da música brasileira, deixando de lado seu principal escopo que sempre foi o de auxiliar artistas desconhecidos, ou em início de carreira, ou museus, bibliotecas, grupos folclóricos etc.

Outro episódio que se tornou um *case* clássico foi a minha manifestação pública (e furiosa) daquilo que entendia como o roubo descarado de conceitos. Tudo indica que eu estava sob efeito de drogas quando tentei mostrar as evidências disso, comparando trechos de "Revanche" e "Alagados".

Vejam só, em "Revanche": "A favela é a nova senzala, correntes da velha tribo/ E a sala é a nova cela, prisioneiros nas grades do vídeo/ E se o sol ainda nasce quadrado, a gente ainda paga por isso."

Em "Alagados": "Todo dia/ O sol da manhã vem e lhes desafia/ Traz do sonho pro mundo/ Quem já não o queria/ Palafitas, trapiches, farrapos/ Filhos da mesma agonia."

Ou de "Canos silenciosos" e "Selvagem".

Em Canos Silenciosos: "Correria na esquina/ Ninguém mais entra, ninguém mais sai/ Homens, fardas, cassetetes, camburões/ Abusando da lei com suas poderosas credenciais."

Em "Selvagem": "A polícia apresenta suas armas/ Escudos transparentes, cassetetes/ Capacetes reluzentes/ E a determinação de manter tudo/ Em seu lugar."

Estou colocando toda essa encrenca aqui porque foi um episódio protuberante na época. Hoje não tenho o menor interesse em querer provar mais nada, apenas mostrar o que se sucedeu naquele

momento por ser, no mínimo, algo interessante e que traz em seu bojo (e isso, sim, é o mais importante) o florescimento exponencial do corporativismo e da promiscuidade entre imprensa, rádios e determinados grupos de artistas reunidos no intuito de engendrar um plano de poder que dura até os dias de hoje.

Armando Marçal fazia a percussão em "Alagados", "Teerã" e "Você"; Liminha, os teclados em "Alagados", "Teerã", "Você" e "A novidade", e guitar phaser em "Alagados", com Gilberto Gil no vocal também nessa faixa.

Selvagem? foi um grande sucesso de crítica e público, vendendo mais de 750 mil cópias e emplacando nas rádios hits como "Alagados", "A novidade", "Melô do marinheiro", "Selvagem" e "Você" e está na lista dos cem melhores discos da música brasileira feita pela revista *Rolling Stone*, ocupando a 39º posição.

Aqui transcrevo uma letra bastante representativa do disco.

Selvagem
(Herbert Vianna)

A polícia apresenta suas armas
Escudos transparentes, cassetetes
Capacetes reluzentes
E a determinação de manter tudo
Em seu lugar

O governo apresenta suas armas
Discurso reticente, novidade inconsistente
E a liberdade cai por terra
Aos pés de um filme de Godard

A cidade apresenta suas armas
Meninos nos sinais, mendigos pelos cantos
E o espanto está nos olhos de quem vê
O grande monstro a se criar

Os negros apresentam suas armas
As costas marcadas, as mãos calejadas
E a esperteza que só tem quem tá
Cansado de apanhar

A produção de discos antológicos em 1986 é um fato inédito

Marina Lima está no apogeu de sua popularidade e lançará neste ano seu sétimo álbum, *Todas ao vivo*, celebrando o estrondoso sucesso de seu homônimo gravado em estúdio no ano anterior.

É curioso perceber que, a partir dessa encrenca envolvendo os lançamentos de *O rock errou* e *Selvagem?*, seguidos de meu piripaque público, pessoas muito ligadas a mim começaram a se afastar. Marina foi uma delas. Eu devia estar insuportável mesmo.

Todas ao vivo receberá disco de platina pelas 250 mil cópias vendidas seguindo o rastro do sucesso de *Todas* (1985) e *Fullgás* (1984).

TODAS AO VIVO

PRODUZIDO POR MÁRCIA ALVAREZ

LADO A

1. PRA COMEÇAR
(Marina Lima e Antonio Cicero)
2. AINDA É CEDO
(Ico Ouro-Preto, Dado Villa-Lobos, Renato Russo e Marcelo Bonfá)

PHILIPS   1986

3. VENENO [VELENO]
(Alfredo Polacci, versão de Nelson Motta)
4. NOITE E DIA/ME CHAMA
(Lobão e Júlio Barroso)
5. DIFÍCIL
(Marina Lima e Antonio Cicero)

TODAS AO VIVO

PRODUZIDO POR MÁRCIA ALVAREZ

LADO B

1. LADY SINGS THE BLUES [DOIDA DE RACHAR]
(Billie Holiday, Herbie Nichols e Donald Fagen, versão de Marina Lima)
2. FULLGÁS (Marina Lima e Antonio Cicero)

PHILIPS   1986

3. NADA POR MIM
(Herbert Vianna e Paula Toller)
4. EU TE AMO VOCÊ
(Kiko Zambianchi)
5. PÕE PRA FORA
(Marina Lima e Antonio Cicero)

Lulu Santos estreia nova gravadora

Lulu (não confundir com o do Lou Reed em parceria com o Metallica) foi o álbum de estreia na BMG e o quinto da carreira de Lulu Santos. Mesmo não estando tão em evidência por ter que dividir as atenções com tantos outros megalançamentos nesse ano, Lulu consegue fincar seu nome no hit parede colocando "Casa", "Condição", "Minha vida" e "Um pro outro" entre as mais tocadas do ano, já se encaminhando para sedimentar sua excelência como hitmaker e ser reconhecido como o rei do pop brasileiro.

Chico e Caetano num programa mensal na Globo

Em abril de 1986, a Rede Globo lança um programa mensal em horário nobre (depois da novela das oito) criado por Daniel Filho e escrito por Luiz Carlos Maciel e Nelson Motta, em que Chico Buarque e Caetano Veloso receberão grandes nomes da música brasileira.

Um programa de auditório desprovido das célebres "macacas" que reinavam soberanas em todos os programas de auditório do Brasil exalava uma atmosfera chique, de elite branca do Leblon, refestelada nas poltronas do agora defunto teatro Fênix para assistir, em estado de êxtase, a performances fofas, descontraídas, improvisadas até, em que Caetano Veloso provocava Chico com sua timidez, transformando esse gracejo num mote-fofura.

No transcorrer desse ano, a Globo produzirá uma série de nove programas até novembro, quando saiu um disco pela Som Livre com um apanhado dos melhores momentos da série.

Desses nove programas, os fatos mais interessantes foram a não apresentação de Tim Maia que chegou a ensaiar na véspera e acabou desistindo. O primeiro programa também teve problemas com a

Polícia Federal, que vetou a música "Merda" de Luiz Caldas e Rita Lee que supostamente fazia referência ao uso de drogas: "Nem a loucura do amor/da maconha, do pó/ do tabaco e do álcool/ vale a loucura do amor." A canção, banida do programa, acabaria por ser incluída no disco no fim de ano.

Dos nove convidados, houve a presença de dois roqueiros! Um deles foi o Cazuza que naturalmente acabou por interpretar um belo samba-canção de Nelson Cavaquinho chamado "Luz negra", mostrando que, para ser considerado por aquela espécie de cátedra acadêmica da "boa música brasileira", ele, Cazuza, sim, seria muito bem-vindo, contanto que cantasse algo que envergasse a dignidade intelectual e o DNA da nossa verdadeira pureza cultural, requerida por aquele simpósio de luminárias da canção brasileira. Seria até insólito, naquele ano de 1986, imaginar alguém tocando rock num programa dessa natureza.

Se fosse resumir a "mensagem semiológica" de um programa dessa natureza seria: o rock invadiu a música brasileira, então vamos chamar os caciques da MPB para colocar ordem no galinheiro, enaltecendo os predicados perenes da nossa brasilidade, e os roqueiros, em seu devido lugar.

O outro "roqueiro" convidado era o fenômeno Paulo Ricardo, líder do RPM. Em recente enquete, um jornal carioca perguntava a várias celebridades qual seria a qualidade mais marcante do cantor e baixista, já que ele era lindo, sexy, fofo, falava inglês, tocava baixo muito bem, era excelente letrista, cantava de forma mesmerizante, e por aí afora.

E como não poderia deixar de ser, uma das celebridades incluídas nessa enquetes era o próprio Caetano que respondeu, com aquela ambiguidade canalha de sempre, que dentre todas as qualidades de Paulo Ricardo, seus ombros realmente eram uma coisa linda.

Como intuiu na piada algum cerne de sórdida eficácia, Caetano acabou repetindo a dose numa apresentação, de voz e violão, onde resolveu interpretar, também do mesmo modo fofo-escrachado "Olhar 43", incluindo o já célebre elogio aos ombros de Paulo logo no início.

Com o bochicho da blague, acontece o impensável: Paulo Ricardo é convidado para participar do programa num momento que tinha pelo menos uns dez mega-hits estourados por todo Brasil num tributo a... Caetano Veloso(!). E aí dá-se o seguinte: Caetano começa cantando a canção e, de súbito, entra Paulo Ricardo... de ombreiras protuberantes, se senta ao lado do mestre e põe-se a homenageá-lo, dedicando-se com ardor na interpretação de "London, London", sob os melífluos e devoradores olhares de Caetano que, de quando em vez, colhia Paulinho entre os braços assim com a morte carrega um incauto em pleno sono.

Pelo menos era exatamente essa sensação que tive ao assistir àquele programa, blasfemando de terror: "Fodeu pra esse cara!"

Afinal de contas eu era uma flor de paranoia, não é mesmo?

O auge e o fim do RPM

Nos dias 26 e 27 de maio, o RPM realizará uma super megaprodução que consistirá em gravar seu segundo disco de carreira, *Rádio Pirata ao vivo*, em duas ousadas e espetaculares apresentações no Pavilhão de Exposições do Anhembi, SP.

O segundo disco de carreira de um artista é o seu momento mais delicado. É aquele trabalho de confirmação de que o sucesso de seu primeiro projeto não foi um produto efêmero: o segundo disco é justamente a plataforma de condução à terra firme do reconhecimento e do prestígio do público e da crítica. Pelo menos era assim até bem pouco tempo.

Pois bem, se resolvermos traçar essa trilha de pensamento, constataremos de cara, nesse lançamento ao vivo, um sinal muito perigoso de imprudência, ingenuidade e uma certa arrogância.

Um disco ao vivo é uma espécie de celebração, um balanço de um período, um fechamento de ciclo para realizar um rito de passagem à próxima etapa da carreira. Pelo menos, sempre foi assim, desde os anos 70. Portanto, lançar um segundo disco ao vivo, com todas as mesmas faixas do disco anterior, já em fase de saturação devido à superexposição da pesada execução no rádio e da onipresença do artista em apresentações na tevê, desgastando sua imagem, é um projeto arriscado, que pode deparar com a exaustão por parte do público e causar um colapso fatal de carreira.

Ainda havia a falsa certeza de segurança, dada pelo nome do megaempresário Manoel Poladian por trás da banda (e bota por trás disso!) E o prestigioso nome de Ney Matogrosso a dar uma aura de dignidade e excelência, assinando o mirabolante projeto de iluminação do espetáculo.

Como farejar algum fracasso?

Some-se a isso o vodu urubulizante da concorrência, os suspeitos elogios claviculares, a crítica especializada, olhando de soslaio para aquele sucessão todo de meu Deus. Já no início do ano, naquela coluna de jornal, Hermano Vianna, desde então, profeta da negritude luminária do rock de bermudas, eminência parda de Gilberto Gil e definidor de tendências do metiê, vaticinava sub-reptício que banda com gente bonita, branca, de gola rolê, ombreiras, tocando tecnopop, haveria de ter seu passaporte garantido com destino carimbado para o oblívio.

O negócio agora era olhar para o Brasil, o samba, o soul, muito embora, nesse caso, fosse um Brasil localizado no Caribe.

O RPM era uma banda marcada para evaporar.

Polícia para quem precisa! Polícia para quem precisa de polícia!

Após o sucesso discreto do último disco *Televisão*, os Titãs voltam à cena com o álbum mais inspirado, furioso e proeminente de suas carreiras: *Cabeça dinossauro*.

É um *turning point* de artistas que remodelariam por completo seus conceitos musicais e até mesmo comportamentais. Em *Cabeça dinossauro*, os Titãs soarão muito semelhantes aos Inocentes, e isso será considerado um respeitoso tributo, muito embora a banda não tenha manifestado essa nobre deferência, pelo menos durante o período de consagração do disco.

É o momento também que se sedimentará a união das três bandas que se tornarão conhecidas como o triunvirato do rock nacional: Paralamas, Titãs e Legião, que doravante deterão uma espécie de hegemonia no espaço da crítica especializada.

O disco é espesso, denso e, ao mesmo tempo, ainda carrega aquele humor insólito que sempre marcou a banda. Além disso, o grupo mostra uma multiplicidade evidente nos diferentes estilos de cada compositor e no rodízio dos vocalistas, ao mesmo tempo que mantém uma incrível unidade.

Na minha opinião, os Titãs adquiriram com esse disco todos os atributos e predicados para se poder chamar de uma banda absolutamente original, não importando o grau de incidência (nefasta) que o Liminha possa ter imprimido nas gravações (regravando várias faixas na calada da noite) ou pela tal decantada "influência" dos Inocentes.

O momento criativo daqueles oito sujeitos estava à prova de qualquer tropeço, mesmo tendo todos nós que enfrentar um oceano de precariedades e negativas no nosso dia a dia de roqueiro brasileiro.

Quero deixar claro que ando meio de mal com os Titãs desde que nos distanciamos, justamente nesses idos de 1986, mas não posso negar a explosão de emoção, de felicidade e de muito orgulho (e de amor) por que passei ao colocar aqui em casa o *Cabeça* para tocar.

É um disco soberbo, letras espetaculares, intepretações bíblicas. Um disco foda.

São esses fenômenos que contrariaram todas as expectativas e que fizeram dos anos 80 uma assombração benfazeja em toda a música popular brasileira.

Cabeça dinossauro está incluído pela revista *Rolling Stone* entre os cem melhores discos da música popular brasileira ocupando o 19º lugar.

Fica difícil pinçar uma letra mais "representativa" desse disco, mas vou ficar com "Polícia".

Polícia
(Tony Bellotto)

Dizem que ela existe
Pra ajudar!
Dizem que ela existe
Pra proteger!
Eu sei que ela pode
Te parar!
Eu sei que ela pode
Te prender!

Polícia!
Para quem precisa
Polícia!

Para quem precisa
De polícia

Polícia!
Para quem precisa
Polícia!
Para quem precisa
De polícia

Dizem pra você
Obedecer!
Dizem pra você
Responder!
Dizem pra você
Cooperar!
Dizem pra você
Respeitar!

Polícia!
Para quem precisa
Polícia!
Para quem precisa
De polícia

Polícia!

FICHA TÉCNICA
ARNALDO ANTUNES, BRANCO MELLO, NANDO REIS, PAULO MIKLOS E SÉRGIO BRITTO: VOZ | CHARLES GAVIN: BATERIA E A PERCUSSÃO | MARCELO FROMER: GUITARRA BASE E A GUITARRA SOLO ("IGREJA" E "FAMÍLIA") | TONY BELOTTO: GUITARRA SOLO E A GUITARRA BASE ("IGREJA" E "FAMÍLIA") | NANDO REIS E PAULO MIKLOS: BAIXO | SÉRGIO BRITTO: TECLADOS. | LIMINHA: GUITARRA ("FAMÍLIA") E ("O QUE"), PERCUSSÃO ("CABEÇA DINOSSAURO") E DMX, DRUMULATOR E EFEITOS ("O QUE"). | REPOLHO: CASTANHOLAS ("HOMEM PRIMATA")

Renato Russo: aparece a voz de uma geração

O *Dois*, segundo álbum do Legião Urbana, sedimentará a posição de Renato Russo como o arauto de uma geração. Sua capacidade de hipnotizar multidões de fãs nos shows e de escrever canções com temas tão diversos e, por vezes, bem complicados (quando não quilométricos) desafia todos os tabus e dogmas do mercado, colocando assim a indústria fonográfica, seus conceitos, interesses e amarras numa situação extremamente vulnerável.

Aliás, a produção vertiginosa desse ano de 1986, com discos de uma qualidade artística fora do comum e fora do controle tanto das gravadoras quanto dos caciques da MPB, desenhariam uma paisagem complexa difícil de decifrar, quanto mais de prever o que estaria por acontecer e até quando aquele quadro se sustentaria... se é que se sustentaria.

Dois venderá mais de um milhão e meio de cópias, e "Eduardo e Mônica", uma música sem refrão, uma historinha cantada, nem os mais argutos visionários poderiam prever esse assombroso sucesso, daria ao álbum uma aura de singularidade, de realização praticamente impossível de alcançar.

Uma outra característica da banda é o fato de ter uma primariedade instrumental, com muito material de escancarada influência, e, no entanto, mesmo assim, ter também uma assinatura única.

Certa vez, quando tive a oportunidade de me aproximar do Renato (já um pouco tarde, em 1995), discutimos sobre o fato dos músicos dos anos 80 serem mais limitados, e ele me deu uma explicação muito convincente, dizendo que o músico "de excelência" brasileiro era, como no futebol, muito indisciplinado, primando sempre por exibir seus dotes musicais em primeiro lugar, desatento com o resultado sonoro do grupo.

Chegou a comentar com ironia que havia escolhido uns timbres de cordas bem simples de teclado, pois sabia que obteria um resultado muito mais contundente do que chamar uma sessão inteira de cordas com aquele monte de músico olhando para o relógio ou com fone de ouvido, ouvindo jogo de futebol. E isso é a mais pura verdade.

No Brasil, geralmente, o músico ou é um acrobata que despeja indiscriminadamente um monte de notas ou um burocrata sem saco que vai lá no estúdio bater ponto.

DOIS

PRODUZIDO POR MAYRTON BAHIA

LADO A

1. DANIEL NA COVA DOS LEÕES
(Renato Russo e Renato Rocha)
2. QUASE SEM QUERER
(Dado Villa-Lobos, Renato Russo e Renato Rocha)

EMI-ODEON — 1986

3. ACRILIC ON CANVAS
(Dado Villa-Lobos, Renato Russo, Renato Rocha e Marcelo Bonfá)
4. EDUARDO E MÔNICA
(Renato Russo)
5. CENTRAL DO BRASIL
(Renato Russo)
6. TEMPO PERDIDO
(Renato Russo)

GUIA POLITICAMENTE INCORRETO DOS ANOS 80 PELO ROCK

DOIS

PRODUZIDO POR MAYRTON BAHIA

LADO B

1. METRÓPOLE
(Renato Russo)
2. PLANTAS EMBAIXO DO AQUÁRIO
(Dado Villa-Lobos, Renato Russo, Renato Rocha e Marcelo Bonfá)

EMI-ODEON — 1986

3. MÚSICA URBANA 2
(Renato Russo)
4. ANDREA DORIA
(Dado Villa-Lobos, Renato Russo e Marcelo Bonfá)
5. FÁBRICA
(Renato Russo)
6. ÍNDIOS
(Renato Russo)

GUIA POLITICAMENTE INCORRETO DOS ANOS 80 PELO ROCK

A faixa "Química", de Renato Russo, foi um bônus apenas da versão tape.

E para representar tudo isso que se falou nada mais representativo que a letra de "Eduardo e Mônica".

Eduardo e Mônica
(Renato Russo)

Quem um dia irá dizer
Que existe razão
Nas coisas feitas pelo coração?
E quem irá dizer
Que não existe razão?

Eduardo abriu os olhos, mas não quis se levantar
Ficou deitado e viu que horas eram
Enquanto Mônica tomava um conhaque
No outro canto da cidade, como eles disseram

Eduardo e Mônica um dia se encontraram sem querer
E conversaram muito mesmo pra tentar se conhecer
Carinha do cursinho do Eduardo que disse
"Tem uma festa legal, e a gente quer se divertir"

Festa estranha, com gente esquisita
"Eu não tô legal, não aguento mais birita"
E a Mônica riu, e quis saber um pouco mais
Sobre o boyzinho que tentava impressionar
E o Eduardo, meio tonto, só pensava em ir pra casa
"É quase duas, eu vou me ferrar"

Eduardo e Mônica trocaram telefone
Depois telefonaram e decidiram se encontrar
O Eduardo sugeriu uma lanchonete
Mas a Mônica queria ver o filme do Godard

Se encontraram, então, no parque da cidade
A Mônica de moto e o Eduardo de camelo
O Eduardo achou estranho e melhor não comentar
Mas a menina tinha tinta no cabelo

Eduardo e Mônica eram nada parecidos
Ela era de leão e ele tinha dezesseis
Ela fazia medicina e falava alemão
E ele ainda nas aulinhas de inglês

Ela gostava do Bandeira e do Bauhaus
Van Gogh e dos Mutantes, de Caetano e de Rimbaud
E o Eduardo gostava de novela
E jogava futebol de botão com seu avô

Ela falava coisas sobre o Planalto Central
Também magia e meditação
E o Eduardo ainda tava no esquema
Escola, cinema, clube, televisão

E mesmo com tudo diferente, veio mesmo, de repente
Uma vontade de se ver
E os dois se encontravam todo dia
E a vontade crescia, como tinha de ser

Eduardo e Mônica fizeram natação, fotografia
Teatro, artesanato, e foram viajar
A Mônica explicava pro Eduardo
Coisas sobre o céu, a terra, a água e o ar

Ele aprendeu a beber, deixou o cabelo crescer
E decidiu trabalhar (não!)
E ela se formou no mesmo mês
Que ele passou no vestibular

E os dois comemoraram juntos
E também brigaram juntos muitas vezes depois
E todo mundo diz que ele completa ela
E vice-versa, que nem feijão com arroz

Construíram uma casa uns dois anos atrás
Mais ou menos quando os gêmeos vieram
Batalharam grana, seguraram legal
A barra mais pesada que tiveram

Eduardo e Mônica voltaram pra Brasília
E a nossa amizade dá saudade no verão
Só que nessas férias, não vão viajar
Porque o filhinho do Eduardo tá de recuperação

E quem um dia irá dizer
Que existe razão
Nas coisas feitas pelo coração?
E quem irá dizer
Que não existe razão?

Vivendo e não aprendendo

Finalmente, depois de muita estrada o Ira! consegue alcançar um lugar de destaque nacional. O álbum *Vivendo e não aprendendo* será considerado pela crítica especializada como o melhor disco nacional dos anos 80 (por conter muitas faixas que se tornaram grandes sucessos).

Além de ser o mais célebre e aclamado, também foi o álbum que teve maior sucesso de vendas da banda até o seu *Acústico MTV*, em 2004. No entanto, como pensar em numerar os discos no Brasil (assim com o famigerado jabá nas rádios e tevês) era um dos maiores tabus a se discutir, os números das vendas sempre variavam muito de acordo com as preferências do freguês e por isso *Vivendo e não aprendendo* para alguns vendeu 180 mil cópias, para outros 250 mil.

Por esse preocupante problema de possíveis e (gigantescas) adulterações nos números de vendas de disco, a classe artística volta a se reunir em massa e nosso quartel-general é a casa do Chico Buarque, onde toda a fauna e a flora da música nativa comparece durante um curto período e se evapora em seguida, quando vários artistas começaram a receber ameaças veladas por parte de executivos de gravadoras que iam da perda de contrato até a explícita ameaça de morte.

Voltando a *Vivendo e não aprendendo*, o projeto recebeu um belo tratamento enquanto uma produção mais esmerada, com direito até a uma sessão de cordas para a gravação da faixa "Flores em você" (haveremos sempre de recordar que os orçamentos para grupos de rock, mesmo com aquele enorme sucesso, continuavam muito abaixo das produções consideradas brasileiras de verdade), que virou abertura de novela das oito, *O outro*, e esse fato foi um dos grandes responsáveis pela visibilidade nacional que a banda doravante usufruiria.

"Flores em você" ficará entre as canções mais executadas no ano seguinte, aparecendo como 13º colocada.

O disco produzirá poderosos hits, verdadeiros hinos como "Pobre paulista", "Dias de luta", "Envelheço na cidade", e o grupo enfrentará a já famosa tirania do então Midas da música brasileira, o produtor Liminha, que jamais pensou em se mostrar sensível às preferências ou conceitos dos artistas produzidos por ele (eu teria várias amargas experiências em estúdio sob sua batuta).

Alguns se submetiam; outros se rebelavam. O Ira! queria uma sonoridade mais próxima de sua banda favorita (The Jam). Contudo Liminha achava desafinada a sonoridade que o grupo tentava extrair no estúdio.

Liminha reproduzirá uma hegemonia sonora nas feituras dos discos. Muito semelhante ao reinado de Lincoln Olivetti nos anos 70. Tudo que se ouvia no rádio era a cara do Liminha que não raro gostava de regravar os instrumentos de seus produzidos pela madrugada, na privacidade de seu estúdio (Nas Nuvens).

E havia um agravante: Edgard Scandurra, o multi-instrumentista (foi baterista da lendária banda punk As Mercenárias) mais exuberante de toda uma geração, e que encarnava o clássico arquétipo do *guitar hero*, integrante do Ira! e principal compositor da banda. Mesmo com todo esse cabedal, não foi ouvido,

Esse fator foi um dos motivos de não termos desenvolvido uma sonoridade própria como cultura que adoraríamos, se tivéssemos liberdade para experimentar sons e combinações novas.

Portanto, a relação da banda com Liminha ficou insustentável e as gravações tiveram que ser transferidas para São Paulo sob o comando de Pena Schmidt.

O Ira! também será o primeiro grande nome da cena a se rebelar durante um especial de Natal do *Cassino do Chacrinha*.

Afinal de contas, apesar de todas as televisões possuírem a tecnologia para produzir especiais de música, 95% dos programas eram realizados sob a execrável forma de miseráveis *playbacks*. Uma honrosa exceção foi o programa da Globo *Mixto quente*, com supervisão de Nelson Motta e direção de Roberto Talma, uma superprodução gravada na praia do Pepino e depois na Macumba (a produção teve que mudar porque houve muita reclamação em relação ao barulho e à multidão que comparecia).

As bandas brasileiras teriam de se adaptar a todos esses enormes obstáculos que vieram a entravar sua evolução natural, dando assim um sabor a mais de heroísmo à história (pelo menos isso).

O disco *Vivendo e não aprendendo* haveria de entrar para a lista da revista *Rolling Stone* como um dos cem melhores discos da música brasileira ficando na 94º posição.

Sendo assim, nesse cenário caótico e exuberante de 1986, tínhamos mais um super grupo cravado na constelação dos astros do rock brasileiro.

E aqui vai uma letra dessa canção pungente que é

Dias de luta
(Edgard Scandurra)

Só depois de muito tempo
Fui entender aquele homem
Eu queria ouvir muito
Mas ele me disse pouco...

Quando se sabe ouvir
Não precisam muitas palavras
Muito tempo eu levei

Pra entender que nada sei
Que nada sei!...

Só depois de muito tempo
Comecei a entender
Como será meu futuro
Como será o seu...

Se meu filho nem nasceu
Eu ainda sou o filho
Se hoje canto essa canção
O que cantarei depois?
Cantar depois!...

Se sou eu ainda jovem
Passando por cima de tudo
Se hoje canto essa canção
O que cantarei depois?...

FICHA TÉCNICA
NASI: VOZ | EDGARD SCANDURRA: GUITARRA E VIOLÃO | RICARDO GASPA: BAIXO | ANDRÉ JUNG: BATERIA

Longe demais das capitais, o Sul aparece no mapa do Brasil

A RCA/ BMG havia jogado uma tarrafa enorme nas plagas do Rio Grande do Sul, realizando um compilado de bandas da região com nomes como TNT, Replicantes, Garotos da Rua, DeFalla e entre elas estavam os Engenheiros do Hawaii que, por já possuírem um público fiel e vigoroso, facilitaram a escolha da companhia em pinçá-los da coletânea para que realizassem seu primeiro álbum.

Sendo assim, o trio gaúcho então formado por Humberto Gessinger no vocal e guitarra, Marcelo Pitz no baixo e Carlos Maltz na bateria e percussão gravaria o álbum *Longe demais das capitais*, que colocaria o nome da banda no mapa do já congestionadíssimo cenário do rock brasileiro daquele período.

No entanto, antes mesmo de iniciarem as gravações do disco, o baixista Marcelo Pitz deixa a banda e Humberto passa a tocar baixo, e posteriormente o Gustavo Licks entra na guitarra. As letras dos Engenheiros são cheias de citações literárias como "Todo mundo é uma ilha", que faz referência a um trecho de um poema de John Donne que afirma o contrário: "Nenhum homem é uma ilha". Esse poeta também inspirou o título do livro de Ernest Hemingway, *Por quem os sinos dobram*.

O refrão de "Crônica" ("Você, que tem ideias modernas,/ É o mesmo homem que vivia nas cavernas") é uma citação do livro *Segundo diário mínimo*, de Umberto Eco.

A banda se diz influenciada por The Police, Os Paralamas, Tropicalismo, Pink Floyd, Rush entre outros.

Reproduzirei aqui a letra de "Toda a forma de poder" que é uma das músicas que mais me tocaram dos Engenheiros.

Toda forma de poder
(Humberto Gessinger)

Eu presto atenção no que eles dizem
Mas eles não dizem nada (Yeah, yeah)
Fidel e Pinochet tiram sarro de você que não faz nada
(Yeah, yeah)
E eu começo a achar normal que algum boçal
Atire bombas na embaixada
(Yeah yeah, uôô, uôô)

Se tudo passa, talvez você passe por aqui
E me faça esquecer tudo que eu vi
Se tudo passa, talvez você passe por aqui
E me faça esquecer

Toda forma de poder é uma forma de morrer por nada
(Yeah, yeah)
Toda forma de conduta se transforma numa luta armada (Uôô, uôô)
A história se repete
Mas a força deixa a história mal contada

Se tudo passa, talvez você passe por aqui
E me faça esquecer tudo que eu vi
Se tudo passa, talvez você passe por aqui
E me faça esquecer

E o fascismo é fascinante
Deixa a gente ignorante e fascinada (Uôô, uôô)
É tão fácil ir adiante e se esquecer (Uôô, yeah)
Que a coisa toda tá errada
Eu presto atenção no que eles dizem
Mas eles não dizem nada, nada, não

Se tudo passa, talvez você passe por aqui
E me faça esquecer tudo que eu vi
Se tudo passa, talvez você passe por aqui
E me faça esquecer

Se tudo passa, talvez você passe por aqui
E me faça esquecer tudo que eu vi
Se tudo passa, talvez você passe por aqui
E me faça esquecer

(Yeah, yeah, uôô)

Gessinger investido de um carisma da mesma cepa de Renato Russo magnetizará seguidores fiéis transformando a adoração aos Engenheiros numa espécie de culto.

FICHA TÉCNICA
HUMBERTO GESSINGER: VOZ E GUITARRA | MARCELO PITZ: BAIXO | CARLOS MALTZ: BATERIA E PERCUSSÃO | MANITO: SAX ("SEGURANÇA") | NEI LISBOA: VOCAIS ("TODA FORMA DE PODER")

O ano está terminando e ainda temos os discos do Sepultura, Ratos do Porão, Camisa de Vênus e Replicantes

Morbid Visions é o disco de estreia da banda mineira Sepultura lançado em 1986 pela Cogumelo Produções. Gravado em Belo Horizonte ainda com um inglês arranhado, usando frases do Celtic Frost ou Venon.

É um disco bastante precário de death metal com uma produção paupérrima, numa era pré Andreas Kisser, com Jairo Guedez na guitarra, Max Cavalera no vocal e guitarra, Igor Cavalera na bateria e Paulo Jr. (único sócio-fundador restante na banda nos dias de hoje) no baixo.

Ele não surfa nada!

O futuro é vórtex será o disco de estreia do genial quarteto gaúcho formado por Wander Wildner no vocal, Cláudio Heinz na guitarra, Heron Heinz no baixo e Carlos Gerbase na bateria, que será lançado pela gravadora deles, a Vórtex junto com a RCA, que investia todas as fichas no segmento, muito embora de maneira bastante descontrolada e, por que não dizer, descuidada.

Depois da estreia em Porto Alegre, por volta de 1984, no lendário bar Ocidente, os Replicantes gravam a música "Nicotina" num estúdio de jingle com ajuda do produtor Carlos Eduardo Miranda e levam a fita para tocar numa rádio de rock gaúcha, a atualmente finada Ipanema FM, então recém-criada e que logo começou a rodar a faixa na programação.

MORBID VISIONS

PRODUZIDO POR SEPULTURA, EDUARDO
SANTOS E ZÉ "HEAVY" LUIZ
LADO A

1. MORBID VISIONS
2. MAYHEM

COGUMELO PRODUÇÕES **1986**

3. TROOPS OF DOOM
4. WAR
(Todas as músicas de Sepultura)

GUIA POLITICAMENTE INCORRETO DOS ANOS 80 PELO ROCK

MORBID VISIONS

PRODUZIDO POR SEPULTURA, EDUARDO
SANTOS E ZÉ "HEAVY" LUIZ
LADO B

1. CRUCIFIXION
2. SHOW ME THE WRATH

COGUMELO PRODUÇÕES **1986**

3. FUNERAL RITES
4. EMPIRE OF THE DAMNED
(Todas as músicas de Sepultura)

GUIA POLITICAMENTE INCORRETO DOS ANOS 80 PELO ROCK

"Nicotina" será a primeira música com direito a videoclipe na cena gaúcha e na sequência lançam outro videoclipe de "Surfista calhorda", que será o grande hino da banda.

Com o bochicho, a RCA contrata a banda que grava *O futuro é vórtex* em São Paulo. "Surfista calhorda" e "A verdadeira corrida espacial" são selecionadas para entrar no compiladão (também chamado de "cabeça de porco") da BMG das bandas do sul, aquele já mencionado no qual fizeram parte também os Engenheiros do Hawaii.

"Surfista calhorda" se torna um hit em todas as rádios do Brasil e a RCA decide lançar o disco dos Replicantes.

O futuro é vórtex será eleito pela revista *Rolling Stone* como o 8º melhor disco de punk rock do Brasil.

E com vocês...

Surfista calhorda
(Carlos Gerbase)

Réqui na caranga muito louca pra dar banda
Cheque na carteira recheada de baranga
Prancha importada assombrando a meninada
Corpo de atleta e rosto de Baby Johnson

É, mas quando entra na água
Erra na primeira braçada
É, ele não vale uma naba
Ele não surfa nada, ele não surfa nada

Tem duas surfshops que só abrem ao meio-dia
Vive da herança milionária de uma tia
Vai pra Nova York estudar advocacia

O FUTURO É VÓRTEX

PRODUZIDO POR CARLOS MALULY

LADO A

1. BOY DO SUBTERRÂNEO
(Heron Heinz e Carlos Gerbase)
2. SURFISTA CALHORDA
(Heron Heinz e Carlos Gerbase)

RCA/BMG — 1986

3. HIPPIE-PUNK-RAJNEESH
(Heron Heinz e Carlos Gerbase)
4. ONE PLAYER
(Carlos Gerbase e Claúdio Heinz)
5. A VERDADEIRA CORRIDA ESPACIAL
(Carlos Gerbase e Claúdio Heinz)
6. O FUTURO É VÓRTEX
(Heron Heinz e Carlos Gerbase)

GUIA POLITICAMENTE INCORRETO DOS ANOS 80 PELO ROCK

O FUTURO É VÓRTEX

PRODUZIDO POR CARLOS MALULY

LADO B

1. CHOQUE
(Heron Heinz e Carlos Gerbase)
2. ELE QUER SER PUNK
(Cláudio e Heron Heinz)
3. MOTEL DA ESQUINA *(Cláudio Heinz)*

RCA/BMG — 1986

4. MULHER ENRUSTIDA *(Cláudio e Heron Heinz)*
5. HARDCORE *(Heron Heinz e Carlos Gerbase)*
6. O BANCO *(Heron Heinz e Luciana Tomasi)*
7. CENSOR *(Heron Heinz e Carlos Gerbase)*
8. POR QUE NÃO *(Heron e Cláudio Heinz e Carlos Gerbase)*

GUIA POLITICAMENTE INCORRETO DOS ANOS 80 PELO ROCK

Ah, surfista calhorda
Vai surfar lá pra borda
Vai, surfista calhorda
Vai, vai, vai, vai

Descanse em paz

É um disco dos Ratos de Porão que causará uma tremenda confusão com o movimento que os acusa de traidores (putz, que movimentinho pentelho!) em virtude de a banda se inclinar para o trash (os punks parecem até a MPB procurando uma pureza de estilo).

Com João Gordo nos vocais, Jão na guitarra, Jabá no baixo e Spaghetti na bateria, *Descanse em paz* é uma chinelada sonora, podreira pura e furibunda que permitirá à banda dar prosseguimento na evolução de seu som para cada vez mais se firmarem aqui e fora do Brasil como uma banda de crossover trash mundialmente reconhecida

O Ratos de Porão é uma banda antológica, uma das melhores bandas do Brasil de todos os tempos.

Aqui vai a letra catártica da faixa "Descanse em paz" (e para os policiais de plantão, a concordância às vezes é mesmo *sui generis*).

Descanse em paz
(Letra dos Ratos de Porão)

Não tem remédio gesto que ajuda
Quando o mal é tristeza e o sentimento é culpa
Tristeza dói, e eu não sabia
Pensei que era forte, oh ironia da vida
Dormir pra acordar e tudo fazer um pesadelo
Errei de novo, suas coisas tão do mesmo jeito

Cobertor, travesseiro na cama ainda vazia
O nada e o silêncio num quarto sem alegria
É irmão nem mesmo eu sabia
Quanta falta faria seu sorriso prum bom dia
Não vai mais gritar gol vendo os porco balançar a rede
Não vai zoar ganhando o jogo do game
O que que se fez com a gente oh, desculpa
Se não fui suficiente pra suprir a sua angústia
Por ter esquecido que a pior depressão não fala...
Perdeu pro desespero eu não posso fazer mais nada.

Não sei se vou resistir
Como me desfazer de ti?
Mas vou tentar seguir mesmo sem forças
Até quem sabe um dia

Agora nada mais importa e só me resta chorar
Lágrimas não te traz de volta pra eu poder me desculpar
E ter tentado impedir teu fim sem ninguém
Se confortar que cada um escolhe o destino que tem
Sozinho fica difícil é quente, quem a solidão
Optou foi por não ver segurança na multidão
Onde prioriza as nota e por ela faz guerra
Pra ver que nada importa só quando a vida vai nessa
Fatos tem versões múltiplas que a verdade oculta
E pune de forma injusta quem precisava de ajuda
Discrimina com preconceitos, falso, ignorante
Que sem conhecimento crucifica o semelhante
É tarde pra se arrepender do que não fez
E aprender que perdão não se deixa pro dia seguinte

Reavalia rancores do passado que mata
O depressivo ilhado afogado em mágoas
Tudo que eu não queria, irmão, era ver a
Bandeira do seu quarto cobrindo seu caixão
Seu retrato entre as flores, um triste sorriso
Porque me deixou sozinho
O sol não tem mais brilho, os dias são sem planos
E o que conforta é crer que a mãe tá te esperando
Vou continuar aqui pelas sobrinhas que cê tanto amou
Contando os dias pra te ver de novo, rô!

Não sei se vou resistir
Como me desfazer de ti
Mas vou tentar seguir mesmo sem forças
Até quem sabe um dia

Acho que não sabia o quanto sua presença
Era importante pra nós, enfim eu te amo
Eu te perdoo irmão...

Correndo risco

E fechando esse turbulento, sofrido e profícuo ano de 1986 já em novembro, no apagar das luzes, o Camisa de Vênus lançará seu disco mais protuberante, comercialmente falando, na sua estreia pela WEA.

É o disco mais bem-cuidado, bem produzido e também o mais orquestrado da banda, com direito a orquestra na faixa "A ferro e fogo".

O disco consegue galgar as paradas de sucesso com "Só o fim" (que é um decalque explícito de "Gimme Shelter" dos Stones), "Simca Chambord" e "Deus me dê grana".

Aqui vai a letra de "Simca Chambord".

Simca Chambord
(Marcelo Nova)

Um dia me pai chegou em casa,
nos idos de 63
E da porta ele gritou orgulhoso,
Agora chegou a nossa vez
Eu vou ser o maior, comprei um
Simca Chambord
O inverno veio impedir o meu namoro no jardim
Mas a gente fugia de noite
Numa fissura que não tinha fim
Na garagem da vovó
Tinha o banco do Simca Chambord
Fazendo Simca Chambord
Fazendo Simca Chambord
Fazendo Simca Chambord
Fazendo Simca Chambord

Meu pai comprou um carro,
Ele se chama Simca Chambord
E no caminho da escola eu ia tão contente
Pois não tinha nenhum carro
Que fosse na minha frente
Nem Gordini nem Ford
O bom era o Simca Chambord
O presidente João Goulart
um dia falou na TV
Que a gente ia ter muita grana
Para fazer o que bem entender
Eu vi um futuro melhor,
no painel do meu Simca Chambord
Fazendo Simca Chambord
Fazendo Simca Chambord
Fazendo Simca Chambord
Fazendo Simca Chambord

Meu pai comprou um carro,
Ele se chama Simca Chambord
Mas eis que de repente, foi dado um alerta
Ninguém saía de casa e as ruas
ficaram desertas
Eu me senti tão só, dentro do
Simca Chambord
Tudo isso aconteceu há mais de vinte anos
Vieram jipes e tanques que
mudaram os nossos planos
Eles fizeram pior
Acabaram com o Simca Chambord

Acabaram com o Simca Chambord
Acabaram com o Simca Chambord
Acabaram com o Simca Chambord

Eles fizeram pior
Acabaram com o Simca Chambord
Acabaram com o Simca Chambord
Acabaram com o Simca Chambord
Acabaram com o Simca Chambord
Acabaram com o Simca Chambord
Eles fizeram pior

CORRENDO RISCO

PRODUZIDO POR PENA SCHMIDT

LADO A

1. SIMCA CHAMBORD
(Marcelo Nova, Gustavo Mullem, Karl Hummel e Miguel Cordeiro)
2. MÃO CATÓLICA (Marcelo Nova, Gustavo Mullem e Karl Hummel)

WEA 1986

3. MORTE AO ANOITECER
(Marcelo Nova, Gustavo Mullem e Karl Hummel)
4. DEUS ME DÊ GRANA
(Marcelo Nova, Gustavo Mullem e Karl Hummel)
5. OURO DE TOLO
(Raul Seixas)

GUIA POLITICAMENTE INCORRETO DOS ANOS 80 PELO ROCK

CORRENDO RISCO

PRODUZIDO POR PENA SCHMIDT

LADO B

1. SÓ O FIM
(Marcelo Nova, Gustavo Mullem e Karl Hummel)
2. O QUE É QUE EU TENHO QUE FAZER?
(Marcelo Nova e Robério Santana)

WEA 1986

3. TUDO OU NADA
(Marcelo Nova, Gustavo Mullem e Karl Hummel)
4. A FERRO E FOGO
(Marcelo Nova, Gustavo Mullem e Karl Hummel)

GUIA POLITICAMENTE INCORRETO DOS ANOS 80 PELO ROCK

CAPÍTULO 12

1987

QUE PAÍS É ESTE?, SEXO!!, JESUS NÃO TEM DENTES NO PAÍS DOS BANGUELAS E VIDA BANDIDA

> "Tentativa e erro é liberdade."
> Nassim Nicholas Taleb

O ano rompia em meio ao desgosto do povo brasileiro sentindo na própria carne o desastre econômico perpetrado pelo governo Sarney através de inúmeras medidas ineficazes para conter a disparada da inflação (a daquele ano alcançaria a marca de 363,41%) provocando o sumiço de vários produtos das prateleiras dos supermercados e acirrando ainda mais a insatisfação e a indignação por um governo pífio e inoperante cujo slogan era "Tudo Pelo Social".

O mais patético era testemunhar alguns segmentos da sociedade, emitindo eloquentes sinais de saudade da ditadura deixando o cidadão comum (como eu) num estado de tensão e desesperança.

Analisando aqueles dias pela ótica de hoje, seria difícil de imaginar que o então presidente José Sarney, apedrejado no dia 25 de junho daquele ano por grupos orquestrados pelo PT e pela CUT, se tornaria um dos principais aliados (e gurus) de Luís Inácio Lula da Silva e que este usaria a múmia maranhense, como seu conselheiro e articulador, apagando subitamente de sua memória o fato deste senhor de caudaloso bigode ser um dos maiores coronéis no país, figura onipotente no estado mais pobre da federação, responsável por uma das mais graves crises econômicas da história (somente suplantada pela que o PT nos imporia trinta anos mais tarde).

Realmente havemos de admitir que o Brasil não é para amadores.

Ainda viveríamos outro drama terrível naquele ano com o episódio do vazamento de material radioativo causado por catadores de ferro-velho que desencavaram um aparelho hospitalar utilizado em radioterapias (e que jamais deveria descansar num ferro-velho!) e inadvertidamente puseram-se a desmontá-lo.

O dono do ferro-velho, Devair Ferreira, admirado por aquele exótico metal macio de coloração prateado-dourada (Césio 137) correu a mostrar o achado para seus vizinhos e sua família. Sua mulher Gabriela e sua filha Leide morreram e outras centenas de pessoas foram severamente afetadas pelo contato. Durval morreria em 1994 em virtude das sequelas deixadas pela exposição ao Césio. Esse acidente seria classificado como nível 5 (numa escala de 0 a 7) na Escala Internacional de Acidentes Nucleares.

Em 1987, o mundo inteiro vive momentos de extrema gravidade e a histórica queda da bolsa de Nova York, que ficou conhecida como Black Monday, se destaca como um de seus piores. O Dow Jones despenca abaixo de 508 pontos naquela maldita segunda-feira, causando desempregos, desvalorização do dólar, desaceleração na economia americana e, por conseguinte, na mundial.

Na URSS Gorbachev inicia a implementação da Glasnost, uma espécie de liberalização da economia soviética que desaguaria no fim do regime comunista dentro dos próximos três anos com a queda do muro de Berlim.

Enquanto isso, aqui pelo Brasil, Xuxa se consagra como a Rainha dos Baixinhos se tornando a campeã absoluta de vendas de discos com 2,7 milhões de cópias vendidas em todo o país.

Esse não deveria ter sido um sinal muito esquisito para a indústria fonográfica?

Os jovens ainda ouvem rádio nesse ano e o veículo ainda é um item de vital importância para determinar a existência ou não de um artista popular.

As mais ouvidas eram a Rádio Cidade e a Transamérica em vários estados do Brasil e em São Paulo, a Jovem Pan e a 89, conhecida também como a Rádio Rock.

No cinema internacional era o ano de *Platoon*, *O último imperador*, *A missão*, *Robocop*, *Máquina mortífera*, *Os intocáveis* e *Atração fatal*.

No Brasil morre o astro de *Pixote, a lei do mais fraco*, Fernando Ramos da Silva, na miséria, no esquecimento e no abandono.

Dentre outros nomes que morreram naquele ano também estavam o do grande poeta Carlos Drummond de Andrade, do escritor e antropólogo Gilberto Freyre, do pintor e papa da pop arte nova-iorquina Andy Warhol, da atriz Rita Hayworth, do megadançarino e ator Fred Astaire e do general Golbery do Couto Silva, eternizado como o gênio da raça, epíteto este concedido por Glauber Rocha.

Pausa para reflexão: é necessário dar um rolé no hit parade das rádios no Brasil

A Cor do Som ("Nova cor" ou "Como queria John Lennon"), 14 Bis ("Mais uma vez") e Roupa Nova ("Volta pra mim", "De volta pro futuro", "A força do amor") mostram provas de vigor e resiliência, marcando presença constante nas paradas de sucesso, embora com discreta participação nos bochichos da mídia.

Havia também a presença de nomes como Markinhos Moura, Nico Rezende, Peninha, Menudo, Maria Bethânia, Roberto Carlos, Sandra Sá, Milton Nascimento, Simone e Rosana.

Do rock brasileiro temos uma invasão massiva no hit parade: Capital Inicial, Nenhum de Nós, Kiko Zambianchi, Os Paralamas, Legião Urbana, Cazuza, Marina, Egotrip, Eduardo Dusek, Erasmo Carlos, Engenheiros do Hawaii, Garotos da Rua, Guilherme Arantes, Rita Lee e Roberto de Carvalho, Plebe Rude, Rádio Taxi, Evandro Mesquita, Celso Blues Boy, Lulu Santos, a parceria entre RPM e Milton Nascimento, entre outros.

Destaques na MPB

Milton Nascimento lança seu álbum *Yauaretê* depois da tentativa frustrada em prosseguir a parceria com o RPM, da qual resultou apenas num compacto com as faixas "Homo Sapiens" e "Feito nós". Nesse obscuro álbum, contará com as ilustres participações de Wayne Shorter, Herbie Hancock e Paul Simon, além da parceria com Cat Stevens na letra de "Mountain".

Apesar de todo o esmero e cuidado da produção, o disco não obteve muita atenção por parte da mídia e do público.

Roberto Carlos, por sua vez, lança um álbum cujo título é seu nome apenas e que nos oferece já na faixa de abertura uma surpresa: "Tô chutando lata", uma musiquinha pífia se você imaginasse qualquer outro a interpretando, mas que, para os anêmicos parâmetros robertocárlicos, representava a magnitude de um hardcore!

Outro fato curioso é que a faixa "Careta", que abria o lado B, será excluída do relançamento do disco em CD na caixa *Para sempre anos 80* por Roberto ter sido processado por Sebastião Braga com a acusação de plágio de uma canção chamada "Loucuras de amor".

Chico Buarque, mais deprimido que nunca, lança o minguado e inexpressivo *Francisco*. Se Chico "empolgado" já é uma das coisas mais entediantes de se ouvir, imaginem um Chico fazendo um disco desmotivado, já se sabendo destituído de sua função de revolucionário de plantão por toda uma nova geração que não admitia mais engolir aquilo?

Gilberto Gil amplia seus horizontes internacionais, gravando um disco ao vivo em Tókio. Aliás Gil se tornará figura importante no quesito turnê internacional. Será ele um dos grandes responsáveis por carimbar quase todas as apresentações no exterior de grandes nomes brasileiros, principalmente no Festival de Montreux, quiçá por sua estreita amizade com o criador do Festival, o saudoso e ilustre Claude Nobs.

Essa aproximação resultará na presença de astros nativos no prestigioso festival, além de Gil passar a receber em Montreux nomes como Baby Consuelo, Pepeu Gomes. Elis Regina, Titãs, Rita Lee, Elba Ramalho, Marisa Monte, Lulu Santos, Milton Nascimento, Os Paralamas do Sucesso, e grupo de axé É o Tchan entre muitos outros.

Já Caetano Veloso lança por aqui o seu álbum *José*, incluindo faixas como "Eu sou neguinha", "Giulietta Masina" (um belo tributo à grande atriz, musa e esposa de Federico Fellini), "Depois que o Ilê passar" e uma regravação de Erasmo e Roberto, "Fera ferida".

O interessante desse disco é a faixa-título ("José") em que Caetano incorpora um personagem bíblico para expressar uma crise pessoal. O arranjo da música é simples: violão entrelaçado por uma linha de baixo concebida pelo genial e saudoso Tavinho Fialho, além de percussão incidental. A letra é sincera e dolorosa: "Estou no fundo do poço/ Meu grito lixa o céu seco/ O tempo espicha mas ouço o eco/ Qual será o Egito que responde/ E se esconde no futuro?/ O poço é escuro, mas o Egito resplandece/ No meu umbigo, e o sinal que vejo é esse/ De um fado certo/ Enquanto espero/Só comigo e mal comigo/ No umbigo do deserto."

Acredito que se Caetano deixasse de ansiar tanto pelo afã de ser moderno e gravasse "José" só com seu violão, o resultado soaria mais sincero, mais dramático e mais emocionante.

É notória a situação até então inédita vivida pelos grandes craques da canção. Roberto Carlos, por exemplo, dentro da própria gravadora, teve que experimentar ser ultrapassado em vendas por Ritchie, e logo em seguida pelo RPM. Chico Buarque perdeu a voz de comando como eterno arauto contra a ditadura para vozes bem mais possantes, honestas e mais inspiradas que vinham de inúmeras bandas e artistas oriundos de um estilo pelo qual sempre mostrou desprezo. Milton também tentou uma parceria meio forçada com o RPM que não deu certo. Caetano tentava se enturmar e Gil se associar. O futuro era incerto.

Muito rico esse preciso momento em que flagramos a incrível sincronia entre o fundo do poço dos grandes nomes da MPB, às bordas da obsolescência, e os roqueiros dissidentes culturais em seu máximo esplendor e prestígio intelectual.

Mas isso seria apenas uma curva no caminho, pois um fenômeno como esse não teria como se estabelecer de verdade, num lugar com o perfil histórico, psicológico, ideológico e cultural como o Brasil. O rock como meio de expressão cosmopolita contemporâneo só se estabelece em lugares onde haja um influxo maior de ânsia por transformação. O Brasil é e sempre foi um cemitério de vontade em se transformar ou crescer.

Por isso tratamos morbidamente essas lesmas culturais a pires de leite.

E por falar em futuro incerto... Gang 90, Blitz, RPM, Ritchie: o rock apresenta suas baixas

Em 1987 podemos contar um número significativo de grandes nomes do rock desaparecendo em curtíssimo espaço de tempo, seja lá por quais fossem os motivos. A Gang 90 sem o Júlio se esvaiu em tentativas vãs de sobreviver, a Blitz, encerrada num projeto meio que infanto-juvenil, foi perdendo a essência genial do gigantesco potencial criativo da banda. Ritchie, já fora da CBS, ejetado devido a tenebrosas orquestrações, lançava seu novo disco pela Polygram com a pecha (injusta) de cantor brega. Mais outro ano e meu querido amigo será relegado ao esquecimento que durará muitos anos.

O próximo na fila da dissolução será o RPM, fato impossível sequer de se imaginar, mesmo no transcorrer daquele ano cruel de 1987.

A banda passava por uma situação delicada, com seus membros desejando obter uma visibilidade parecida com a do líder Paulo Ricardo (decerto, também querendo cantar em algumas faixas) e isso vai atrapalhar ainda mais uma estrutura já melindrada por sérias brigas com os programadores das rádios (vira e mexe, tínhamos que fazer shows monumentais, de graça, para as rádios ganharem fortunas e assim permitirem a execução de nossas músicas de trabalho). Eles se recusavam a se render às exigências das rádios (absurdas e indecentes, diga-se de passagem) por ingenuamente acreditarem estar imunes às corriqueiras falcatruas devido à duvidosa condição de mega-astros do rock, o que é um superestimar-se típico, acreditando-se *to big to fail* (muito grande para fracassar).

Some-se a esses incidentes a data de renovação de contrato com a gravadora, que já não os via com bons olhos. Devem ter exigido o padrão de Roberto Carlos (com toda justiça, aliás), e o resultado é que a gravadora começou a percebê-los como um estorvo e para se tornarem mais um descarte era só uma questão de tempo.

O primeiro passo para o abismo foi a malfadada tentativa de fazer um disco em parceria com o Milton Nascimento, (já mencionado anteriormente), que acabaria encolhendo para um compacto simples, uma estratégia a princípio aparentemente muito inteligente no que tange ao fato de haver na empreitada um rito de "legitimação", de autenticidade perante os olhos da academia da MPB, e assim obter o passaporte para o seleto rol dos "respeitáveis" e da tão almejada estabilidade em meio aos incertos e traiçoeiros rumos da canção popular no Brasil. Ledo engano.

Acrescente-se mais outro ingrediente a essa salada de fracassos: a tentativa (teoricamente brilhante) de alcançar a independência artística através da criação de sua própria gravadora, a RPM Discos, um selo que acabou implodindo por conflitos internos entre seus integrantes, que já naquela altura dos acontecimentos haviam perdido muito do discernimento e serenidade requeridos para arcar com semelhante ousadia.

O selo lança o grupo do ex-Titãs Ciro Pessoa, Cabine C, que sai prensado e distribuído pela RCA. O resultado é um portentoso fracasso de vendas.

Foi a gota d'água para o grupo que se desfaz no final de 1987.

Tentaram voltar em 1988 com o disco *Os quatro coiotes*, mas já era tarde, pois como já diz Nietzsche: "Nenhum vencedor acredita no acaso."

E nesse rescaldo continuam aparecendo novas bandas, mas num ritmo menor

Nesse ano aparecerão na cena algumas bandas que engatarão algum sucesso como os Inimigos do Rei (quem não se lembra de "Adelaide", a anã paraguaia?!), os gaúchos do Nenhum de Nós, que teve um resultado de vendas meio tímido do seu primeiro álbum, mas, como uma bomba de efeito retardado, a canção "Camila" estourará em todas as rádios do país, se tornando uma das músicas mais executadas de 88 e 89.

Outra banda que se agiganta com um público cada vez maior em seus shows é o Biquini Cavadão, que já tinha um grande sucesso, "Tédio", puxando seu disco de 86 (*Cidades em torrente*), cuja primeira faixa "Múmia" contava com a participação de Renato Russo.

O disco da banda de 87, *A era de incerteza*, não terá a mesma projeção do anterior, mas ajuda o grupo a se sedimentar perante a seu público.

Esse ano também sedimentaria a fase new romantic por aqui no Brasil, (que se juntaria aos góticos darks etc.), contrariando as expectativas do visionário Hermano Vianna.

Seu grande representante foi o grupo Zero, criado das cinzas do Lux, banda punk, jazz, new wave de São Paulo em atividade desde 1978 e rebatizada de Ultimato por Fabio Golfetti. Junto com Beto Birger, Cláudio Souza, Giles Eduar e Nelson Coelho, Fabio convocou o vocalista Guilherme Isnard de outra banda marcante no underground de São Paulo, os Voluntários da Pátria, e formou o Zero.

Essa banda também participou do primeiro álbum de May East (ex-Gang 90) chamado *Remota batucada*, atuando na faixa "Caim e Abel".

Uma ramificação desse projeto foi o nascimento do Violeta de Outono, outra magnífica e importantíssima banda de rock psicodélico, também fundada por Fabio, e mais tarde Beto Birger se juntaria à banda Nau, da nossa saudosa Vange Leonel.

Pois bem, o Zero lança seu segundo álbum pela EMI, *Carne humana*, depois de seu primeiro EP, em 1985, *Passos no escuro*, ter estourado, ganhando o disco de ouro (cem mil cópias) com sucessos como "Formosa" e "Agora eu sei", contando com a participação de Paulo Ricardo.

Carne humana não obterá o mesmo sucesso do EP, mas mesmo assim emplacará "Quimeras" e "A luta e o prazer" nas paradas das rádios do Brasil.

É interessante notar o volume de canções com temas filosóficos e citações literárias que essa geração produziu.

Buscando a vida bandida nas manhãs do tempo

Às vezes quando vou me deitar, entro num estado de sonolência reflexiva onde percebo que tudo o que é passado não possuí mais uma linearidade lógica.

Ou seja, tudo o que deixa de ser momento presente cai em algum "lugar" onde não importa mais a ordem entre o que se viveu há um segundo ou o que aconteceu antes dos dinossauros: o passado transforma todos os eventos vividos numa indistinguível massa de saudade e repulsa, atirada num imensurável limbo psíquico.

Quem sabe a energia escura não seja justamente esse aglomerado crescente de memórias dos eventos, se inflando para gerar paraísos?

O que nos afasta é também o que nos aproxima.

As galáxias se afastam umas das outras em velocidades cada vez mais atordoantes e, no entanto, ninguém pode afirmar que não estejam rumando céleres para se abraçar nos confins do universo.

O conceito de sequência temporal só faz sentido enquanto dedicamos nossa atenção em existir no momento presente.

O passado não pertence a esse domínio presencial do indivíduo que é o instante.

O passado é coletivo por abranger tudo de tudo, muito além do que nós mesmos pensamos que somos.

Por isso é tão complexo e maravilhoso ser só.

Mas o futuro é mais difuso, mais enganador; é quase sempre refém de uma trapaça da imaginação.

Portanto, é o passado que, em meio a essa massa latejante de acontecimentos sentidos, vividos, explodidos, derretidos, sugados e atirados seja lá aonde for, reaparece quando gritamos por ele, como um eco perdido saído das manhãs do tempo.

E por isso a tentativa e erro é nossa maior ponte para o fazer: o passado está ali para nos ensinar.

O futuro a Deus pertence.

E o homem sábio já aprendeu por todas as tragédias pelo destino a ele impingidas que não se deve brincar de deus.

O homem sábio se preocupa em fazer, observando o que perdeu.

O bobo insiste em adivinhar o futuro, teorizando o que jamais acertará.

Talvez, por tudo isso, não haja estilo sem fracasso.

Talvez, por reconhecer tudo isso, eu seja um conservador.

Um perfeito desastre em plena busca por um desastre perfeito

Cada vez mais desligado de meu grupo de colegas de segmento e frustrado com o resultado sonoro do meu disco anterior, concluo que devo procurar me apoiar numa função da qual tenha amplo domínio, uma vez que (como já disse anteriormente) não era exatamente um cantor, nem um letrista, ou sequer um guitarrista. Eu funcionava apenas com o meu mínimo e isso já estava me deixando irritado.

Assim, decidi comprar uma bateria e voltar a tocar cinco horas por dia na minha nova casa na mesma rua Visconde de Itaúna, há menos de 30 metros da antiga. Lá havia espaço e privacidade para que me pusesse a praticar meu instrumento-matriz outra vez.

Com esse mesmo foco, deixei um pouco a guitarra de lado e passei a voltar a tocar meu velho e bom violão onde me sentia muito mais à vontade.

A minha maior obsessão era conseguir uma sonoridade própria no estúdio pois já havia percebido que o papel de produtor num disco de rock tem o peso de autor também.

Afinal, quem endereça a música do seu disco aos ouvidos do público é justamente o produtor. Ou seja, escolher o tamanho da sala em que você quer colocar o seu relato sonoro, os timbres de cada instrumento, as linhas de cada instrumento, a combinação e o equilíbrio entre eles definirá com tanta ou mais relevância tudo aquilo que está incluído na sua música ou nos versos da sua canção.

A procura obstinada por esses conceitos me persegue até os dias de hoje, e somente nos últimos dois anos é que posso afirmar a vocês ter conseguido o pleno domínio sobre tudo que envolve a criação, gravação e produção, me tornando assim um dos mais felizes *control freaks* que já conheci.

Música é o oposto de democracia e o que vale é a nossa vontade.

E foi assim que atingi à absoluta alegria e prazer do meu tão amado ofício: fazendo tudo sozinho.

Todavia, voltando aos meados de 1987, isso era uma absoluta utopia, eu era um rapaz muito limitado mesmo, contudo, o fato de começar a voltar a tocar meus instrumentos fundamentais me facilitaria um pouco as coisas.

Com um mês de práticas "baterísticas", já havia readquirido minha fluidez no instrumento e já compunha levadas baseadas em todos aqueles conceitos mais recentes de produzir um som que soasse pesado, mas que pudesse nele habitar implícito um sotaque diferenciado.

E assim criei uma levada inspirada no John Bonham (o Bonzo do Led Zeppelin) anexada a minhas experiências empíricas de levada de escola de samba.

Minha missão era tentar retirar os floreios dos desenhos e trabalhar com o núcleo dos acentos que davam a característica do samba. Em outras palavras, queria fazer o samba soar como algo que fosse tocado com fúria, e reto, aparentemente sem nenhum suingue (de preferência).

Suingue zero era minha meta.

Com um arsenal de levadas e alguns teminhas no violão, achei que já era hora de chamar o Bernardo para começarmos a elaborar o conceito do novo álbum.

Apresentando minha levada a ele, foi inevitável pensar em morro, malandragem, e ele desencavou um poema que havia escrito lá pelos idos de 1976, que se chamava "Vida bandida".

Quando bati os olhos naquilo, intuí ser algo na medida certa para aquela batida.

Para encaixar a letra na batida, bastou dar uma "gaguejada", repetindo algumas sílabas que, em termos sonoros, fariam o papel da linha dos tamborins numa escola de samba, ou seja, o verso original "a cara do cara caído", ficaria a "cara do cara, a cara do cara caído". E "Vida bandida", "Vida, vidá, vidá, vida Bandida".

Como a música deveria ter uma base mínima, passei uma tarde elaborando na guitarra os riffs meio zeppelinianos para dali sair o que chamaria de um heavy samba.

Nascia dessa forma, "Vida bandida" tal como a conhecemos.

Quero ressaltar ao meu querido leitor que, no processo criativo, não raro lançamos mão de uma série de citações para metabolizarmos tudo aquilo e assim vermos nascer algo totalmente novo. Um trabalho que envolva arte requer necessariamente que você perceba estar se confrontando com algo original, nunca com uma colcha de retalhos. A diferença é essa.

Na empolgação com o nascimento do que nós dois entendíamos por um verdadeiro achado conceitual, logo no dia seguinte mostro ao Bernardo o protótipo de um refrão que eu deixara de fora de "Vida bandida" e que me fazia lembrar muito "Lay Lady Lay", do Bob Dylan, e em cima dessa base harmônica, coloquei uma melodia que soava muito cativante.

É muito bom quando começamos a compor partindo de um refrão que sabemos ser eficaz, emocional ou coisa parecida e esse era o caso. Refrão em lá? Por que não "costurar" os estribilhos com um groove parado no mi? E para dar uma sofisticada, usar meu então acorde predileto (ré com baixo em sol), usado em "Me chama" e em "Revanche"? Achava que esse acorde me fazia lembrar algo meio Toninho Horta. E como um mestre cuca sonoro, adicionei o tal acorde "toninhohórtico" ao final de cada compasso em mi.

Com aquela colcha pronta, o Bernardo me propõe fazer uma gozação sobre a caricatura que estavam tentando fazer da minha imagem, pois a minha detenção recente no aeroporto e as brigas constantes com colegas, acusando-os sem cerimônia de "Zeligs do Caribe" ou de "detentores de carisma de garçom de chá das cinco", me levaram a um estado de beligerância com a imprensa que dura até os dias de hoje.

Essa jocosa condição nos levou a cogitar a elaboração de uns primeiros versos, que saíram assim: "Se ninguém olha quando você passa/ Você logo diz/ tô carente,/ sou manchete popular/ Já me cansei de toda essa tolice, babaquice/ dessa eterna falta do que falar."

E Bernardo, inspirado esboça o refrão: "Vida louca vida, vida breve/ Ninguém vai nos perdoar/ Nosso crime não compensa/ Vida louca vida, ninguém vai nos perdoar/ Quero que você me leve", e pedi a ele que tentasse se valer mais daquela torrente de rimas excepcionais e as reagrupasse de uma forma mais sonora. Ele voltou com o refrão definido: "Vida louca vida, vida breve/ Já que eu não posso te levar/ Quero que você me leve/ Vida louca vida, vida imensa/ Ninguém vai nos perdoar/ Nosso crime não compensa".

O resto da letra saiu de torrente, em quinze minutos, um dia após o nascimento de "Vida bandida", nascia sua irmãzinha, "Vida louca vida".

Quando a gente está mesmo dentro de nosso ofício é inevitável intuir quando realizamos coisas eficazes ou não, e naquele caso pressentimos que acabáramos de fazer dois hits. Já éramos dois macacos velhos na profissão e tínhamos a nítida convicção do poder daquelas duas canções.

No dia seguinte, fiz um tema no meu violão de aço que me fazia lembrar um choro que eu misturara com uma estrutura country. Assim Bernardo aproveitou a deixa para escrever "Chorando no campo".

Com aquele entusiasmo todo, enfileiramos numa semana "Nesse mundo que eu vivo", "Nem bem nem mal" e "Da natureza dos lobos".

Como estava ultrapressionado pela gravadora para entrar em estúdio, optamos por escavucar nosso baú e de lá retiramos "Tudo veludo" e "Girassóis da noite".

Eu tinha que apresentar um repertório fechado para a gravadora, pois temia que resolvessem me "encaminhar" uma canção do Sullivan & Massadas. Aí me lembrei que o Hanói-Hanói, grupo recém-formado pelo Arnaldo Brandão havia acabado de gravar uma versão de uma música que eu, ele e Tavinho Paes havíamos feito para a Turma do Balão Mágico e que fora rejeitada. Se chamava "O senhor da guerra" e o refrão dela era assim: "Eu sou o senhor da guerra, eu sou/ Sou o senhor da guerra." Mas o arguto e inspirado Tavinho Paes substituiria aquele refrão por: "Não dá para controlar, não dá, não dá pra planejar/ Eu ligo o rádio e blá blá/ Blá blá blá blá, eu te amo."

O Hanói-Hanói a chamou de "Rádio Blá Blá", mas eu preferi rebatizá-la de "Rádio Blá".

É importante ressaltar que Tavinho é mestre em decalcar o perfil psicológico de uma perua clássica. Assim aconteceu em "Rádio Blá" como ocorrerá em "Totalmente demais", gravada pelo Hanói-Hanói e depois por Caetano Veloso. Ou também em "Lipstick Overdose" gravada por mim no *Sob o sol de parador*.

Ainda colocaria um blues com letra em inglês escrita pelo meu amigo de sempre, Guto Barros, uma letra desesperada, muito expressiva, de um abandono e um desamparo perfeitos para o momento que vinha vivendo, e para o qual minha irmã, Gloria Maria, acabou por tecer uma base harmônica.

Assim estava municiado do número certo de canções para ter alguma moral de chegar na gravadora e negociar minha entrada imediata no estúdio.

A guerra que foi tentar convencer a gravadora de que Vida bandida podia dar pé

Uma coisa é certa: não foi fácil convencer meu diretor artístico. Segundo ele, "Vida bandida" era um heavy metal e jamais tocaria no rádio. "Vida louca vida", a mesma coisa, muito pesada: "O povo detesta violência! Esse tipo de música não cola com o povão", etc. e tal.

"Rádio Blá"? "Ora já havia sido gravada pelo Hanói e não deu em nada. Quer dar um tiro n'água?"

"Chorando No Campo"? "Olha, música só de violão é muito borocoxô e não toca no rádio. Tem que colocar um pandeirinho nisso aí."

Mas, se rolou essa tremenda resistência (não haveria um só disco que eu gravasse por lá que não ouvisse a mesma ladainha), pelo menos nunca recebi uma "convite frontal" para gravar Sullivan & Massadas.

E como não havia jeito de me convencer do contrário, acharam por bem agendar o estúdio o quanto antes.

De repente, julgamento e, surpresa!, direto pra cadeia

Como estava me sentindo bastante pressionado pela direção artística, achei por bem contrabalançar as minha exigências em gravar aquele repertório aceitando a indicação da gravadora do nome de Marcelo Sussekind, que é um músico excepcional, experiente produtor, lenda viva, gente finíssima, além de ter gravado o baixo (é também um portentoso guitarrista) e já ter sido o engenheiro de som no *Cena de cinema*.

Como eu vivia traumatizado com as produções musicais não só dos meus discos, mas achava tudo que ouvia uma porcaria (e isso se confirma hoje em dia claramente: as gravações são todas uma bosta), portanto era inevitável ter um pé atrás sempre.

Eu tô falando isso, mas o Marcelo adorou de cara a ideia de que fosse eu a gravar todas as baterias, pois era algo que daria uma característica bem singular ao som do disco.

Portanto, pusemo-nos a gravar todas as baterias o quanto antes.

Entrementes meu advogado de então me relembra que teremos de comparecer a um julgamento (coisa de rotina, por ser eu réu primário) numa determinada manhã, lá na comarca da ilha do Governador (fui detido no Galeão que fica na ilha).

Para este guia só interessa saber que, mesmo sendo réu primário, fui declarado culpado (isso significava que haveria de ser recolhido imediatamente para cumprir pena de 1 ano em regime fechado!).

Meu protuberante enfurecimento atingiu o paroxismo da gargalhada. Não conseguia parar de gargalhar mesmo com as algemas nos punhos. Me passaram como um raio inúmeros questionamentos pela cabeça tais como: que país era aquele em que habitava, que merda de governo que nos impunha uma precariedade econômica tão humilhante? Me passou pela cabeça perguntar que judiciário podre era aquele, cagando a maior goma em cima da minha cabeça. E a polícia do Rio de Janeiro até então, podre também, corroída pela corrupção e pelos baixíssimos salários. Me passou pela cabeça questionar a diferença de grau de "loucura" entre o meu delito e os delitos da mesma natureza praticados por uma grande parte da classe média que habitava o país...

Passou também pela minha cabeça que, encarcerado por um ano, minha carreira estaria acabada, minha vida estaria acabada, e a produção do meu disco, a rapaziada me aguardava, sem saber de nada, no estúdio naquele exato momento, seria abortada.

No entanto, quando o sangue desceu da cabeça, veio uma lógica a me socorrer: havia testemunhas naquela corte, havia a imprensa, registrando aquele absurdo todo.

Aquilo não ficaria assim, seria um verdadeiro escândalo para o juiz que abusava nitidamente de seu poder constituído para fazer um farol às custas de meu nome, achincalhando-o a seu bel prazer.

Mas nos dias que se seguiram constatei estar redondamente enganado. A imprensa zombava de mim! Saíam manchetes assim: "Drogado e risonho", "Lobão ri na cara do juiz" sem que um só órgão de imprensa reportasse o descalabro daquele abuso de poder de uma autoridade em cima de um cidadão brasileiro.

Isso sem falar nos jornalistas que acorriam à prisão para me perguntar coisas do tipo: "Agora que você ficou conhecido, qual é a sensação de se tornar uma celebridade da noite para o dia?"

Imaginem vocês o que é para um artista que já havia gravados três álbuns com pelo menos oito sucessos de proporções nacionais escutar um papo desses?

Mas isso era o começo. Começaram a me chamar de marqueteiro, que havia sido preso para promover meu próximo álbum. Quando ficaram sabendo que o disco se chamaria *Vida bandida* então foi um colosso.

Há resenhas, até hoje encontradas na internet, que insistem em afirmar que eu compus "Vida bandida" depois da prisão, para surfar na (lamentável) popularidade do evento.

E como não poderia deixar de ser, o meu desprezo pela imprensa se magnificaria em puro ódio naquele momento, gerando uma guerra que ainda não terminou até os dias de hoje.

Ficou trancafiado por quase três meses. Ocupando a cela onze da Polinter, no Centro da cidade, consigo um *habeas corpus* para terminar de colocar as vozes no disco.

Chamo um táxi, vou até os estúdios da BMG (já me aguardavam com a fita no ponto), coloco as vozes, o violão de "Chorando no campo", as guitarras e volto em seguida para a Polinter, colocando na mesa de autópsia, que ficava na frente da cela, um "paraibinha" (nome dado carinhosamente ao dois em um, cassete e rádio AM/FM) e coloco para tocar a cópia de monitor de *Vida bandida* onde começo com um grito de guerra em tributo aos meus companheiros de cela: "Aê, galera da onze!!!"

Naquela pocilga infecta, os amigos que me visitaram foram o Bernardo e o Ritchie.

Depois sou transferido para Benfica, no Ponto Zero onde ficavam pessoas com nível superior, policiais, advogados, juízes etc. E acabei fazendo um escarcéu por alegar que não tinha sequer o segundo grau completo e, portanto, não deveria ter aquele tipo de privilégio. Inútil. Acabei ficando por lá mesmo.

Foi lá que recebi a visita de Silvinho Blau Blau, Paulo Ricardo, Lulu e André Midani.

O Raul Seixas (que já estava num estado de saúde muito fragilizado) e praticamente esquecido falou comigo com carinho por telefone via Rádio Cidade.

Houve um grande movimento popular e vários colegas da classe artística compareceram como Caetano Veloso, Bezerra da Silva, os Titãs, Fernando Gabeira para uma manifestação em protesto contra a minha prisão.

Acabaram por recolher um abaixo-assinado de mais de mil assinaturas clamando pela minha liberdade, no qual gente como Tom Jobim, Ivan Lins, Fernanda Montenegro estavam entre os signatários.

Ainda não inventaram dinheiro que eu não pudesse ganhar

Tudo aquilo me emocionou de verdade e, apesar de tantas diferenças com vários colegas meus, quero deixar aqui, mais uma vez, minha eterna gratidão por todos aqueles se preocuparam comigo naquele momento tão difícil da minha vida.

Finalmente consigo outro *habeas corpus* e percebo que as rádios não param de tocar "Vida bandida" que, já no segundo dia de execução, quebra todos os recordes de pedidos dos ouvintes. Estamos vivenciando um fenômeno,

Só que tem um detalhe. Eu sequer havia escutado o resultado do disco!

Nunca passei por coisa tão esquisita como essa e, por certo, fiquei desesperado com o resultado. Era um misto de alegria por estar solto e ter quatro faixas do disco ("Vida bandida", "Vida louca vida", "Rádio Blá" e "Chorando no campo") em 1º, 2º, 3º e 4º lugares respectivamente na parada de sucessos da Rádio Cidade daquela semana.

No entanto, tudo aquilo que tinha planejado em termos de sonoridade e capricho para o meu disco foi para o espaço. Ele foi todo finalizado às pressas durante a minha estada na cadeia, e o Marcelo (Sussekind) foi obrigado a gravar a bateria da faixa "Soldier Lips" e inventar uma bateria eletrônica para finalizar "Girassóis da noite", duas músicas que me escaparam de gravar devido ao meu involuntário período de reclusão, pois a gravadora temia que eu não fosse solto e pelo menos não perderiam o dinheiro investido no projeto, lançando, dessa forma, o disco à minha revelia.

Tudo fugiu ao meu controle. Até os dias de hoje, quando escuto alguma coisa desse disco, sinto um mal-estar tanto por me lembrar dessa época medonha quanto por ouvir um som tão distante daquele que pretendia criar.

O curioso é que a imprensa especializada meio que ignorou o conteúdo do disco se detendo majoritariamente na minha suposta delinquência.

Vale também salientar que, mesmo eu achando o resultado do disco avesso àquilo que engendrara, havia em seu bojo inovações conceituais, letras, melodias e execuções instrumentais que automaticamente o destacariam da grande maioria produzida na época.

Com o lançamento, virá a turnê junto com os Marajás Apedrejados, uma banda que tinha o núcleo do Herva Doce, arregimentada às pressas pela minha então empresária com auxílio do meu então produtor e guitarrista do Herva, Marcelo Sussekind, pois eu não podia formar uma banda e ensaiar porque estava em cana. Com a turnê tem início um período que vai durar quatro anos (só terminou em 1991) de cancelamentos de shows pela polícia, prisões e revistas de fãs nas portas dos locais de apresentação e inúmeras detenções minhas ou "gerais" na minha banda em aeroportos e estradas do Brasil.

Uma das minha maiores exasperações com o som do *Vida bandida* é que ele soava basicamente como... o Herva Doce!

O disco acabou vendendo 350 mil cópias, um número muito superior a todos os meus resultados anteriores (e posteriores), mas muito inferior em relação ao terremoto que foi a sua repercussão e turnê nacional, quebrando todos os recordes de público em estádios de futebol ou em ginásios como o Gigantinho, Maracanãzinho, Ibirapuera, Mineirinho e por aí vai, todos com lotação esgotada. Qualquer artista que conseguisse produzir uma movimentação de público dessa natureza estaria com suas vendas de disco na casa do milhão de cópias, no mínimo.

Esse episódio daria início à minha luta pela numeração dos discos que viria a ser promulgada em forma de lei apenas em abril de 2003. Mas isso é papo para depois.

E para homenagear esse tempo tão difícil a que sobrevivi e que me deixou mais forte, aqui vai a música que encarnou o espírito de uma época.

Vida bandida
(Bernardo Vilhena)

Chutou!
A cara do cara caído, traiu
Traiu!
Traiu o seu melhor, o seu melhor amigo
Bateu!
Corrente, soco inglês e canivete
E o jornal não para de mandar
Elogios na primeira página

Sangue, porrada na madrugada
Sangue, porrada na madrugada

Vida! Vida, vida, vida
Vida bandida
Vida! Vida, vida, vida

Vida bandida
Vida! Vida, vida, vida
Vida bandida
Vida!

É preciso viver malandro
Assim não dá pra se segurar, não
A cana tá brava
A vida tá dura
Mas um tiro só não vai me derrubar, não

É preciso viver malandro
Assim não dá pra se segurar, não
A cana tá brava
A vida tá dura
Mas um tiro só não vai me derrubar

Vida! Vida, vida, vida
Vida bandida
Vida! Vida, vida, vida
Vida bandida
Vida! Vida, vida, vida
Vida bandida
Vida!

Correr!
Com lágrima
Com lágrima
Com lágrima nos olhos
Não é !

Definitivamente pra qualquer um
Mas o riso corre fácil
Quando a grana corre solta

Vida! Vida, vida, vida
Vida bandida
Vida! Vida, vida, vida
Vida bandida

É preciso ver o sorriso da mina
Na subida da barra
Ha, ha, ha, ha, ha, ha
Aí é só, é só, é só de brincadeira
Ainda não inventaram dinheiro
Que eu não pudesse ganhar, não!
Ainda não inventaram dinheiro
Que eu não pudesse ganhar

Vida! Vida, vida, vida
Vida bandida
Vida! Vida, vida, vida
Vida bandida
Vida! Vida, vida, vida
Vida bandida

VIDA BANDIDA
PRODUZIDO POR MARCELO SUSSEKIND
LADO A

1. VIDA BANDIDA
(Bernardo Vilhena e Lobão)
2. DA NATUREZA DOS LOBOS
(Bernardo Vilhena e Lobão)

RCA VICTOR — 1987

3. NEM BEM, NEM MAL
(Bernardo Vilhena e Lobão)
4. SOLDIER LIPS
(Glória Woerdenbag e Guto Barros)
5. GIRASSÓIS DA NOITE
(Lobão)

VIDA BANDIDA
PRODUZIDO POR MARCELO SUSSEKIND
LADO B

1. ESSE MUNDO QUE EU VIVO
(Bernardo Vilhena e Lobão)
2. VIDA LOUCA VIDA
(Bernardo Vilhena e Lobão)

RCA VICTOR — 1987

3. TUDO VELUDO
(Bernardo Vilhena e Lobão)
4. BLÁ BLÁ BLÁ... EU TE AMO [RÁDIO BLÁ]
(Lobão, Arnaldo Brandão e Tavinho Paes)
5. CHORANDO NO CAMPO
(Bernardo Vilhena e Lobão)

FICHA TÉCNICA
LOBÃO: VOZ, BATERIA, GUITARRA E VIOLÃO | MARCELO SUSSEKIND: BAIXO, GUITARRA, VOCAIS E BATERIA | PAULO HENRIQUE: TECLADOS, GUITARRA, BAIXO ELÉTRICO E BATERIA | ZÉ LUÍS: SAXOFONE | ANDRÉ BUARQUE, LIU, MARCELO LIMA, OS ALIADOS, JERLY MORAES, REGINA CORREA E RENATA MORAES: BACKING VOCALS | RENATO NARA: GUITARRAS ADICIONAIS

Camisa de Vênus e seu Duplo sentido, o primeiro disco duplo do rock nacional

Em outubro desse ano, o Camisa de Vênus no auge de seu esplendor comete uma grande ousadia: lançar o disco duplo, *Duplo sentido*. Um disco duplo é sempre um risco pois pode-se facilmente perder o fio da meada com tantas músicas para se cuidar e alinhavar.

O disco marcaria o fim da clássica formação de seus integrantes originais. Logo quando terminaram as gravações, o baterista Aldo Machado não voltaria a tocar na banda por convicções religiosas.

O lado D, o lado de fechamento do álbum, é dedicado a homenagear grandes artistas brasileiros e estrangeiros que, de uma forma ou de outra, acabaram por ficar à margem do interesse da grande mídia, com Adelino Moreira ("Enigma"), José Carlos Capinan e Jards Macalé ("Farinha do desprezo"), Alex Harvey ("A canção do martelo", versão de Marcelo Nova para "Hammer Song"), Raul Seixas ("Aluga-se") e Walter Franco com a regravação da célebre "Canalha" (aliás, minha primeira gravação como profissional seria justamente no antológico disco de Walter Franco, *Respire fundo* na faixa "Um lindo blues", gravado em 1977).

Duplo sentido também marca início de uma amizade forte entre Marcelo Nova e Raul Seixas, com Raulzito participando da faixa "Muita estrela, pouca constelação" que detonava de forma ácida e engraçada toda a cena viciada que já havia se estabelecido há muito tempo nas plagas brasileiras. E por termos Raul de volta, depois de longo jejum, e sendo essa a faixa que assinalaria sua reta final aqui conosco transcreverei a letra de Marcelo Nova que é digna de um estudo minucioso sobre a babaquice astronômica em que vivíamos naquele momento.

Muita estrela, pouca constelação
(Marcelo Nova)

A festa é boa tem alguém que tá bancando
Que lhe elogia enquanto vai se embriagando
E o tal do ego vai ficar lá nas alturas
Usar brinquinho pra romper as estruturas

E tem um punk se queixando sem parar
E um wave querendo desmunhecar
E o tal do heavy arrotando distorção
E uma dark em profunda depressão

Eu sei até que parece sério, mas é tudo armação
O problema é muita estrela, pra pouca constelação

Tinha um junkie se tremendo pelos cantos
Um empresário que jurava que era santo
Uma tiete que queria um qualquer
E um sapatão que azarava minha mulher

Tem uma banda que eles já vão contratar
Que não cria nada mas é boa em copiar

A crítica gostou vai ser sucesso, ela não erra
Afinal lembra o que se faz na Inglaterra

Eu sei até que parece sério, mas é tudo armação
O problema é muita estrela, pra pouca constelação

E agora vem a periferia
O fotógrafo, ele vai documentar
O papo do mais novo big star
Pr'aquela revista de rock e de intriga
Que você lê quando tem dor de barriga

E o jornalista ele quer bajulação
Pois new old é a nova sensação
A burrice é tanta, tá tudo tão à vista
E todo mundo posando de artista

Eu sei até que parece sério, mas é tudo armação
O problema é muita estrela, pra pouca constelação

Marcelo seria anjo da guarda de Raul, seu fiel defensor e companheiro. A vida de Raulzito estava complicada, muito pobre, largado à própria sorte, sem dinheiro ou gravadora. Como podemos conceber isso? Pois é. E foi Marcelo que o acolheu e o protegeu.

Raul só voltaria a ser reconhecido depois de sua morte, que há muito já se anunciava, no dia 21 de agosto de 1989.

Outra curiosidade que ficou meio escondida por não haver uma imprensa minimamente honesta a nos reportar foi a comovente defesa em forma de música que Marcelo me dedicaria em virtude da minha prisão. E como não poderia deixar de ser a transcreverei também, com meu coração transbordando de emoção, emendando aqui meu muito obrigado a Marcelo Nova, minha gratidão eterna.

Lobo expiatório
(Marcelo Nova)

É preciso dar exemplo, é preciso encontrar
Um lobo expiatório, uma eminência parda
É preciso lei e ordem aqui nessa floresta
Chamem os caçadores e suas espingardas

É tão difícil disfarçar
Não ver que está jorrando sangue da ferida
E continuar cantando esses longos, longos anos
De vida dividida, de vida bandida

Pelo risco de correr através do escuro
Pelo fogo que queima nossa alma
Pelo medo de quem se acha seguro
Pelo desejo que nunca se acalma

É preciso dar exemplo, é preciso encontrar
Um lobo expiatório, uma eminência parda
É preciso lei e ordem aqui nessa floresta
Chamem os caçadores e suas espingardas

É só conferir através dos tempos
Essa estupidez chega a ser histórica
É tão redundante, é tão previsível
Como não bocejar diante dessa retórica

Pelo risco de correr através do escuro
Pelo fogo que queima nossa alma
Pelo medo de quem se acha seguro
Pelo desejo que nunca se acalma

DUPLO SENTIDO

PRODUZIDO POR PENA SCHMIDT

LADO A

1. LOBO EXPIATÓRIO
(Marcelo Nova, Gustavo Mullem e Karl Hummel)
2. O PAÍS DO FUTURO
(Marcelo Nova e Robério Santana)

WEA 1987

3. ANA BEATRIZ JACKSON
(Marcelo Nova, Gustavo Mullem e Karl Hummel)
4. VOO 985
(Marcelo Nova, Gustavo Mullem, Karl Hummel e Aldo Machado)
5. APÓS CALIPSO
(Marcelo Nova, Gustavo Mullem e Karl Hummel)

GUIA POLITICAMENTE INCORRETO DOS ANOS 80 PELO ROCK

DUPLO SENTIDO

PRODUZIDO POR PENA SCHMIDT

LADO B

1. ME DÊ UMA CHANCE

WEA 1987

2. DEUSA DA MINHA CAMA
3. CHAMAM ISSO DE ROCK AND ROLL
(Todas as músicas de Marcelo Nova, Gustavo Mullem e Karl Hummel)

GUIA POLITICAMENTE INCORRETO DOS ANOS 80 PELO ROCK

Só se for a dois

No início daquele ano, a Philips (hoje Universal Music) contrataria o passe de Cazuza que, por seu turno, entraria em estúdio para gravar seu segundo disco solo, *Só se for a dois*. Apesar de vender 600 mil cópias, o disco não teve a mesma repercussão de seu álbum de estreia, *Exagerado*, com apenas dois sucessos de dimensão nacional. Em entrevista, Cazuza lançou seu mote em relação ao álbum: "*Só se for a dois* me permitiu usar uma coisa não rock'n'roll. Eu tenho esse lado de cantor de churrascaria..." Ele tinha, sim, esse lado samba-canção, que dividíamos nas mesas do Baixo Leblon, muitas vezes terminando a noite ao piano do restaurante Real Astória, cantando em dueto Maysa, Dolores Duran, Silvinha Teles, Dalva de Oliveira, não raro para pagar a conta.

As músicas que mais tocaram desse disco foram "O nosso amor a gente inventa (Estória romântica)" e "Solidão que nada".

E aqui vai uma letra com aquela assinatura do meu irmãozinho querido.

O nosso amor a gente inventa
(Estória romântica)
(Cazuza)

O teu amor é uma mentira
Que a minha vaidade quer
E o meu, poesia de cego
Você não pode ver

Não pode ver que no meu mundo
Um troço qualquer morreu

Num corte lento e profundo
Entre você e eu

O nosso amor a gente inventa
Pra se distrair
E quando acaba a gente pensa
Que ele nunca existiu

O nosso amor a gente inventa
Inventa
O nosso amor a gente inventa

Te ver não é mais tão bacana
Quanto a semana passada
Você nem arrumou a cama
Parece que fugiu de casa

Mas ficou tudo fora do lugar
Café sem açúcar, dança sem par
Você podia ao menos me contar
Uma estória romântica

O nosso amor a gente inventa
Pra se distrair
E quando acaba a gente pensa
Que ele nunca existiu

O nosso amor a gente inventa
Inventa
O nosso amor a gente inventa

SÓ SE FOR A DOIS

PRODUZIDO POR EZEQUIEL NEVES
E JORGE GUIMARÃES
LADO A

1. SÓ SE FOR A DOIS
(Rogério Meanda e Cazuza)
2. RITUAL
(Frejat e Cazuza)

POLYGRAM　　　**1987**

3. O NOSSO AMOR A GENTE INVENTA [ESTÓRIA ROMÂNTICA]
(Rogério Meanda, Cazuza e Rebouças)
4. CULPA DE ESTIMAÇÃO
(Frejat e Cazuza)
5. SOLIDÃO QUE NADA
(George Israel, Cazuza e Nilo Romero)

GUIA POLITICAMENTE INCORRETO DOS ANOS 80 PELO ROCK

SÓ SE FOR A DOIS

PRODUZIDO POR EZEQUIEL NEVES
E JORGE GUIMARÃES
LADO B

1. COMPLETAMENTE BLUE (Rogério Meanda, George Israel, Nilo Romero e Cazuza)
2. VAI À LUTA (Cazuza e Rogério Meanda)
3. QUARTA-FEIRA (Zé Luís e Cazuza)

POLYGRAM　　　**1987**

4. HEAVY LOVE
(Frejat e Cazuza)
5. O LOBO MAU DA UCRÂNIA
(Cazuza, Rogério Meanda, Nilo Romero, Rebouças, Moraes e Ezequiel)
6. BALADA DO ESPLANADA
(Oswald de Andrade, adaptação de Cazuza)

GUIA POLITICAMENTE INCORRETO DOS ANOS 80 PELO ROCK

FICHA TÉCNICA
CAZUZA: VOZ | NILO ROMERO: BAIXO | ROGÉRIO MEANDA: GUITARRA | JOÃO REBOUÇAS: TECLADOS | FERNANDO MORAES: BATERIA E PERCUSSÃO

Que país é este?

É aquela cantilena de sempre que todos nós ouvíamos: a gravadora pede pra acelerar. É preciso lançar o disco o mais rápido possível. E me parece que foi exatamente isso que aconteceu na feitura do Legião que viria a se tornar o antológico *Que país é este?*

A maior parte das composições foram restolhos de baú com apenas duas canções especialmente compostas para o disco: "Angra dos Reis" (depois do vazamento do Césio 137, o questionamento quanto ao uso da energia nuclear entrou em pauta e a construção da usina de Angra dos Reis, como não poderia deixar de ser, estava envolta sob um manto de suspeitas e medos) e "Mais do mesmo", na qual Renato encarna um traficante negro, tirando sarro e passando uma tremenda carraspana ao contrastar a sua realidade com a daquele menino branco que vai subir o morro para adquirir sua frívola alegria química. A letra é muito boa (a música também) e serei obrigado a transcrevê-la aqui.

Mais do mesmo
(Renato Russo)

Ei, menino branco, que é que você faz aqui?
Subindo o morro pra tentar se divertir
Mas já disse que não tem e você ainda quer mais

Por que você não me deixa em paz?
Por que você não me deixa em paz?

Desses vinte anos nenhum foi feito pra mim
E agora você quer que eu fique assim igual a você
É mesmo, como vou crescer se nada cresce por aqui?

Quem vai tomar conta dos doentes?
Quando se tem chacina de adolescente
Como é que você se sente?
Como é que você se sente?

Em vez de luz tem tiroteio no fim do túnel
Sempre mais do mesmo
Não era isso que você queria ouvir?

Bondade sua me explicar com tanta determinação
Exatamente o que eu sinto, como eu penso e como sou
Eu realmente não sabia que eu pensava assim

E agora você quer
Um retrato do país
Mas queimaram o filme
Queimaram o filme

E enquanto isso, na enfermaria
Todos os doentes estão cantando
Sucessos populares
(E todos os índios foram mortos)

Fora essas duas canções, as outras todas foram retiradas do tal baú e outra letra que não pode deixar de ser assinalada é o hino "Que país é este", que dá nome ao disco e foi feita por Renato ainda no Aborto Elétrico, em 1978.

Que país é este
(Renato Russo)

Nas favelas, no Senado
Sujeira pra todo lado
Ninguém respeita a constituição
Mas todos acreditam no futuro da nação

Que país é esse?
Que país é esse?
Que país é esse?
Que país é esse?

No Amazonas
E no Araguaia ia, ia
Na Baixada Fluminense
No Mato Grosso
E nas Gerais
E no Nordeste tudo em paz
Na morte eu descanso
Mas o sangue anda solto
Manchando os papéis
Documentos fiéis
Ao descanso do patrão

Que país é esse?
Que país é esse?

Que país é esse?
Que país é esse?

Terceiro mundo se for
Piada no exterior
Mas o Brasil vai ficar rico
Vamos faturar um milhão
Quando vendermos todas as almas
Dos nossos índios num leilão

Que país é esse?
Que país é esse?
Que país é esse?
Que país é esse?

É lamentável que após quase quarenta anos essa música seja tão moderna. É um atestado mais do que sólido de que o Brasil é um país que se recusa terminantemente a crescer.

Noutra canção dos idos de 1979, Renato erige um texto monumental de mais de 159 versos, sem refrão, desafiando todas as leis e dogmas da indústria fonográfica, apavorando de vez o *status quo* dos poderosos que comandavam aquele esquema.

Pode-se afirmar sem o menor receio de errar, que "Faroeste caboclo" é uma das obras-primas do cancioneiro popular brasileiro e por isso mesmo, havemos de lê-la (e de novo, para os policiais de plantão, a concordância às vezes é mesmo *sui generis*).

Faroeste caboclo
(Renato Russo)

Não tinha medo o tal João de Santo Cristo
Era o que todos diziam quando ele se perdeu
Deixou pra trás todo o marasmo da fazenda
Só pra sentir no seu sangue o ódio que Jesus lhe deu

Quando criança só pensava em ser bandido
Ainda mais quando com um tiro de soldado o pai morreu
Era o terror da cercania onde morava
E na escola até o professor com ele aprendeu

Ia pra igreja só pra roubar o dinheiro
Que as velhinhas colocavam na caixinha do altar
Sentia mesmo que era mesmo diferente
Sentia que aquilo ali não era o seu lugar

Ele queria sair para ver o mar
E as coisas que ele via na televisão
Juntou dinheiro para poder viajar
De escolha própria, escolheu a solidão

Comia todas as menininhas da cidade
De tanto brincar de médico, aos doze era professor
Aos quinze, foi mandado pro reformatório
Onde aumentou seu ódio diante de tanto terror

Não entendia como a vida funcionava
Discriminação por causa da sua classe e sua cor

Ficou cansado de tentar achar resposta
E comprou uma passagem, foi direto a Salvador

E lá chegando foi tomar um cafezinho
E encontrou um boiadeiro com quem foi falar
E o boiadeiro tinha uma passagem e ia perder a viagem
Mas João foi lhe salvar

Dizia ele: Estou indo pra Brasília
Neste país lugar melhor não há
Tô precisando visitar a minha filha
Eu fico aqui e você vai no meu lugar

E João aceitou sua proposta
E num ônibus entrou no Planalto Central
Ele ficou bestificado com a cidade
Saindo da rodoviária, viu as luzes de Natal

Meu Deus, mas que cidade linda,
No ano novo eu começo a trabalhar
Cortar madeira, aprendiz de carpinteiro
Ganhava cem mil por mês em Taguatinga

Na sexta-feira ia pra zona da cidade
Gastar todo o seu dinheiro de rapaz trabalhador
E conhecia muita gente interessante
Até um neto bastardo do seu bisavô

Um peruano que vivia na Bolívia
E muitas coisas trazia de lá

Seu nome era Pablo e ele dizia
Que um negócio ele ia começar

E Santo Cristo até a morte trabalhava
Mas o dinheiro não dava pra ele se alimentar
E ouvia às sete horas o noticiário
Que sempre dizia que o seu ministro ia ajudar

Mas ele não queria mais conversa
E decidiu que, como Pablo, ele ia se virar
Elaborou mais uma vez seu plano santo
E sem ser crucificado, a plantação foi começar

Logo, logo os maluco da cidade souberam da novidade
Tem bagulho bom aí!
E João de Santo Cristo ficou rico
E acabou com todos os traficantes dali

Fez amigos, frequentava a Asa Norte
E ia pra festa de rock pra se libertar
Mas de repente
Sob uma má influência dos boyzinho da cidade
Começou a roubar

Já no primeiro roubo ele dançou
E pro inferno ele foi pela primeira vez
Violência e estupro do seu corpo
Vocês vão ver, eu vou pegar vocês

Agora o Santo Cristo era bandido
Destemido e temido no Distrito Federal
Não tinha nenhum medo de polícia
Capitão ou traficante, playboy ou general

Foi quando conheceu uma menina
E de todos os seus pecados ele se arrependeu
Maria Lúcia era uma menina linda
E o coração dele pra ela o Santo Cristo prometeu

Ele dizia que queria se casar
E carpinteiro ele voltou a ser
Maria Lúcia pra sempre vou te amar
E um filho com você eu quero ter

O tempo passa e um dia vem na porta
Um senhor de alta classe com dinheiro na mão
E ele faz uma proposta indecorosa
E diz que espera uma resposta, uma resposta hoje João

Não boto bomba em banca de jornal
Nem em colégio de criança, isso eu não faço, não
E não protejo general de dez estrelas
Que fica atrás da mesa com o cu na mão

E é melhor senhor sair da minha casa
Nunca brinque com um Peixes de ascendente Escorpião
Mas antes de sair, com ódio no olhar, o velho disse
Você perdeu sua vida, meu irmão

Você perdeu a sua vida, meu irmão
Você perdeu a sua vida, meu irmão
Essas palavras vão entrar no coração
Eu vou sofrer as consequências como um cão

Não é que Santo Cristo estava certo
Seu futuro era incerto e ele não foi trabalhar
Se embebedou e no meio da bebedeira
Descobriu que tinha outro trabalhando em seu lugar

Falou com Pablo que queria um parceiro
E também tinha dinheiro e queria se armar
Pablo trazia o contrabando da Bolívia
E Santo Cristo revendia em Planaltina

Mas acontece que um tal de Jeremias
Traficante de renome, apareceu por lá
Ficou sabendo dos planos de Santo Cristo
E decidiu que com João ele ia acabar

Mas Pablo trouxe uma Winchester.22
E Santo Cristo já sabia atirar
E decidiu usar a arma só depois
Que Jeremias começasse a brigar

Jeremias, maconheiro sem-vergonha
Organizou a rockonha e fez todo mundo dançar
Desvirginava mocinhas inocentes
E dizia que era crente, mas não sabia rezar

E Santo Cristo há muito não ia pra casa
E a saudade começou a apertar
Eu vou me embora, eu vou ver Maria Lúcia
Já tá em tempo de a gente se casar

Chegando em casa então ele chorou
E pro inferno ele foi pela segunda vez
Com Maria Lúcia Jeremias se casou
E um filho nela ele fez

Santo Cristo era só ódio por dentro
E então o Jeremias pra um duelo ele chamou
Amanhã às duas horas na Ceilândia
Em frente ao lote 14, é pra lá que eu vou

E você pode escolher as suas armas
Que eu acabo mesmo com você, seu porco traidor
E mato também Maria Lúcia
Aquela menina falsa pra quem jurei o meu amor

E o Santo Cristo não sabia o que fazer
Quando viu o repórter da televisão
Que deu notícia do duelo na tevê
Dizendo a hora e o local e a razão

No sábado então, às duas horas
Todo o povo sem demora foi lá só para assistir
Um homem que atirava pelas costas
E acertou o Santo Cristo e começou a sorrir

Sentindo o sangue na garganta
João olhou pras bandeirinhas e pro povo a aplaudir
E olhou pro sorveteiro e pras câmeras e
A gente da tevê que filmava tudo ali

E se lembrou de quando era uma criança
E de tudo o que vivera até ali
E decidiu entrar de vez naquela dança
Se a via-crúcis virou circo, estou aqui

E nisso o sol cegou seus olhos
E então Maria Lúcia ele reconheceu
Ela trazia a Winchester.22
A arma que seu primo Pablo lhe deu

Jeremias, eu sou homem, coisa que você não é
E não atiro pelas costas, não
Olha pra cá, filha da puta, sem-vergonha
Dá uma olhada no meu sangue e vem sentir o teu perdão

E Santo Cristo com a Winchester.22
Deu cinco tiros no bandido traidor
Maria Lúcia se arrependeu depois
E morreu junto com João, seu protetor

E o povo declarava que João de Santo Cristo
Era santo porque sabia morrer
E a alta burguesia da cidade
Não acreditou na história que eles viram na tevê
E João não conseguiu o que queria

Quando veio pra Brasília, com o diabo ter
Ele queria era falar pro presidente
Pra ajudar toda essa gente que só faz...

Sofrer

O álbum *Que país é este?* chegaria a casa de 1 milhão e 300 mil cópias vendidas, e "Angra dos Reis", "Faroste caboclo", "Que país é este", "Eu sei", "Química" se transformariam em mega-hits em todas as rádios.

Jesus não tem dentes no país dos banguelas

Esse álbum dos Titãs, pelo que tenho ouvido, é som mais compatível com sua própria natureza, tirado em estúdio, e nos mostra como é complicada a relação com determinado produtor, que nesse caso é o Liminha e que haveria de ter uma simbiótica relação com o grupo. Se Liminha era um tirano e se mostrava desastroso na condução do trabalho de alguns artistas, por outro lado, comparecia com produções impecáveis, mesmo quando dando suas chupadinhas inevitáveis.

Afinal de contas, quem ainda não havia se conformado em estar num país que em tudo e por tudo jogava contra todos os anseios dessa geração? Agora o sentimento era de que qualquer coisa um pouco além da média virava uma obra prima.

Mas o disco realmente tem um som muito superior aos seus congêneres, disso não resta a menor dúvida. Foi um dos raros momentos em que a indústria fonográfica investiu pesado e caprichado numa banda de rock, como assim deveriam merecer artistas do nível dos Titãs. E por isso mesmo, temos todos os motivos do mundo para respirar aliviados e ouvir o disco.

Em termos de mega-hits, o álbum pela sua esquisitice conceitual e letras cada vez mais voltadas à crítica social não chegará a ter a mesma recepção do anterior, *Cabeça dinossauro*, mas contará com canções como "Comida" e "Lugar nenhum".

O álbum chegaria à casa das 250 mil cópias vendidas.

Escolhi "Desordem" para lermos.

Desordem
(Sérgio Britto, Marcelo Fromer e Charles Gavin)

Os presos fogem do presídio
Imagens na televisão
Mais uma briga de torcidas
Acaba tudo em confusão
A multidão enfurecida
Queimou os carros da polícia
Os preços fogem do controle
Mas que loucura esta nação
Não é tentar o suicídio
Querer andar na contramão

Quem quer manter a ordem?
Quem quer criar desordem?

Não sei se existe mais justiça
Nem quando é pelas próprias mãos
População enlouquecida, começa então o linchamento
Não sei se tudo vai arder
Como algum líquido inflamável
O que mais pode acontecer
Num país pobre e miserável?
E ainda pode se encontrar
Quem acredite no futuro

Quem quer manter a ordem?
Quem quer criar desordem?

É seu dever manter a ordem
É seu dever de cidadão
Mas o que é criar desordem
Quem é que diz o que é ou não?
São sempre os mesmos governantes
Os mesmos que lucraram antes
Os sindicatos fazem greve
Porque ninguém é consultado
Pois tudo tem que virar óleo
Pra por na máquina do estado

Quem quer manter a ordem?
Quem quer criar desordem?

Liminha era convidado e tocava drum machine em "Diversão", baixo sintetizador e guitarra em "Comida" e violão em "Desordem".

Sexo!!

O Ultraje a Rigor realizará a façanha de emplacar um segundo álbum de inéditas tão vigoroso e povoado de hits quanto seu antecessor, *Nós vamos invadir sua praia*.

Antes porém um interlúdio

Em 1986, o Ultraje lançaria um EP com uma versão hilária de "MaryLou" em ritmo de marchinha de carnaval assim como o genial "Hino dos cafajestes" que é um primor. Pensar em algo semelhante nos dias politicamente corretos dos dias de hoje é uma utopia.

Por isso, abrirei um espaço para decalcar esta letra varonil e impoluta numa gravação primorosa com a orquestração fiel a um autêntico hino de time de futebol. Considero a audição dessa faixa absolutamente obrigatória.

Hino dos cafajestes
(Roger Moreira)

Nós, os cafajestes do Brasil
Temos como missão cafajestar
Queremos nossas esposas pra chifrar
E o povo pra enganar

Filhos nos quatro cantos do Brasil
Pensões que nós deixamos de pagar

Contamos com o respaldo popular
Em qualquer lugar

Canalhas!
Em qualquer posto dessa nossa sociedade
Os cafajestes do Brasil
Podem viver com toda liberdade

Voltando ao Sexo!!

O disco foi lançado de forma insólita, na estreia do novo guitarrista, Sergio Serra (como disse em outra ocasião, um dos mais brilhantes guitarristas do Brasil), com a banda fazendo um show na avenida Paulista, em cima da marquise de um shopping center.

Liminha gravou a metade das guitarras, pois Serginho ainda não havia entrado na banda. E Carlo Bartolini deixará sua marca na outra.

O álbum trará hits monumentais às rádios de todo o Brasil do calibre de "Sexo!!", "Eu gosto é de mulher", "A festa", "Pelado" (tema de abertura da novela da Globo *Brega e chique*).

Uma coisa interessante a ressaltar é como a imprensa especializada nunca conseguiu dimensionar a força, a originalidade, o humor e a capacidade de crítica sem que se monte uma pose de indignação. Considero o Roger (como já mencionei antes) um dos grandes compositores de toda a música popular brasileira.

E aqui a letra de um clássico desse disco memorável que, através do humor e da despretensão, acerta na mosca sem apelar para aquele papo furado de "crítica social".

Pelados
(Roger Moreira)

Que legal nós dois pelados aqui
Que nem me conheceram o dia que eu nasci
Que nem no banho, por baixo da etiqueta
É sempre tudo igual, o curioso e a xereta
Que gostoso, sem frescura, sem disfarce, sem fantasia
Que nem seu pai, sua mãe, seu avô, sua tia

Proibido pela censura, o decoro e a moral
Liberado e praticado pelo gosto geral
Pelado todo mundo gosta, todo mundo quer
Pelado todo mundo fica, todo mundo é

Pelado, pelado, nu com a mão no bolso
Pelado, pelado, nu com a mão no bolso
Pelado, pelado, nu com a mão no bolso

Nu com a mão no bolso
Nu com a mão no bolso
Nu com a mão no bolso
Nu com a mão no bolso
Nu com a mão no bolso, nuzinho pelado
Nu com a mão no bolso

Indecente é você ter que ficar despido de cultura
Daí não tem jeito quando a coisa fica dura
Sem roupa, sem saúde, sem casa, tudo é tão imoral
A barriga pelada é que é a vergonha nacional

Pelado, pelado, nu com a mão no bolso
Pelado, pelado, nu com a mão no bolso
Pelado, pelado, nu com a mão no bolso

Nu com a mão no bolso
Nu com a mão no bolso
Nu com a mão no bolso
Nu com a mão no bolso
Nu com a mão no bolso
Nu com a mão no bolso, nuzinho pelado
Nu com a mão no bolso

Outros álbuns

Tivemos uma quantidade enorme de discos do rock brasileiro que foram grandes sucessos nesse profícuo ano de 87, mas não se pode atribuir a eles o peso histórico dos acima mencionados, seja por relevância artística, poética, ou pelo bochicho que produziram e perdura até os dias de hoje. Alguns dos que citarei a seguir ou venderam muito mais ou tocaram muito mais, contudo não chegaram a desenhar o perfil de uma época com o impacto dos anteriormente selecionados.

Marina, *Virgem*, com os hits "Uma noite e meia", "Preciso dizer que te amo".

Capital Inicial, *Independência*, com os hits "Descendo o rio Nilo" e a faixa-título.

Engenheiros do Hawaii, *A revolta dos dândis*, com os hits "Infinita Highway" e "Terra de Gigantes" (esse disco seria incluído pela revista *Superinteressante* na lista dos principais discos do rock brasileiro).

Barão Vermelho, *Rock'n geral*, com o hit "Contravenção".

Os Paralamas do Sucesso, *D*, gravado ao vivo no Festival de Jazz de Montreux, com a inédita "Será que vai chover".

E assim termina o ano de 1987 e com ele terminará a curtíssima (mas avassaladora) hegemonia do rock brasileiro, que, por uma somatória de complexos problemas, haverá de vivenciar sua derrocada que terá início no ano de 1988. Sendo assim, vamos a ele!

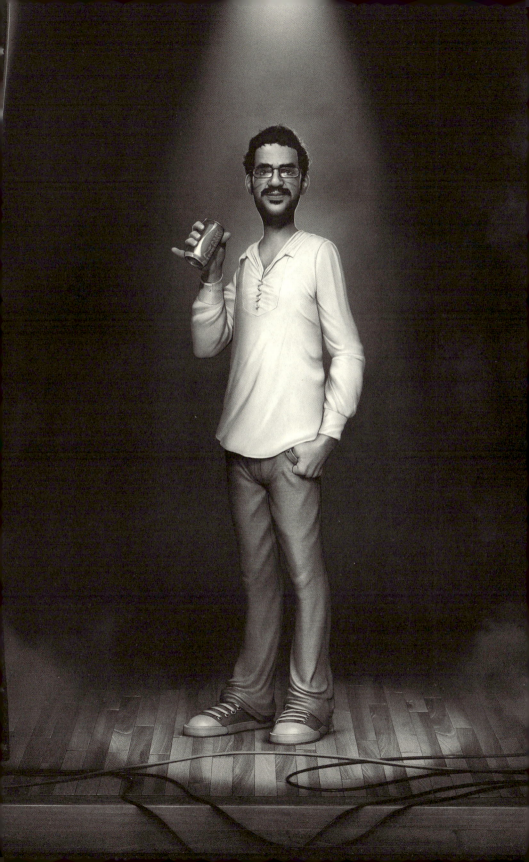

CAPÍTULO 13

1988
O INÍCIO DO FIM

> "Só somos nós mesmos pela soma de nossos fracassos."
> E.M. Cioran

No início de janeiro, após um intervalo de 13 anos, o Hollywood Rock renasce numa nova versão, agora com astros internacionais e com direito a apresentações no Rio (na Apoteose) e em São Paulo (no Estádio do Morumbi) e se estenderá em edições subsequentes (sempre em janeiro) até 1996, com exceção do ano de 1991 em virtude do megaevento Rock in Rio.

Com a guerra antitabagista, a Souza Cruz sairá de cena do mercado dos grandes patrocinadores.

Há de se salientar que esse festival, mesmo com a escancarada e manifesta preferência dada aos artistas estrangeiros, ainda conseguia conceder um tratamento minimamente digno aos brasileiros. Mesmo assim, durante a apresentação do Ira! os equipamentos de som foram desligados sumariamente antes do horário estipulado para o encerramento.

Enquanto isso, a crise econômica ia carcomendo nossa economia, e a indústria cinematográfica apresentava um encolhimento agônico, tanto na Embrafilme quanto nas pornochanchadas da Boca do Lixo.

E ignorando por completo a crise, o rock, hipertrofiado, apresentava ao público brasileiro uma série de concertos monumentais em estádios de futebol, ginásios poliesportivos, descampados de proporções woodstóquicas nas colinas de fazendas, quadras de escola de samba, estacionamentos de shopping centers, praias, aterros, parques nacionais, reservas florestais, tabas nas reservas indígenas, garimpos, chapadas, enfim, o rock invadia onipresente, feroz e rotundo todas as praças brasileiras.

Foi nesse ano o fatídico show do Legião no Estádio Mané Garrincha onde houve aquele quiproquó todo, com mais de quatrocentos atendimentos médicos (uma menina morreu), o apedrejamento de 14 ônibus de excursão que transportavam fãs, isso tudo porque o Legião havia tocado um repertório um pouco mais compacto do que poderia se esperar depois de um atraso de mais de duas horas provocado, segundo conta a lenda, por antifãs do supergrupo, que deliberadamente prejudicaram o acesso ao estádio, gerando assim toda a confusão e pancadaria da polícia.

O que estava acontecendo é que não havia infraestrutura compatível para aqueles concertos monstruosos e nós constatávamos isso quando desembarcavam por aqui equipes de som gigantescas, com toda a sua *entourage* para a realização de espetáculos de astros internacionais. Nessas ocasiões também verificávamos com o devido estupor a diferença brutal de qualidade, eficiência e organização e chegaríamos a aprender bastante coisa com eles (embora nunca o suficiente).

Comigo acontecia a mesma coisa, mas a confusão em torno dos meus shows se diferenciava um pouco das dos outros artistas, uma vez que a polícia comparecia a todos no intuito de interrompê-los, em definitivo, cancelando sumariamente o concerto através de um mandado ou liminar sempre expedida por um diligente juiz, defensor da moral e dos bons costumes, ou usando o tenebroso expediente da coerção aos jovens fãs, que ao acorrerem ao local do espetáculo eram, sem uma só exceção, em quase quatro anos de shows, revistados de forma humilhante e violenta pelos policiais. O preceito que regia a atuação da polícia era de que sendo eu um mal social, um drogado, um marginal, meu público haveria de comportar o mesmo tipo de gente.

Conto com mais detalhes casos inacreditáveis que se sucederam nessas turnês na minha biografia, mas aqui vale a pena comentar o show cancelado em Brasília, pelo próprio presidente José Sarney, que considerou o evento um atentado direto a segurança nacional.

Acabei tomando um porre de cointreau na casa do então Procurador Geral da República, Sepúlveda Pertence, que após nossa calorosa conversa, acabou por liberar o concerto, fato esse por que lhe sou grato até os dias de hoje.

Um outro episódio dessa jocosa natureza foi um show em que a polícia cortou a energia elétrica do ginásio. Peguei uma lanterna do roadie, me iluminei e fui pedindo para as primeiras fileiras do público repetirem para as fileiras detrás as minhas frases, pedindo que todos evacuassem o local e prometendo realizar o concerto de graça no dia seguinte.

Em outro, em Cascavel, me lembro bem, a polícia do Exército dava blitz nos populares e a polícia feminina fazia vistoria ginecológica nas meninas.

Eu, furibundo, encarnei um general Von Sifuder, chamei o comandante do batalhão e, andando de um lado para o outro em meu camarim (eu estava de botas e de casaca de general, com o braço direito numa tipoia devido a uma fratura) e com uma empáfia napoleônica, ordenei-lhe que me informasse sua patente, ao que o oficial me responde de pronto: "Major!"

Investido da autoridade de um marechal de campo ordenei-lhe com todo o rigor militar: "Major, evacue suas tropas deste recinto imediatamente. Isto é uma ordem! Dispensado!" Rodopiei em meus calcanhares, batendo continência (com o braço esquerdo devido a tipoia).

O surreal é que o pobre oficial, pavlovianamente acossado me responde com uma continência contrita e respeitosa, batendo as botas e só em seguida flagrou-se numa cilada psicológica, provocando em todos nós da banda (a banda, naquela turnê, se chamava Os Marajás Apedrejados) um incontrolável acesso de riso. Foi um momento adorável.

Sendo assim, depois de mais de duas horas de atraso, fizemos o show para mais de oito mil pessoas. Ao final do evento fiz questão absoluta de cumprimentar cada soldado da PE.

Contudo, meu expediente amável e solícito não foi devidamente apreciado pelo major que aparentemente não levou lá muito na esportiva minha conduta e logo no dia seguinte entrou com um processo contra a minha pessoa. Não só fui processado pelo militar como também fui banido de Cascavel, proibido de pisar na cidade, num exílio que duraria mais de 15 anos.

Em São João Del Rei, dois músico dos Marajás Apedrejados foram literalmente linchados por iracundos populares sob pretexto de que supostamente, integrantes da banda de um marginal deveriam espalhar Aids entre criaturas dos mais variados sexos da ilustre cidade de Tancredo Neves. Se não fosse nosso segurança chegar com um pilão que trucidou a trupe de uns nove ou dez playboys em revolta (daqueles de moedor de café que fica nas portarias de hotéis coloniais) meus dois músicos teriam morrido espancados. Mesmo assim, tocamos na noite seguinte numa outra cidade de Minas.

Poderia ficar aqui contando essas aventuras tão cheias de emoção e alegria por mais dois livros, porém devo ser sucinto pois nosso foco é outro.

O tempo não para

Já havia um certo tempo era sabido por todos nós que nosso querido Cazuza estava com Aids, e ter Aids naquele tempo era uma sentença de morte para quem a contraísse.

Por conta dos meus probleminhas com a justiça e do tumulto das viagens pelo país passei um bom período sem ver meu amigo, quando começaram a explorar sua doença na imprensa, dando a ele um espaço que jamais fora concedido antes.

E algo semelhante ocorria com ele e comigo: agora somos célebres por nossas mazelas e não por nosso trabalho.

Cazuza, certa vez, chegou a declarar o seguinte: "Precisou que eu contraísse Aids e que o Lobão fosse preso pra vocês prestarem atenção na gente."

E talvez por nossa conexão de amigos de longa data e nossa nova condição de curiosidades de um circo de aberrações, somadas a uma pertinência impressionante, Cazuza decide regravar "Vida louca vida" como o carro-chefe de seu novo disco ao vivo, gravado no Canecão.

O interessante na minha história com Cazuza é que me evaporaram de sua biografia, escondem que "Vida louca vida" é uma parceria minha com Bernardo Vilhena, fazem tributos, projetos, filmes, resenhas e, em nenhuma dessas manifestações, incluem meu nome. Por quê? Sinceramente, até hoje, não tenho ideia.

Mas o que importa é termos um disco antológico, heroico com Cazuza se exibindo em toda a sua fragilidade e, por isso mesmo, em todo o seu esplendor poético, em todo o esplendor humano de sua coragem e poder de transformar uma tragédia em arte pura.

O tempo não para é um daqueles momentos que forjam não só a alma de uma geração mas, antes de tudo, acrescentam ao caráter do brasileiro uma condição fundamental para sair desse atoleiro medíocre que nos acostumamos a nos reconhecer: crescer com a derrota.

Enquanto algo épico e libertador acontecia dentro da alma brasileira com a epopeia de Cazuza, a revista *Veja*, na sua grotesca falta de percepção dos fatos, de sensibilidade histórica, de patente desrespeito por aquele "roqueiro inconsequente", soltaria, no ano seguinte, uma manchete com o típico DNA da editora Abril: "Cazuza: uma vítima da Aids agoniza em praça pública."

Convivíamos com uma certa rotina em ler os especialistas decretando um suposto declínio de criatividade daquela geração, que os discos já apresentavam sinais de fadiga criativa o que era uma rematada mentira.

Testemunhar esse tipo de mórbida especulação da imprensa em relação a uma MPB zumbi e a uma Tropicália moribunda, bem, isso seria inconcebível.

A nítida sensação que se tinha é que as gravadoras (impotentes em escoar músicas produzidas por seus diretores, exauridas pelos altos custos de renovação de contratos, acossadas pela imprensa que sempre nos tratou como um fenômeno de verão e pelas rádios que cobravam jabás cada vez mais estrangulantes, manipuladas pela academia MPBística, ansiosa por retomar o controle perdido da situação) se cansaram da nossa presença como protagonistas de uma cena em que o poder deles decrescia a cada ano.

Acrescentem-se a esses fatores a nossa desarticulação e, em algumas tantas vezes, uma escancarada falta de coragem. Constataremos em breve que o fim daquele período era uma questão de tempo.

Havia um crescimento vertiginoso do poder de decisão das rádios pelo agigantamento do jabá, o que acarretaria uma completa estupidificação da música no decorrer da duas próximas décadas e obliteraria inexoravelmente a produção de qualquer tipo de música que carregasse alguma autenticidade ou coisa parecida.

O que ocorreu foi uma resistência ora revoltada, ora tácita dos artistas por se tratar de assunto de vida ou morte.

O RPM já havia tido inúmeras discussões, recusas e confronto com programadores de rádio; o Roger Moreira, do Ultraje, também, assim como eu. O resto, para sobreviver (pelo menos por mais algum tempo), sempre jurava de pés juntos que não sabia de nada.

O declínio dessa geração se deverá a um punhado de fatores, todos eles fundamentais não só para sua queda, mas para o total desaparecimento do que conhecemos como o rock dos anos 80, até que ele seja reconduzido ao imaginário popular como uma década ingênua, alienada ou simplesmente brega e trash. E é essa a imagem que fica: Trash 80's.

Bora Bora

E num cenário já pré-datado para a nossa ruína, eis que surgem indícios de que essa geração ainda estava engatinhando e, especialmente para mim, uma grata surpresa, que abalará as minhas antipatias incuráveis contra Os Paralamas: *Bora Bora* é um disco excelente!

A banda evoluiu imensamente em seu playing, com Bi Ribeiro se afirmando com um baixista excepcional, João Barone tirando um som de bateria (com exceção daqueles rototons que fazem tuuu tuuu tuu, aqueles tambores eletrônicos, muito em voga e cafonérrimos) sem igual em toda essa leva de discos produzidos por aqui e o Herbert, bem, o Herbert se mostra nesse álbum um grande guitarrista, com timbres de guitarra e violão muito bem cuidados e solos de guitarra dignos de um exímio guitarrista.

As composições mostram uma carga mais profunda de experiência de vida e há canções que ao ouvir novamente agora me emocionaram de verdade.

As faixas que realmente me empolgaram foram "O beco", "Bora Bora", "Dois elefantes", "Três" e "Fundo do coração", que muito me fez lembrar (no ótimo sentido) as harmonias de Luiz Melodia e Marina Lima. O clima caribenho não é exatamente algo que me estimule muito, mas as horns sessions estão muito bem arranjadas e timbradas.

E como a pérola do disco, a música que fez ruir as minhas traumatizadas ideias pré-concebidas em relação ao talento do Herbert: "Quase um segundo". É de uma beleza, de uma melancolia e de uma delicadeza que só um grande compositor tem condições de fazer e, por isso, tiro meu chapéu publicamente para o Herbert e transcrevo a letra dessa canção.

Quase um segundo
(Herbert Vianna)

Eu queria ver no escuro do mundo
Onde está tudo o que você quer
Pra me transformar no que te agrada
No que me faça ver
Quais são as cores e as coisas
Pra te prender?
Eu tive um sonho ruim e acordei chorando

Por isso eu te liguei
Será que você ainda pensa em mim?
Será que você ainda pensa?

Às vezes te odeio por quase um segundo
Depois te amo mais
Teus pelos, teu gosto, teu rosto, tudo
Que não me deixa em paz
Quais são as cores e as coisas
Pra te prender?
Eu tive um sonho ruim e acordei chorando
Por isso eu te liguei
Será que você ainda pensa em mim?
Será que você ainda pensa?

Cuidado!

Prosseguindo na contramão do que fora para nós determinado (nosso declínio criativo), conceber *Cuidado!* foi um evento de raro frescor no método de reunião do repertório, apesar de todo o seu desleixo sonoro, da precariedade de produção somadas às minhas insólitas dificuldades com a polícia e a justiça em geral.

Foi um disco concebido num momento em que eu tinha me mudado de mala e cuia para o morro da Mangueira, levando até minha bateria que montaria ora na quadra, ora no estúdio do Ivo Meirelles.

Além dessa inesquecível "residência", acabei sendo uma figura amplamente festejada e bem-vinda em todas as bocas de fumo dos morros cariocas em virtude da minha convivência com grandes traficantes, companheiros de cela na Polinter. Em suma, por muito pouco não me tornei um bandido.

Por outro lado, isso me possibilitou transitar por áreas da cidade onde poderia enxergar com nitidez uma realidade totalmente distinta da que é imaginada ou idealizada por um sujeito branco da classe média em geral, isso sem falar do aspecto musical pois, para um baterista como eu, a aventura foi determinante para reestruturar e enriquecer substancialmente minhas concepções musicais.

Portanto, toda essa bagagem será despejada no *Cuidado!*, um disco cheio de novas combinações sonoras num claro desenvolvimento do que ansiava fazer em *O rock errou*, além de belas canções. O álbum foi recebido com toda frieza que eu, já macaco velho, aguardava da imprensa especializada.

É o disco que inaugura minha parceria com Ivo Meirelles e minhas mirabolantes experiências rítmicas com a bateria da Mangueira.

Foi algo pioneiro destacar uma seção de bateria de escola de samba e alterar seus acentos típicos (principalmente em se tratando dos acentos da bateria de Waldomiro José Pimenta, da Estação Primeira de Mangueira), com seu surdo-mor de apenas uma resposta e outras manhas que só uma pessoa mais envolvida com o assunto saberá distinguir.

Alterar essas marcações e sincronizar com a bateria de rock foi uma aventura muito interessante e difícil (soar fluente entre compassos com acentos em tempos distintos causa uma certa dor de cabeça), que iria me influenciar não só na forma de tocar mas, antes de mais nada, na forma de compor.

O curioso é que essa presença do núcleo da bateria da Mangueira tocando com uma banda de rock, ao invés de estimular o roqueiro padrão de uma plateia, produzirá, para nosso espanto, o efeito contrário! Quando iniciamos as turnês, não raro ouvíamos rudes manifestações de repúdio a semelhante sacrilégio! Essa plateia ortodoxa exigia um "rock puro", colocando quem quer que fosse que se arvorasse a outras combinações em sério perigo de extinção.

Pelo menos isso seria a tônica do comportamento "roqueiro" dos anos 80, pois nos anos 90, como que por um passe de mágica, a onda acabou sendo essa mesma: misturar o rock com outros babados por aí.

Além da presença do samba, o disco conta com uma faixa de repúdio a Sarney ("O eleito"), que foi incompreensivelmente mal recebida, em detrimento de sua pertinência, de seu riff poderoso e de seu humor macabro.

Cuidado! também abriga uma das canções mais bonitas que já escrevi em parceria com Bernardo Vilhena que é "Por tudo que for", uma espécie de choro com samba-canção.

Outros dois pontos fortes do disco são as duas faixas para que acidentalmente acabei por escrever as letras. Uma delas é "Esfinge de estilhaços", um insight sobre o que pode acontecer a uma pessoa quando ouve com devoção os versos de um poeta: desmoronar como uma geleira diante de um assobio para renascer de seus estilhaços uma esfinge numa espécie de "desdevoramento". Uma esfinge nascida por um mistério decifrado pela ressonância de almas. Uma gênese reversa, um milagre da simpatetia. Ou algo parecido, porra.

E outra é "Pobre Deus", escrita com a pena do ódio que não conseguia evitar em meu coração pelo juiz que me condenara a viver numa aterrorizante rotina de prisões, fugas, perseguições, achincalhes públicos e uma fortuna gasta com advogados. Como não podia nominar a criatura, escolhi a divindade suprema que é uma metáfora adequada quando se trata de imaginar a conduta de um juiz que tem a sua vida nas mãos.

Tanto "Pobre Deus" como "Esfinge de estilhaços" contam com a participação de Edgard Scandurra na guitarra e de Jaquinho Morelembaun como arranjador do quarteto de cordas, e cellista em "Esfinge de estilhaços".

Mas como sou um cara que prima por utilizar suas derrotas como halteres, deixarei "Pobre Deus" de lado e transcreverei aqui a letra da "Esfinge".

Esfinge de estilhaços
(Lobão)

Oh! Ironia...
Era um poeta que um dia
Assobiou ao acaso...
E por surpresa, quem diria...
Era eu sua montanha desmoronada
Sua vitoriosa derrocada
Sua honestidade tardia

Me desmorono, pela vontade, pela potência
E me transformo numa esfinge de estilhaços

Dando graças a algum deus muito distante
Ou o representante de todas as mortes no céu...
Um céu, há muito tempo, morto de estrelas...
Morto, morto, morto
E quem sabe?! Pela força da sua traição
Pelo sangue jorrando de uma só veia
De uma transbordada paixão!
A medida sendo a falta, seja lá qual for a falta:
Falha, amor, infâmia, elegância
Eu amo duelar com todas as partes da existência:
Vida, morte, vitória, fracasso, vazio...
Um derradeiro sopro de audácia

Dessa indecifrável coragem
Reerguendo com a astúcia de um gesto lento
Uma inevitável eternidade, inevitável eternidade,
                      inevitável eternidade

Me desmorono, pela vontade, pela potência
E me transformo numa esfinge de estilhaços

Ed Motta versus Manuel

1988 é o ano em que surge no cenário musical um nome de raro talento musical de apenas 17 anos: Ed Motta com sua então Conexão Japeri.

Conheci Ed no hall do finado hotel Crowne Plaza, em São Paulo quando desfrutava de uma saborosa feijoada na companhia de dois gênios da canção popular brasileira: Tim Maia e João Donato.

Como Tim era tio de Ed, fomos apresentados ao som de um artista local a tocar uns sambas, com cachaça da melhor qualidade, paios, linguiças e uma couve primorosa. Melhor *habitat* impossível para conhecer Ed, que estava estourado nas rádios com seu "Manuel".

Ed em breve viveria um drama causado por sua hipertrofia musical, se agigantando em suas habilidades de compositor e de cantor, e se sofisticando num nível que não conseguiu mais administrar esse crescimento com a persona impressa no imaginário do público.

Creio que Ed Motta ainda nos proporcionará grandes obras. Ed é um gênio musical.

Ainda em 1988, Marcelo Nova e a envergadura moral

Temos ainda o fim do Camisa de Vênus e a estreia de Marcelo Nova como artista solo em seu disco *Marcelo Nova e a envergadura moral*, lançado pela WEA e produzido por Pena Schmidt que conta com a participação do portentoso Genival Lacerda na hilariante "A gente é sem-vergonha", originalmente chamada de "E nós aqui forrumbando".

O disco é muito interessante por apresentar um lado mais "canção", mais balada de Marcelo, mas tem uma produção meio empastelada por muito reverb em tudo, e aquele baixo "Jaco Pastorius", que é difícil de ouvir. Mas há boas canções e belas letras.

Papel de bandido
(Marcelo Nova)

Quando eu era um menino, em muitas brigas entrei
Algumas delas eu venci; então me sentia um rei
Hoje me chamam indecente, arrogante e traidor
Senhor, eu vou lhe confessar
É verdade que roubei, mas sempre como Robin Hood
Outras vezes eu dei bobeira, mas fiz o melhor que pude
Inventei muitas histórias, outras tantas eu vivi.
Menti, mas nunca deserdei

Então me responda, onde foi que eu errei
Você sempre me acusa, por que ainda não sei

Engatinhando entre paredes, foi assim que eu cresci
Sempre esperando por alguém, que eu nunca, nunca conheci

Fiz papel de bandido em filmes de bangue-bangue
Mas sangue, não fui eu que derramei
Eu não temo o seu julgamento, nem algum castigo eterno
Sou sem sentido para o céu, sem interesse pro inferno
Sou contido, e sou intenso, sou querido e odiado
Nem culpado e nem tão inocente

Então me responda onde foi que eu errei
Você sempre me acusa, por que ainda não sei

Go Back

Titãs fazem sua estreia internacional, tocando no supracitado Festival de Montreux e aproveitam para resgatar em disco aquele momento importante para a banda em que adotarão de vez o Liminha como seu nono integrante, assumindo o baixo e a produção do disco. A sonoridade da banda, por incrível que pareça, mesmo com seus componentes sendo músicos no máximo razoáveis, começa a ficar mais sofisticada e mais madura. Os Titãs também exibem uma nítida evolução artística e musical e nada como um álbum ao vivo para constatar isso.

Carnaval do Barão Vermelho

O que mais se destaca nesse álbum é a determinação hercúlea do Barão em não ser engolido nas águas do esquecimento. Por puro merecimento, o grupo irá se estabelecer como uma das bandas de primeira linha da cena do rock brasileiro. O que nos chama a atenção é exatamente a curva ascendente de mais outra banda, que fincaria sua bandeirinha nas paradas de sucesso com o hit "Pense e dance", incluída na trilha da novela da Globo *Vale Tudo*. Foi nesse disco que a voz de Roberto Frejat se impôs no timbre da banda, tornando-se assim uma marca registrada do Barão, façanha inacreditável em se tratar da ex-banda do Cazuza.

O disco tem uma boa qualidade de som e a excelente guitarra do Frejat, que às vezes faz lembrar um pouco o Santana, exibindo uma tendência de quase todas as bandas de enveredarem por sonoridades latinas e coisas parecidas.

Ouça o que eu digo, não ouça ninguém

Os Engenheiros do Hawaii consolidam nesse álbum o seu estilo característico, com suas letras filosófico-existenciais, inúmeras citações e referências, trazendo de volta dos anos 70 a formulação de álbuns conceituais em que encontramos jogos de palavras, desdobramentos de símbolos gráficos e um forte sotaque gaúcho. A banda conquistará, por outra vias, uma autenticidade mesmo sem aquela obrigação ridícula de ter que transitar pelo samba para ser visto como "autêntico".

E isso não é pouca coisa. Com um aspecto messiânico também encontrado no Legião Urbana, Humberto Gessinger consegue conduzir uma multidão de fãs-seguidores, construindo o imaginário de toda uma geração de adolescentes que enxergam nas letras dos Engenheiros uma janela para exercitar a reflexão e para engendrar alguma possibilidade de existir num país numa situação tão adversa.

Ouvindo aqui o disco para escrever esse guia, confesso que me surpreendi com a qualidade que fez meu preconceito de anos estrebuchar no chão do meu estúdio.

O disco é muito bem tocado, muito bem timbrado, com lindas canções, lindas letras e o mais importante: com uma assinatura própria.

"Somos quem podemos ser" é uma canção primorosa com uma letra primorosa. "A vida imita o vídeo/ Garotos inventam um novo inglês/ Vivendo num país sedento/ Um momento de embriaguez/ Somos quem podemos ser/ Sonhos que podemos ter".

"Nunca se sabe" tem uma letra que vai se desenrolando em divagações que partem de: "Sei que parecem idiotas/ As rotas que eu traço/ Mas tento traçá-las eu mesmo/ E se chego sempre atrasado/ Se nunca sei que horas são/ É porque nunca se sabe/ Até que horas os relógios funcionarão".

Mas a letra que pincei do disco para transcrevê-la na íntegra é a da canção "A cidade em chamas" que retrata seja por psicografia poética seja por visão real dos fatos a nossa situação de eterno confronto com o *status quo* estabelecido.

A cidade em chamas
(Humberto Gessinger)

As chances estão contra nós
Mas nós estamos por aí
A fim de sobreviver
Como um avião sobrevoa
A cidade em chamas
A cidade em chamas

No meio da confusão
Andando sem direção
A fim de sobreviver
Só pra ver como brilha
A cidade em chamas
A cidade em chamas

Se o que eu digo
Não faz sentido
Não faz sentido, ficar ouvindo
Mas o que eu digo
Não é mentira
Não faz sentido
Ficar mentindo

Enquanto as bombas caem do avião
Deixando de recordação
Da cidade em chamas
A cidade em chamas

Já ouvimos esta estória
Sabemos como acaba
Acontece quase tudo
Não muda quase nada
Já vimos este filme
Sabemos como acaba
Explodem quase tudo
Não sobra quase nada

Então, só resta uma solução
Sair no meio da sessão
Pra ver
A cidade em chamas
A cidade em chamas

As chances estão contra nós
Mas nós estamos por aí

A fim de sobreviver
No meio da confusão
Andando sem direção
A fim de sobreviver

Enquanto as bombas caem do avião
Deixando de recordação
A cidade em chamas
A cidade em chamas

Não basta ter coragem
É preciso estar sozinho
É preciso trair tudo
E trazer a solidão
Eu sei que eles têm razão
Mas a razão é só o que eles têm

Quantas bocas se fecharão
Quando a bomba beijar o chão
Da cidade em chamas?
Da cidade em chamas...

As chances estão contra nós
Mas nós estamos por aí
A fim de sobreviver
Como um avião sobrevoa
A cidade em chamas

Depois dessa enxurrada de canções e de momentos de maturidade e crescimento artístico de tanta gente, aquela pergunta que não quer calar só faz gritar ainda mais: por que a imprensa enxergava exatamente o oposto dessa realidade tão escancarada e irrefutável?

Tentemos responder nos próximos e derradeiros capítulos.

CAPÍTULO 14

1989
E NOS ESTERTORES DE UMA ERA VIGORA UMA BELEZA INTENSA

> "Senhores deuses me protejam de tanta mágoa, tô pronto para ir ao teu encontro, mas não quero, não vou, não quero, mas não quero, não vou, não quero."
>
> Cazuza

Já começamos o ano com um péssimo presságio. Nada mais eloquente para nos indicar que o barco estava afundando do que receber com perplexidade a notícia do naufrágio de uma embarcação de turismo, o *Bateau Mouche IV*, com 153 pessoas a bordo a celebrar o Ano-Novo, em plena baía de Guanabara, deixando um saldo de 55 mortos e entre eles a atriz Yara Amaral.

O ano de 89 será relembrado por transformações radicais de paradigmas no mundo e também aqui no Brasil.

No mundo, uma sucessão de colapsos em todo o bloco soviético levará o comunismo a um fiasco jamais concebido.

A Romênia se insurge contra o presidente Nicolae Ceauşescu numa revolta que termina com a execução do ditador e de sua mulher, Elena Petrescu, em plena praça pública. No Natal de 1989, Ceauşescu e sua mulher são julgados por um tribunal militar com direito a dois advogados de defesa fora a presença de um cinegrafista.

Os dois são condenados à morte por vários crimes, incluindo genocídio de mais de 60 mil cidadãos, e fuzilados num pátio localizado na mesma base militar.

Na Polônia, o Solidariedade é legalizado e muito em breve ganhará as primeiras eleições democráticas realizadas naquele país em décadas.

Ocorre uma manifestação contra o regime comunista em Praga, capital da então Tchecoslováquia, na comemoração dos 21 anos da Primavera de Praga, para logo em seguida acontecer a pacífica Revolução de Veludo, uma das mais importantes revoluções de 1989. Esse nome é um tributo, creiam, ao Velvet Underground, pois Václav Havel, escritor e dramaturgo tcheco e muito em breve presidente do país, era amigo pessoal de Lou Reed que, por seu turno, frequentou o underground tcheco no período pré-revolucionário.

Há manifestações de repúdio ao comunismo em todo o mundo e em Tbilisi, capital de República Socialista da Geórgia, o ato termina em tragédia com a morte de mais de vinte pessoas depois de um confronto com o Exército Vermelho.

Na China os protestos se concentram na praça Celestial, em Pequim, onde o mundo testemunha com espanto e admiração a coragem do Rebelde Desconhecido, um jovem estudante que parou sozinho uma coluna de blindados. Pela lógica do esquerdista atual, esse rapaz não passaria de um fascista reacionário, não é verdade? O estudante foi preso e executado sumariamente sem que esse fato viesse a ter o tratamento com a visibilidade e a seriedade requeridas para um caso tão grave. O silêncio de sua execução permanece até os dias de hoje.

Com a retirada das tropas soviéticas do Afeganistão que ocorreu nesse ano, desencadeia-se como um castelo de cartas a inexorável derrocada do regime comunista e da própria URSS. Cabul, capital afegã, se torna um caos com o abandono dos 30 mil soldados soviéticos da cidade.

Na Bulgária, ocorre a demissão do líder comunista Todor Jivkov. Ninguém, em sã consciência, poderia conceber um desmantelamento tão retumbante e rápido na Cortina de Ferro.

No início de novembro, o mundo se assombra com o que parecia impossível: o muro de Berlim é derrubado por cidadãos de ambos os lados da cidade, gerando reencontros emocionantes de parentes e entes queridos afastados ao longo de 28 anos de brutal repressão por parte da agora finada Alemanha Oriental.

Aqui no Brasil o povo se prepara para vivenciar a primeira eleição para presidente da República em quase 25 anos, e Fernando Collor de Mello é eleito em votação acirrada contra Luís Inácio Lula da Silva.

Em 89 morrem a atriz Dina Sfat, Salvador Dalí, o ator Lauro Corona, Aurélio Buarque de Hollanda e Bette Davis.

No setor cinematográfico, a produção brasileira encolhe de forma dramática conseguindo lançar oficialmente apenas 24 títulos no mercado. Para se ter uma ideia, nos anos 70, a produção atingiu uma média de cem filmes por ano. Adeus pornochanchadas. A Embrafilme em breve se juntará à Boca do Lixo no cemitério dos empreendimentos brasileiros.

Alguns dos raros títulos lançados esse ano são *Jorge, um brasileiro*, *Jardim de Alah*, *Os Trapalhões na terra dos monstros*, *A princesa Xuxa e os Trapalhões*, *Os sermões*, *O grande mentecapto*, *Uma avenida chamada Brasil*, *Fofão e a nave sem rumo*, , de Lúcia Murat, e *Ôrí*, documentário de Raquel Gerber, que acaba de ser premiado num festival de cinema em San Francisco e será lançado pela Transvídeo.

Com recursos da Lei Sarney e em colaboração com a Embrafilme, a Fininvest/Multiplic financiou *Doida demais*, de Sérgio Rezende; *Lili, a estrela do crime*, de Lui Farias, e *Dias melhores virão*, de Cacá

Diegues, que foi lançado em cadeia nacional pela Rede Globo na noite de 16 de fevereiro, véspera de sua apresentação como representante brasileiro no Festival de Cinema de Berlim (onde não obteve qualquer premiação).

A quarta produção beneficiada com a Lei Sarney foi *Faca de dois gumes*, de Murilo Salles.

O brasileiro parece imune a tentativa e erro e insiste em errar, perpetuando essa imbecilidade que são Lei Sarney, a Embrafilme, a Lei Rouanet, que não passam de conduítes da mamata e da mediocridade.

O país que asfixia a livre iniciativa em prol do assistencialismo cultural estará fadado a viver entre os excrementos frutos de sua inoperância. Quando aprenderemos?

1989 seria o ano em que o CD se firmaria no mercado fonográfico como produto opcional. No ano anterior, somente discos de artistas considerados de elite foram lançados em CD. Nessa época imaginava-se que a qualidade sonora ultrapassaria em muito o vinil, mas o que se verificou foi exatamente o contrário: os discos não tinham grave nem o "calor" analógico. O som digital, diante desse inesperado revés, será reavaliado e muitas pesquisas serão feitas para desenvolver uma qualidade que se equipare ao som analógico.

Para piorar a situação, o CD, por ser "prateado" e "a laser" será vendido mais caro que o LP quando tem um método de fabricação muito mais barato que o vinil, e essa malandragem contribuirá para gerar uma crise nos próximos dez anos que encolherá dramaticamente o tamanho das gravadoras, transformando as gigantes da indústria fonográfica em inexpressivas nanicas à beira da obsolescência.

Azul e amarelo: a fuga do Brasil

Estava ciente de que a justiça me obrigaria a cumprir os nove meses restantes de pena (uma vez que já cumprira três meses) e com uma filha que, em janeiro desse ano, contava apenas dois meses de vida, a perspectiva de ficar sem poder trabalhar era muito assustadora.

Após longas conversas com meus advogados, percebi que só havia duas claras e irredutíveis possibilidades: ou eu me entregava e me submetia à pena, ou planejava uma fuga indo viver pelos próximos nove meses fora do país até a tal da pena prescrever.

Optei pela segunda. Mesmo consumindo quase tudo o que ganhava em advogados (e olha que ganhei muita grana com os shows mastodônticos da turnê de *Vida bandida*) ainda restavam algumas economias que usaria na minha "jamesbôndica" escapada.

Escolhemos a rota de evasão pelo Sul do país que seria perpetrada depois de um show em Caxias do Sul a ser realizado na tradicional Festa da Uva, que ocorre a cada dois anos na cidade sempre no início de março.

Portanto ainda me restavam dois meses de Brasil e isso me deixava numa espécie de limbo psicológico. Eu não conseguia mais desfrutar da companhia da minha filha, pois isso me causava ainda mais dor: não podia fazer planos com a certeza de meu exílio de pelo menos um ano.

O que me impressiona ao recordar disso tudo é como um episódio ocorrido em 1986 veio a transformar por completo a minha vida e alterar todos os meus projetos de carreira, minhas concepções sonoras, as gravações dos meus discos e até meus shows, fosse pela presença constante da polícia, fosse pela banda cuja escolha me foi vedada por estar preso.

E ainda sob esse torturante efeito haveria de ser obrigado a gravar um disco fora do Brasil, tentando otimizar o tempo que perdia e isso, por ironia do destino, me levaria a voltar a trabalhar logo com Liminha que por morar naquele período em Los Angeles seria minha única opção.

Mas eu ainda tinha que bolar o repertório, pois não havia muita coisa guardada no meu baú, portanto urgia acelerar.

E foi logo em meados daquele janeiro melancólico que tenho meus últimos encontros com Cazuza.

Eu, que já me sentia um alienígena perante a cena do rock, sabia que em pouco tempo perderia meu melhor companheiro, meu amigo, talvez a única voz que se levantava em minha defesa.

Esses encontros ocorrem quando Cazuza já se mostra num estado físico e emocional terríveis. Não anda mais e têm de ser carregado no colo como um bebê para todos os lados pelo Bené, um baiano colossal de dois metros de altura, negão de sorriso estupendo, mais parecendo um buda feliz encarnado num rei zulu.

Cazuza está pele e osso, quase sem voz e roxo, inteiramente roxo, devido às doses cavalares de AZT.

Ver um amigo assim, confesso a vocês, não é uma coisa fácil.

Quando ele chegava lá em casa, era colocado pelo Bené na varanda que descortinava uma vista exuberante de todo o mar lá embaixo, com a Pedra da Gávea nos velando acima como eu a sempre vi: uma mulher jogada para trás com as tetas apontadas ao céu.

Uma vez aboletados ao redor de uma mesa de vidro que ampliava mais ainda nosso campo de visão, começávamos a nos impingir as crueldades como uma espécie de brincadeira histérica. Ele queria fumar maconha e cuspia na bagana e me obrigava a fumar aquela coisa toda babada, dizendo: "Não vai fumar? Vai ficar todo cagadinho aí com medo de pegar Aids da minha baba?" E eu respondia algo pior: "Me dá essa porra aqui, sua bichinha traiçoeira!" (e fumava, mas morrendo de medo).

E nessa atmosfera leve e alegre em meio àquela condição terrível que a doença de meu amigo nos impunha nos escangalhávamos de tanto rir. Nesse constante diapasão de zoação macabra, ele me vem com páginas e páginas de letras de músicas, poemas, anotações e numa delas havia uma adaptação de um texto do Jean Genet chamado *Querelle* traduzido por Cazuza, à sua moda, para o português, uma espécie de ode gay, e curioso li alguns trechos: "Quero Querelle, quero querê-las/ Quero tê-las, seus bagos, suas orelhas/ Quero ele brocha, quero ele rocha/ Quero ele com seus pentelhos/ E seu doce sorriso nas sobrancelhas/ A brisa de espada/ Quero arrumar sua mala/ E cuidar dele quando estiver doente/ A gente sente coisas estranhas/ Dores, horrores nas entranhas.

Mãe, pai, aonde estou nessa noite devagar/ Querelle não, Querelle corre/ Querelle pode e deve mentir/ Quero Querelle e seu irmão/ (Quero Rogéria e seu pauzão)/ Quero em Brest, todos os santos/ Quero as fadas e os gigantes."

Lindo, mas definitivamente, não era a minha cara e retruquei: "Cara, olha tá lindo isso aí, mas me tira dessa. Essa parada aí não dá o menor elã pra me inspirar." E ele ria pra mim, ciciando com os olhos virados para cima: "Preconceituotho..."(sempre uso o th para representar a fala de Cathutha, que era cicioso)

Até hoje recebo dinheiro de direitos autorais dessa tal parceria que jamais aconteceu, pois ele, só de sacanagem, acabou incluindo meu nome.

Como ele estava num clima entre a carência emocional e a vontade de me provocar de qualquer jeito, peguei da mão dele um punhado de outras páginas devidamente datilografadas e encontrei um poema belíssimo contudo, havendo um ligeiro incômodo num determinado verso que dizia assim: "Gnomos existem e são meus Nelson Mottas." Exclamei: "Nelson Mottas, Cazuza? Você não vale nada! Uma letra tão bonita dessas e vem você querendo tirar um sarro com Nelsinho?" (Nelsinho, em certo período, devido ao seu diminuto tamanho e sua visionária conduta empresarial era chamado pelas más línguas de "anão psicodélico" e Cazuza me vinha com essa de gnomo!

Pedi-lhe encarecidamente que modificasse aquela frase, pois a letra era séria e aproveitável. No desespero, olhei para Bené, olhei para folha do poema e atirei: "Troca Nelson Motta por algo que rime tipo... escolta! Que tal: Gnomos existem e são minha escolta? Ele olhou para cima, fez um charme, tamborilou na mesa de vidro e recusou minha proposta pelo fato de que eu não deveria entrar naquela parceria dele com Cartola (o tal poema tinha uma frase do Cartola "Não vou, eu não quero", retirado do samba "Autonomia") porque os dois eram "semixarás": Cartola se chamava Angenor e Cazuza, Agenor, e eu, sendo apenas um João Luiz qualquer, estava desclassificado.

É curioso relembrar como nós nos divertíamos com essas brincadeiras pueris e pirracentas.

Tentei tirar meu coelho literalmente da cartola invocando uma similaridade irrefutável para entrar naquele time: "Cazuza, se você é semixará do Cartola, eu nasci no mesmo dia que ele, portanto me dá essa letra aqui que eu vou fazer uma música descaralhante pra ela."

Peguei meu violão, imaginei o som de um cavaquinho, coloquei um capotraste (uma espécie de grampo que se coloca no braço do violão pra alterar o tom da música) nele para que "falasse fino", abaixei a corda mi para ré e assim obtive a sonoridade que desejava para desenvolver um tema que se adequasse àquele poema.

Eu ia lendo a letra e tentando encaixar na música, que ia saindo igualmente triste.

Em meia hora, havia nascido "Azul e amarelo". Perguntei ao Cazuza o porquê de azul e amarelo, e ele me explicou ser a cor de seu santo na umbanda: Logunedé, filho de Oxum e Oxóssi.

Bem, o que posso fazer agora é transcrevê-la aqui.

Azul e amarelo
(Cazuza e Cartola)

Anjo bom, anjo mau
Anjos existem
E são meus inimigos
E são amigos meus
E as fadas
As fadas também existem
São minhas namoradas
Me beijam pela manhã
Gnomos existem
E são minha escolta
Anjos, gnomos
Amigos e amigos
Tudo é possível
Outra vida futura, passada
Viagens, viagens
Mas existem também drogas pra dormir
E ver os perigos no meio do mar
No sono pesado, tudo meio drogado
Existem pessoas turvas, pessoas que gostam
E eu tô de azul e amarelo
De azul e amarelo

Senhores deuses, me protejam
De tanta mágoa
Tô pronto pra ir ao teu encontro

Mas não quero, não vou, não quero
Não quero, não vou, não quero

Existem também drogas pra dormir
E ver os perigos no meio do mar
No sono pesado, tudo meio drogado
Existem pessoas turvas, pessoas que gostam
E eu tô de azul e amarelo
Amarelo
De azul e amarelo

Seria a última vez que me encontraria com meu amigo. Em breve eu estaria fora do Brasil e jamais voltaríamos a nos ver.

Já estava com uma música maravilhosa para começar, e o repertório seria "engordado" em algumas sessões com Tavinho Paes que numa tarde me entregou duas letras, e ao final da sessão tínhamos composto "Panamericana/ Sob o sol de Parador" e "Quem quer votar", duas letras, por sinal, mortais.

"Sob o sol de Parador" é constituída por 23 versos que são 23 perguntas sobre vários episódios latino-americanos com o refrão recorrente *"Hay que endurecer sin perder la ternura"*. Foi construída de maneira tal que é impossível detectar se aquilo era uma ode ou uma esculhambação. A letra original é em espanhol, mas Liminha censurou o idioma e tive que fazer a tradução quinze minutos antes de colocar a voz.

Liminha também retiraria uma canção minha e de Tavinho chamada "Bang The Boing", em inglês, por temer que os técnicos de som se ofendessem com um brasileiro querendo entrar no mercado americano (?).

"Quem quer votar" começa de forma peremptória com os seguintes versos: "A política faliu/ não dá pra acreditar / Até o que é civil/ parece militar" que foi acrescida de uma levada furiosa.

Ainda com Tavinho compus "E o vento te levou", outra letra excelente e junto com Rodrigo Santos, Ivo Meirelles e Daniele Daumerie, "Lipstick Overdose" (que a gravadora insistiu para ser a música da trabalho e recusei).

Com Bernardo Vilhena e também com Ivo e Daniele, compusemos "Essa noite não" feita de um teminha de violão que havia começado em Natal e não aproveitei para desenvolver no disco anterior.

Bernardo ainda assinaria comigo "Um bobo pra Cristo" que retratava a minha realidade naquele momento e começava assim: "Queriam um cara pra Cristo/ Pra ser o herói nacional/ pra ser o bobo da festa,/ é tudo que me resta no país do carnaval."

Eu e Bernardo ainda fizemos "Uma dose a mais", uma encomenda para a Angela Ro Ro que acabou não gravando. Achei a letra muito curta e no voo para Los Angeles a completei com uma última estrofe.

Ainda recolheria uma pérola de Arnaldo Baptista para gravar no disco: "Sexy sua".

E na madrugada da véspera do meu exílio, algo muito raro me aconteceu: acordei com uma letra pronta na cabeça. Quando digo pronta é tipo, dá pra pegar uma caneta e um papel e anotar tudo de primeira.

Vomitei uma letra muito triste, pensando na minha filha, que perderia momentos sagrados de sua vidinha, que deixaria aquilo tudo para trás, e assim saiu a letra e a música mais instantânea que já compus na vida.

Como foi um momento raro no meu processo de criação e excruciante na minha vida ousarei transcrevê-la também.

Por toda a nossa vontade
(Lobão)

Eu vou embora
É chegada a hora
Não, não chora, não, não chora
Nem me faz chorar
O que é tristeza?
O que é saudade?
Me responde com justiça
E não com lágrimas
E se lembrar de mim
Faça com o mesmo ardor
De uma canção feliz
Uma canção de amor
Um vento frio assobia, me arrepia
E me faz lembrar da hora em que nasci
E a calmaria rígida vislumbra
A morte que eu nunca vi
E se lembrar de mim
Faça com o mesmo ardor
De uma canção feliz
Uma canção de amor
Tempos de guerra
Tempos de espera
Lutas e revoluções
Que nessa terra dure e perdure
Todo a nossa vontade
E se lembrar de mim
Faça com o mesmo ardor

De uma canção feliz
Uma canção de amor

Confesso uma coisa para vocês: nunca havia recolhido tão rapidamente um repertório com tanta música boa quanto para esse disco. Fui gravar o álbum em Los Angeles (seria a coisa mais desastrosa que poderia acontecer) e dois meses após minha chegada, minha superbanda aporta na cidade. Rodrigo Santos, Kadu Menezes, Nani Dias, Alcir Explosão e Zé Luiz chegavam em LA para gravar o disco comigo e lá passaríamos por aventuras espetaculares e sofrimentos purgatoriais impingidos pela produção insensata de Liminha, que por seu turno atrasará a data de entrega, causando assim uma magnificação exponencial nos gastos, pois tudo era calculado em dólar e houve uma maxidesvalorização, aumentando minha dívida com a gravadora de maneira tal que jamais conseguirei pagá-la.

Mais outra vez eu via um disco meu, com um repertório tão bom (talvez o meu melhor repertório até então) se esvair em meio a brigas e a uma produção descuidada, sofrida e com um resultado sonoro medíocre, mesmo gravando nos melhores estúdios de Los Angeles e com a participação dos técnicos de som do Guns n' Roses nas gravações e na mixagem.

Quanto a repercussão do disco no lançamento, bem, foi diminuta e só não passou em brancas nuvens porque "Essa noite não" entrou para a trilha da novela das sete, *Top Model* se tornando um hit nacional.

Recolhendo aqui informações sobre a crítica do álbum, encontro uma muito boa por sinal, apesar de ser uma nota de rodapé e sem a assinatura de quem a escreveu. Saiu no *Estadão* e por ser uma das únicas referências ao disco na imprensa que encontrei, copio abaixo a dita-cuja como um troféu raquítico para vocês lerem.

Estadão, 16 de agosto de 1989. "Ao longo dos sete anos de sorte--azar do rock nacional, o compositor Lobão ziguezagueou com muita coerência (...). Comportou-se como um autêntico lobo bobo, avesso ao estabelecido. Brigou com a gravadora, enquanto lançava seus discos. Lobão está lançando no mercado *Sob o sol de Parador*, seu sexto álbum, quinto solo, uma cristalização de tudo o que já cantou. Trata-se do mais pesado e articulado trabalho de Lobão."

Obrigado.

E assim prossigo a perguntar: onde estava o tal declínio de criatividade daquela geração?

Ao chegar no Brasil percebo que o país está na reta final para as primeiras eleições para presidente.

Burguesia

Duas semanas após o lançamento de *Sob o sol de Parador*, Cazuza lança um disco duplo de forma inacreditável. Sem poder mais andar, com um fiapo de voz, numa sôfrega ânsia de deixar sua marca na vida com o maior número possível de canções.

Entre idas e vindas da Clínica São Vicente, no Rio, ele chegou a gravar algumas vozes deitado no estúdio.

Os temas das canções variam como o humor de Cazuza: ora você percebe um asco explícito pela natureza humana desde a frívola "Burguesia" ou a impressionante "Cobaias de Deus" feita em parceria com Angela Ro Ro, ora uma transcendência relutante encontrada em "Azul e amarelo" ou "Eu agradeço" composta com George Israel e Nilo Romero.

Sinto uma imensa necessidade em transcrever alguma letras desse álbum devido a sua importância tanto poética como também com um instantâneo dramático de uma vida pulsando, resistindo, lutando herculeamente para sentir de qualquer maneira um som, uma luz, um cheiro, um sabor, um gesto, um esgar, enfim, algum sinal de eternidade.

Cobaias de Deus
(Cazuza)

Se você quer saber como eu me sinto
Vá a um laboratório ou a um labirinto
Seja atropelado por esse trem da morte

Vá ver as cobaias de Deus
Andando na rua pedindo perdão
Vá a uma igreja qualquer
Pois lá se desfazem em sermão

Me sinto uma cobaia, um rato enorme
Nas mãos de Deus-mulher
De um Deus de saia

Cagando e andando
Vou ver o ET
Ou vir um cantor de blues
Em outra encarnação

Nós, as cobaias de Deus
Nós somos cobaias de Deus
Nós somos as cobaias de Deus

Me tire dessa jaula, irmão, não sou macaco
Desse hospital maquiavélico

Meu pai e minha mãe, eu tô com medo
Porque eles vão deixar a sorte me levar

Você vai me ajudar, traga a garrafa
Estou desmilinguido, cara de boi lavado
Traga uma corda, irmão (irmão, acorda!)

Nós, as cobaias, vivemos muito sós
Por isso, Deus, tem pena e nos põe na cadeia
E nos faz cantar, dentro de uma cadeia
E nos põe numa clínica, e nos faz voar

Nós, as cobaias de Deus
Nós somos cobaias de Deus
Nós somos as cobaias de Deus

Eu agradeço
(Cazuza)

Eu, eu agradeço, Senhor
Eu, eu agradeço, Senhor

Pois me criei
Esta criança que eu sempre hei de ser
Por outros seres e desejos
Vivos nas estrelas
Por ser um rei
E não ter que governar a vida

Agradeço por ter desobedecido
Por ter cuspido no teu altar sagrado
E por saber que nunca vou ter fé
E vou rir só com um canto da boca

Eu, eu agradeço, Senhor
Eu, eu agradeço, Senhor

Meu coração vai filtrar todo o ódio
Como um fígado, e vencer o tédio
E na cabeça a dúvida e o medo
São os amigos que vão me manter são

Eu, eu agradeço, Senhor
Ou, ou, ou o que mais então?

Se eu vejo a luz e vivo a escuridão
E não estou pronto pro grande momento
Se eu vejo a luz e vivo a escuridão
Agradeço mas não me lamento
Por negar também a tua presença
Peço licença pra cantar o amor
E não esperar jamais a recompensa

Eu, eu agradeço, Senhor
Eu, eu agradeço, Senhor

Essa revolta incontrolável provocava um cancelamento total de qualquer tipo de autocensura que pudesse ainda restar em Cazuza e apesar do desespero clamoroso de sua situação, além da vista grossa que a crítica especializada acabou fazendo em relação a essa característica produzida sob condições raríssimas, a poesia sai vencedora.

Apesar do estardalhaço que o disco causou, o foco era a doença ou canções menos densas como "Burguesia" que, por mais ácida que fosse, do lado desses exemplares transcritos, mais parecia uma canção de ninar.

O disco tem também algumas versões de outros compositores como Caetano Veloso ("Esse cara"), Herbert Vianna ("Quase um segundo") e Antonio Maria e Fernando Lobo ("Preconceito"). E inúmeras parcerias com nomes como Rita Lee, Roberto Frejat, Bebel Gilberto, Arnaldo Brandão, João Rebouças (que também produziu o disco), Renato Rocketh, Leoni, Laura Finocchiaro, Ezequiel Neves.

Por se tratar de um disco histórico, abro aqui um espaço para que o relembremos na íntegra.

420   1989 – E NOS ESTERTORES DE UMA ERA VIGORA UMA BELEZA INTENSA

E para finalizar essa aventura que me provocou um oceano de emoções díspares, vou transcrever a canção que fecha o disco que é um adeus. Tenho certeza de que Cazuza a escolheu a dedo para encerrar seu último trabalho. Adianto para quem nunca a ouviu que se trata de uma experiência ímpar escutar com atenção essa canção.

Quando eu estiver cantando
(Cazuza)

Tem gente que recebe Deus quando canta
Tem gente que canta procurando Deus
Eu sou assim com a minha voz desafinada
Peço a Deus que me perdoe no camarim

Eu sou assim
Canto pra me mostrar
De besta
Ah, de besta

Quando eu estiver cantando
Não se aproxime
Quando eu estiver cantando
Fique em silêncio
Quando eu estiver cantando
Não cante comigo

Porque eu só canto só
E o meu canto é a minha solidão
É a minha salvação

Porque o meu canto redime o meu lado mau
Porque o meu canto é pra quem me ama
Me ama, me ama

Quando eu estiver cantando
Não se aproxime
Quando eu estiver cantando
Fique em silêncio
Quando eu estiver cantando
Não cante comigo

Quando eu estiver cantando
Fique em silêncio
Porque o meu canto é a minha solidão
É a minha salvação
Porque o meu canto é o que me mantém vivo
É o que me mantém vivo

E eu prossigo a perguntar: onde estaria o declínio criativo dessa geração?

Quatro estações

Assumindo de vez a formação de trio com a saída do baixista Renato Negrette, o Legião Urbana lança o *Quatro estações*, seu disco de maior êxito com mais de 2 milhões e meio de cópias vendidas, que sedimentará a banda como um dos maiores fenômenos da música popular brasileira.

Ao ouvir o disco por aqui, percebo um Renato num clima meio Bob Dylan em sua fase *Saved*, com citações bíblicas e de Buda, e com direito aos *Lusíadas* de Camões.

O disco conta com poderosos hits: "Pais e filhos", "Quando o sol bater na janela do teu quarto" e "Meninos e meninas" que se destaca porque Renato explicita sua pansexualidade nessa canção. A faixa de abertura "Há tempos" é bem interessante. A letra começa com versos cantados com uma ambígua calma enquanto dizem: "Parece cocaína mas é só tristeza, talvez tua cidade/ Muitos temores nascem do cansaço e da solidão/ Descompasso, desperdício/ Herdeiros são agora da virtude que perdemos/ Há tempos tive um sonho/ Não me lembro, não me lembro."

O que me impressionou de verdade nessa audição foi perceber que Renato estava cantando demencialmente, lindamente, se destacando, com muitos corpos de vantagem, como o maior cantor dessa geração.

Com amigos e entes queridos morrendo de Aids aos borbotões, Renato dispensa através de "Feedback Song for a Dying Friend" um tributo ao fotógrafo americano e paixão da vida de Patti Smith, Robert Mapplethorpe, e a alguns outros amigos não divulgados e a Cazuza, todos ceifados pela Aids que oito anos mais tarde também levaria Renato.

Fora isso achei as músicas meio descontínuas como se fossem feitas aos retalhos e, em certos momentos, cheguei a achar a audição um tanto maçante. Talvez por eu ter acabado de ouvir a catarse poético-sonora do *Burguesia* do Cazuza, ou talvez seja esse um daqueles discos que a gente tem de ouvir por mais vezes, com mais atenção para poder desfrutar corretamente de seu conteúdo.

Mas uma coisa não se pode negar: *Quatro estações* tem muita ousadia nas letras e a fecundidade poética de Renato está à flor da pele.

Sendo assim, transcrevo a manjada, contudo lindíssima, "Pais e filhos":

Pais e filhos
(Renato Russo)

Estátuas e cofres e paredes pintadas
Ninguém sabe o que aconteceu
Ela se jogou da janela do quinto andar
Nada é fácil de entender

Dorme agora
É só o vento lá fora

Quero colo! Vou fugir de casa
Posso dormir aqui com vocês?
Estou com medo, tive um pesadelo
Só vou voltar depois das três

Meu filho vai ter nome de santo
Quero o nome mais bonito

É preciso amar as pessoas
Como se não houvesse amanhã
Porque se você parar pra pensar
Na verdade não há

Me diz, por que que o céu é azul?
Explica a grande fúria do mundo
São meus filhos
Que tomam conta de mim

Eu moro com a minha mãe
Mas meu pai vem me visitar
Eu moro na rua, não tenho ninguém
Eu moro em qualquer lugar

Já morei em tanta casa
Que nem me lembro mais
Eu moro com os meus pais

É preciso amar as pessoas
Como se não houvesse amanhã
Porque se você parar pra pensar
Na verdade não há

Sou uma gota d'água
Sou um grão de areia
Você me diz que seus pais não entendem
Mas você não entende seus pais

Você culpa seus pais por tudo, isso é absurdo
São crianças como você
O que você vai ser
Quando você crescer?

Persisto em perguntar: com um disco como *Quatro estações*, onde estaria o tal declínio criativo dessa geração?

Õ Blésq Blom

Ouvir esse álbum é uma alegria em virtude da qualidade das letras e do humor insólito e associativo que elas produzem.

Musicalmente, me irritei com a impositiva presença das baterias eletrônicas que Liminha insistia em colocar em tudo (fez assim no segundo disco do Ritchie, tentou fazer no meu e com os Titãs..., aí ele abusava mesmo).

O repertório não merecia essa roupagem que deixa tudo meio postiço e cafona. As músicas são todas elas geniais, mas creio que todo esse alarido feito pela imprensa não se justifica pois a textura sonora soa muito fake (e não me venha com aquele lorota de que naquela época era moderno porque já soava fake assim mesmo)

Mas quando é dado à banda as mínimas condições de soar como uma banda, há excelentes momentos, com linhas e timbres de guitarras e de baixo. Mas a bateria aparece como um afogado tentando desesperadamente colocar seu pescoço para fora d'água.

De qualquer forma, o disco transborda criatividade, boas ideias e como disse antes, grandes letras, letras sensacionais. Por isso mesmo transcreverei duas delas.

Flores
(Charles Gavin, Paulo Miklos,
Sérgio Britto e Tony Bellotto)

Olhei até ficar cansado
De ver os meus olhos no espelho
Chorei por ter despedaçado
As flores que estão no canteiro

Os punhos e os pulsos cortados
E o resto do meu corpo inteiro
Há flores cobrindo o telhado
E embaixo do meu travesseiro
Há flores por todos os lados
Há flores em tudo que eu vejo

A dor vai curar essas lástimas
O soro tem gosto de lágrimas
As flores têm cheiro de morte
A dor vai fechar esses cortes
Flores
Flores
As flores de plástico não morrem

Racio Símio
(Arnaldo Antunes)

O anão tem um carro com rodas gigantes
Dois elefantes incomodam muito mais
Só os mortos não reclamam
Os brutos também mamam
Mamãe eu quero mamar
Eu não tenho onde morar
Eu moro aonde não mora ninguém
Quem tem grana que dê a quem não tem
Racio símio, racio símio, racio símio, racio símio
Racio símio, racio símio, racio símio, racio símio

Quem esporra sempre alcança
Com maná adubando dá
Ninguém joga dominó sozinho
É dos carecas que elas gostam mais
A soma dos catetos é o quadrado da hipotenusa
Nem tudo que se tem se usa
Racio símio, racio símio, racio símio, racio símio
Racio símio, racio símio, racio símio, racio símio

Os cavalheiros sabem jogar damas
Os prisioneiros podem jogar xadrez
Só os chatos não disfarçam
Os sonhos despedaçam
A razão é sempre do freguês
Eu não tenho onde morar
Eu moro aonde não mora ninguém
Quem come prego sabe o cu que tem
Racio símio, racio símio, racio símio, racio símio
Racio símio, racio símio, racio símio, racio símio

Mais outro álbum confirmando minha dúvida cruel: onde foi que viram o declínio da criatividade dessa geração?

Crescendo

Esse álbum do Ultraje a Rigor é lançado com uma proeminente participação de Sérgio Serra na banda: ele canta, assina canções e tem um desempenho brilhante na guitarra. No entanto, a unidade do disco é bastante confusa beirando a esquizofrenia musical. São muitas faixas incidentais com instrumentais longos e uma indefinição forte no humor e no conceito de todo o disco.

A abertura de faixa-título é genial: começa com Roger com aquela voz de fitas de auto-hipnose: "Olhe fixamente para o centro do seu disco... Relaxe... Sentindo-se bem tranquilo, sem problemas. Sinta seu corpo, sua mente crescendo... Crescendo..." Mas a verdade mesmo é que, tirando as faixas "Filha da Puta" e "Chiclete", o disco, apesar da execução da banda estar com muito mais pegada e o som ter evoluído bastante, é confuso.

Apesar de tudo, vendeu mais de cem mil cópias.

Próxima parada

Marina vem de uma sequência de vários discos de grande sucesso desde *Fullgás*. E *Próxima parada* confirmará o nome de Marina Lima como a maior compositora dessa geração.

O disco vem com pelo menos cinco hits que tocaram exaustivamente nas rádios: a faixa-título, "À francesa", a regravação de "Garota de Ipanema" e também "Dois elefantes", dos Paralamas, e a versão de "Only You", dos Platters.

Big Bang

Pois é... Nesse quinto disco dos Paralamas tem uma música muito bonita e que vale todo o disco: "Lanterna dos afogados". O restante é aquela mistura de caribe, lambada, Tim Maia e, sinceramente, não é o tipo de som que poria pra ouvir.

O que mais me saltou ao ouvir o disco aqui em casa foi a faixa "Se você me quer", como um momento absolutamente Zelig, em que você jura estar ouvindo "Língua" de um sub Caetano Veloso, não só pela sonoridade mas principalmente pela surpreendente interpretação de Herbert, que me fez voltar aos créditos para confirmar se não houve participação do Caetano de verdade. Quem quiser conferir fica aqui a sugestão.

Mas como disse anteriormente "Lanterna dos afogados" é uma canção soberba (só rezo para que não seja chupada de ninguém). E por isso mesmo, transcrevo sua letra.

**Lanterna dos afogados
(Herbert Vianna)**

Quando tá escuro
E ninguém te ouve
Quando chega a noite
E você pode chorar

Há uma luz no túnel
Dos desesperados
Há um cais de porto
Pra quem precisa chegar

Eu tô na lanterna dos afogados
Eu tô te esperando
Vê se não vai demorar

Uma noite longa
Pra uma vida curta
Mas já não me importa
Basta poder te ajudar

E são tantas marcas
Que já fazem parte
Do que eu sou agora
Mas ainda sei me virar

Eu tô na lanterna dos afogados
Eu tô te esperando
Vê se não vai demorar

Mais discos que marcaram 1989

Amor à arte, de Lulu Santos, gravado ao vivo no Olímpia.

Clandestino, do Ira!, este sim, um disco não muito inspirado da banda.

Alívio imediato, dos Engenheiros do Hawaii, gravado ao vivo no Canecão que, além de um desfile dos grandes sucessos, traz as inéditas "Nau à deriva" e "Alívio imediato".

Enquanto isso... na MPB...

Roberto Carlos lança um disco ecológico e muda de visual! Aparece com uma pena ridícula na orelha e comete mais um disco mequetrefézimo.

Gilberto Gil, naquela mesmíssima sonoridade que vem desde *Realce*, lança *O eterno deus Mu dança*, com a presença de Liminha e suas modernidades ridículas. Quando você começa a ouvir o disco, tem a nítida sensação de que vai entrar um dos Titãs cantando. A sonoridade é muito parecida em tudo o que Liminha bota a mão. Por isso concluí que se a gente não saísse no tapa com o sujeito, ele imprimia o mesmo tipo de sonoridade modernosa em tudo, que assassinava qualquer projeto. Não sei como esses artistas não reclamavam e se submetiam àquilo. Fora isso, o que se pode comentar sobre o disco é a ironia de um cara como o Gil, surfando no imobilismo musical propulsionado apenas pelo poder que uma vaga no coronelato lhe concede, clamar por mudança. Chega a ser maldade! Reparem só esse trechinho aqui da faixa-título: "A gente quer mu--dança/ O dia da mu-dança/ A hora da mu-dança/ O gesto da mu-dança/ Sente-se tranquilamente e ponha-se a raciocinar/ Sente--se na arquibancada ou sente-se à mesa de um bar/ Sente-se onde haja gente, logo você vai notar/ Sente-se algo diferente: a massa quer se levantar/ Pra ver mu-dança/ O time da mu-dança/ O jogo da mu--dança/ O lance da mu-dança".

Olha, vou dizer uma coisa: o disco é uma gororoba sonora dos infernos. É só isso que tenho a dizer.

E Caetano Veloso? Caetano comete *Estrangeiro*! Uma platitude modernosa produzida por Arto Lindsay e Peter Sherer e ouvir o disco nos faz perguntar quais seriam os misteriosos desígnios de alçar um trabalho desses a um patamar tão desproporcionalmente alto? Com aqueles barroquismos e aliterações tediosos, aquela pretensão de vanguarda mofada, enfim, o disco é uma verdadeira porcaria.

Chico Buarque grava um disco sem a menor expressão que tem como título seu nome e abre com uma música daquelas ("Dois irmãos") de pedir taxa de insalubridade à editora. O que impressiona é, mais uma vez, testemunhar a confecção de um prestígio cosmético, forjado ao longo desses anos revelando de forma incontestável a presença desse totalitarismo cultural encarnado em sua permanência a ostentar esse prestígio que, de forma alguma, corresponde ao material exibido em seu trabalho.

Em 1989 introduzirá de vez um personagem que funcionará como o arauto da obliteração absoluta de uma geração: Marisa Monte, uma cantora de técnica impecável e de expressão nula, surge na ribalta sob os auspícios do nosso sempre presente Nelson Motta, com o papel de resgatar a MPB e a Tropicália da morte certa. Só isso.

E assim chegamos ao término da década, mas não ainda ao extermínio total da geração que moldou essa década.

No último capítulo verificaremos os suspiros finais desse rock anos 80 como um movimento e o surpreendente e improvável retorno ao poder absoluto do totalitarismo cultural brasileiro da Tropicália e MPB, que consubstanciariam essa volta no marco de sua reconquista, já em 1993: *Tropicália 2* (que Décio Pignatari cunhará certeiro... Tropicália a dois). Mas não coloquemos os burros diante da carroça. Ainda temos terrenos a percorrer.

CAPÍTULO 15

1990/1991

ESSE É O FIM, MEUS AMIGOS

> "Será que apenas os hermetismos pascoais e os tons, os miltons, seus sons e seus dons geniais, nos salvam, nos salvarão dessas trevas e nada mais."
>
> Caetano Veloso

Uma nova década se inicia com drásticas mudanças de paradigma no mundo e no Brasil.

Saddam Hussein invade o Kuwait sob o pretexto que o país vizinho estava roubando petróleo do Iraque e catapulta o preço do combustível em todo o mundo para níveis estratosféricos. Essa invasão dará origem à primeira Guerra do Golfo no ano seguinte.

Após a queda do muro de Berlim, a Alemanha se reunifica.

No ano seguinte, é a vez da União Soviética se desintegrar numa velocidade intrigante. A queda se inicia após um golpe de militares da linha dura comunista obter um retumbante fracasso contra Gorbatchev num levante que duraria apenas três dias e se alastraria pela Estônia, Letônia e Lituânia.

No dia 8 de dezembro é declarada a extinção da União Soviética. No dia de Natal, Gorbachev renuncia ao cargo. No dia 28 de dezembro, é expedida a declaração nº142-H do Soviete Supremo reconhecendo a independência das antigas repúblicas soviéticas criando a Comunidade dos Estados Independentes (CEI).

No dia 31 de dezembro a bandeira que trazia a foice e o martelo, símbolo do comunismo, dá lugar ao pavilhão tricolor, azul, vermelho e branco, cores provenientes do escudo de Moscovo, na qual aparece São Jorge com uma armadura branca. Em outra versão essas cores são das vestes da Virgem Maria, padroeira da Rússia.

Na Inglaterra, após muita pressão popular, a primeira ministra Margaret Thatcher é obrigada a renunciar, encerrando assim a era da Dama de Ferro.

Aqui no Brasil, Fernando Collor de Mello assume a presidência da República através do voto popular e atinge altíssimos índices de aprovação do povo brasileiro atrelado nas promessas de acabar com a inflação, defender os descamisados e extinguir a corrupção na política, promovendo sua decantada caça aos marajás.

Collor começa seu mandato abrindo a economia aos produtos importados e a novas marcas de automóveis (após declarar que a nossa indústria automobilística só produzia carroças).

No dia seguinte à sua posse, lança um mirabolante plano econômico conhecido como Plano Collor, confiscando a poupança dos brasileiros, reduzindo o número de ministérios e retomando o cruzeiro como moeda em substituição ao cruzado.

As medidas econômicas foram catastróficas gerando profunda recessão, desemprego, quebra de empresas, insegurança, descontentamento e desespero em toda a classe empresarial e na população em geral.

Já no ano seguinte começam a espocar em setores da sociedade e na imprensa denúncias de casos de corrupção e o país entra em parafuso.

Em 16 de março de 1990, Collor assina medida provisória acabando com entidades da administração federal, entre elas a Embrafilme.

Em 23 de dezembro de 1991, Collor sanciona uma lei que institui políticas para a cultura, como o PRONAC. Essa lei será conhecida também como Lei Rouanet (em homenagem a Sérgio Paulo Rouanet, secretário de cultura de quando a lei foi criada).

Outra curiosidade relacionada ao governo Collor é a ascensão vertiginosa da música sertaneja que sempre foi um segmento de ponta dentro da indústria fonográfica por sermos um país eminentemente rural.

Entretanto o fenômeno se alastrará para o público citadino, dando início a era em que o Brasil se transformará num imenso arraial anal, que se expandirá para a laje da favela com o pagode mauricinho (quem não se lembra daqueles meninos fofos e carinhosos adornados por seus topetes "alça de boquete"?), anexando o axé dos trios elétricos, evoluindo para o sertanejo universitário dos playboys e peruas supostamente matriculados em instituições de ensino superior, para com os programas de sábado da Rede Globo e o funk carioca testemunharmos assombrados a decantação de toda essa gororoba de mau gosto numa espécie de mingau fecal, fruto desse macabro sincretismo.

Os artistas desse novo gênero misturarão a sanfona com o batidão, aquele trinado tétrico de vibrato de dupla sertaneja, acrescido das coreografias entre cavalgadas de rodeios e reboladas modelito triturador de linguiça num espetáculo de aberrações e horrores simpáticos, sensuais e fofos.

Portanto, os fundadores desse novo paradigma estético que transformou o país são as duplas sertanejas lá do início dos anos 90: Chitãozinho e Xororó, que invadem onipresentes todas as paradas, levando multidões aos seus shows; Leandro e Leonardo, que multiplicam seus fãs com o megassucesso "Pensa em mim"; e em seguida a cancela se abre para Zezé di Camargo e Luciano, que estouram em todo o Brasil com "É o amor".

Em 90 morrem Cazuza, o comunista Luiz Carlos Prestes, Zacarias dos Trapalhões, Greta Garbo, Elizeth Cardoso, a divina, e o escritor Rubem Braga.

Em 91 Gonzaguinha, o último revolucionário de festivais, partirá para a carreira subsolo. Morre Pepê, surfista, empresário e campeão mundial de voo livre e meu amigo de infância.

Sai de cena, mais outra vítima ceifada pela Aids, o mito Freddie Mercury do Queen.

Outras baixas são o diplomata e iconoclasta José Guilherme Merquior, o ator francês Yves Montand e a bailarina Margot Fonteyin.

A MPB começa a retomar o poder mais forte que nunca e a presença de Marisa Monte é fundamental para que isso venha a acontecer. Caetano, Gil, Chico, Roberto Carlos, todos saem incólumes dos anos 80 e essa história cheia de tramoias e intrigas será contada em profundidade no próximo guia politicamente incorreto onde a hora e a vez será da MPB e da Tropicália.

90 e 91, análise em dois tempos: para onde foram os principais atores dessa história

Sepultura

Poderia fazer um paralelo do Sepultura com Ayrton Senna, ou Piquet, ou Fittipaldi. Por quê? Tiveram que sair do Brasil para atuar numa área de extrema competitividade, excelência e tecnologia.

O rock sem tecnologia é nada: você tem que tirar um som bom de um instrumento, depois do amplificador (mesmo se ambos forem ruins), isso vale para piano, órgão, sintetizador, agogô, bateria etc. Se você quer registrar sua música numa gravação, tem que saber exatamente os timbres, as texturas, os espaços, a inter-relação dos volumes e dos lugares dos instrumentos (você pode decidir colocar uma guitarra na sua orelha esquerda durante o refrão e colocá-la no meio, ou na orelha direita no final, ou coisa parecida).

O Sepultura percebeu ou intuiu que tirar um som decente aqui no Brasil é impossível e acabou se mandando daqui. Contrariando todas as expectativas que nós temos em relação a um roqueiro brasileiro, o Sepultura acabou se tornando uma das maiores bandas de rock do mundo. Isso com a formação que se tornaria clássica: Max Cavalera, Igor Cavalera, Paulo Jr. e Andreas Kisser. Essa formação realizará discos antológicos como *Beneath the Remains*, *Chaos A.D.* e *Roots*.

O inacreditável é que o Sepultura em sua recente formação e após alguns anos testando outros integrantes se reafirma como uma das melhores bandas do mundo outra vez.

Me dá o maior orgulho quando vou mexer nos meus *plug-ins* no computador onde há uma imensa livraria de sons de guitarristas lendários com nomes como Jimi Hendrix, Jimmy Page, Eric Clapton,

Stevie Ray Vaughan, Tony Iommi, B.B. King, Angus Young, Kirk Hammett e Andreas Kisser.

Isso não é brincadeira, não. É uma conquista e um reconhecimento a um grande músico que teve de fazer seu caminho com um esforço muito maior que seus colegas.

E vocês que estão lendo esse guia já podem dimensionar esse esforço.

E é nesse nível que a banda se encontra: Paulo Jr é um baixista monstruoso tanto tocando como por seu timbre único. Eloy Casagrande é um fenômeno na bateria e já é seguramente um dos melhores bateristas do mundo. E Derrick Green nos vocais? Bem, esse foi um grande achado da banda: um negão enfurecido, com uma voz que parece um furacão cantando... metal!

Com essa nova formação com personalidade própria, a banda lançou seu último disco *Machine Messiah*, em janeiro de 2017, após três anos sem gravar, o álbum já está sendo considerado pela crítica internacional como um dos melhores da banda, de todos os dezessete já lançados, entre todas as suas formações, mostrando assim como se pode manter o frescor, a inspiração e a motivação depois de tantos anos de batalha e descrédito, principalmente em relação à imprensa daqui do Brasil.

Portanto, nós que fazemos rock nessas plagas de cá, só podemos agradecer a essa banda esplêndida pela sua história heroica, que nos dá orgulho, entusiasmo e vontade de prosseguir, exigindo sempre o nosso máximo de nós mesmos.

Vida longa ao Sepultura!

Legião Urbana

O dia 7 julho de 1990, dia da morte de Cazuza, ficará marcado na memória de todos nós brasileiros. Contudo, para milhares de jovens que compareceram ao show do Legião Urbana no Jóquei Club do Rio de Janeiro, esse dia terá um peso ainda maior: foram 60 mil pessoas reunidas numa verdadeira liturgia fúnebre, todos os presentes chorando e cantando junto com Renato Russo a morte de Cazuza, um prelúdio triste da morte de todos nós.

Antes da apresentação, Renato com flores na mão, em meio àquele luto pesado, faz a seguinte declaração:

"Eu vou falar de mim. Eu tenho mais ou menos 30 anos. Eu sou do signo de Áries. Eu nasci no Rio de Janeiro. Eu gosto da Billie Holiday e dos Rolling Stones. Eu gosto de beber pra caramba de vez em quando. Também gosto de milk-shake. Eu gosto de meninas, mas eu também gosto de meninos. Todo mundo diz que eu sou meio louco. Eu sou um cantor numa banda de rock'n'roll. Eu sou letrista e algumas pessoas dizem que eu sou poeta. Agora eu vou falar de um carinha. Ele tem 30 anos. Ele é do signo de Áries. Ele nasceu no Rio de Janeiro. Ele gosta da Billie Holiday e dos Rolling Stones. Ele é meio louco. Ele gosta de beber pra caramba. [pausa] Ele é cantor numa banda de rock. Ele é letrista. E eu digo, ele é poeta. Todo mundo da Legião gostaria de dedicar este show ao Cazuza."

E esse outro poeta, Renato Russo, no ano seguinte também seria declarado soropositivo e também, num curto espaço de tempo, estaria morto da mesma forma.

Que destino trágico tomava para si toda uma geração que começou tão inconsequente, tão cheia de sonhos, que improvável e heroicamente atingiria os píncaros do estrelado contra tantas forças poderosas, tendo de lutar contra tantas adversidades, tendo de lidar com as tenebrosas precariedades que a pátria nos concedia, explorados por bandidinhos e bandidões.

O Legião realizará mais três álbuns com o Renato segurando a barra de conviver com a sua sentença.

Entre tantas brigas e cismas, eu e Renato só fomos nos conhecer de fato em 1995, numa entrevista (para a revista *Marie Claire*) em que nos reuniram para um papo. Um papo que durou mais de seis horas num restaurante japonês em Ipanema. Ficamos amigos, trocamos sugestões de livros, refletimos sobre a nossa geração, seus vícios, covardias e fofuras também.

Ele me deu seu disco em italiano e dei a ele o meu *Nostalgia*. Começamos a nos telefonar (ele era muito tímido e eu, por incrível que pareça, também) e a cogitar entabular uma parceria. No início do ano de 1996 voltamos a nos encontrar para as sessões de fotos da tal entrevista. Ele estava engraçado e se olhava no espelho me dizendo: "Puxa vida, eu não sou nenhuma Cindy Crawford pra ficar assim posando debaixo desses holofotes e com esse fundo infinito onde a gente nem pode colocar as mãos em algum lugar." Continuamos nos telefonando e ele só me dizia que havia deixado de beber e me parecia sóbrio, tímido mas tranquilo.

Recebi uma porrada violenta ao acordar no dia do meu aniversário e saber que ele tinha ido embora. Aquilo não podia ser verdade, mas era. Me permiti amar o Renato tarde demais.

Não é fácil assimilar a perda de três grandes poetas de uma só geração, Júlio Barroso, Cazuza e Renato Russo, e prosseguir com algum projeto em mente ou alguma esperança no coração. Mas aqui estou eu para contar uma história que jamais seria contada da maneira que tive agora esse privilégio raro de contar.

Em 2001 sairia o livro com todas as letras do Cazuza (*Preciso dizer que te amo,*) com o prefácio de Caetano Veloso (eu alertava Cazuza para esse perigo) do qual retiro aqui o seguinte trecho:

"*O rock brasileiro dos anos 80, aquela onda enorme que representou a maturação do estilo entre nós, foi um acontecimento auspicioso porque saudável e rico, revitalizador do ambiente e revelador de numerosos grandes talentos. Tão numerosos que, mesmo com o espantoso crescimento do mercado, muitos grandes talentos correram o risco de sumir numa multidão. O caso de Cazuza foi especial: ele corre o risco de destacar-se demais da turma. Não só porque era desde logo um dos maiores entre os grandes, mas também (e talvez sobretudo) porque a originalidade de sua formação poderia ter lhe valido a expulsão do grupo. Ele chegou no rock com um eco da Rádio Nacional, que o movimento só aguentou porque era tão forte e profundo. O depoimento de Nilo Romero sobre a composição Brasil comove quando ressalta que ele e George Israel viram ali a oportunidade de fazer "samba-rock" pra valer, como nunca tinha sido feito antes. De fato, a expressão pode estar já na música de Jackson do Pandeiro, a intenção já rolava entre os tropicalistas, a combinação aparece ensaiada nos arranjos dos Novos Baianos, mas samba-rock mesmo, cravado, desde a medula da composição, só Brasil.*

E é evidente que a inspiração para isso não chegaria sem Cazuza. Sem o timbre, as palavras, o sotaque, a personalidade musical do poeta Cazuza. Porque ele está entre Herbert Vianna e Lobão como está entre Ataulfo Alves e Lupicínio. Com isso tudo, o que impressiona no corpo da produção de Cazuza agora é a carga de esperança que ele suscita. Paradoxalmente, o monte de canções de desespero e lamento que nos deixou esse garoto que morreu tão cedo exala esperança. Mas o paradoxo é só aparente. O tom desesperado está sempre cheio de gosto pela vida, e o lamento é antes sensualidade. A força da esperança, no entanto, vem da obra em sua relação com a história da nossa música. E nossa história se tem contado privilegiadamente através da música popular.

Podemos chorar de saudade de Cazuza. Mas sempre tornamos a nos alegrar com sua presença divertida e desafiadora, porque ele é uma das pessoas que mais sabem expressar este fato dificílimo de entender e admitir: os humanos somos todos imortais."

O que teria eu a dizer sobre essas linhas? O que me causa uma certa impressão é perceber Caetano desconfiado de que Cazuza corresse o risco de se destacar da turma: estava claro que não havia turma. Havia, sim, um seleto grupo de artistas fora da curva (Cazuza, Júlio Barroso, Roger Moreira, Arnaldo Antunes, Tatu, Clemente, Renato Russo) que entravam sem bater à porta no primeiro time de compositores e cantores da música popular brasileira.

Quanto a paternidade do samba-rock, o argumento é tão canalha que é mais fácil começar por aniquilá-lo do que informar Caetano de fatos que, por ventura, ele realmente ignore ou simplesmente esteja omitindo deliberadamente. Isso não importa aqui.

O primeiro aspecto dessa abordagem caetânica já peca por seu atávico umbilicocentrismo: querer remeter a Jackson do Pandeiro, a Novos Baianos e a si mesmo enquanto tropicalista às tais primeiras intenções em fazer samba-rock chega a ser fofo!

Em primeiro lugar, o rock dos anos 80 nasceu de uma ânsia de ruptura dessa hegemonia e desse apadrinhamento picareta. E querer pegar uma carona nesse barco na brecha do Cazuza que morreu e de outros bundamoles geracionais ainda vivos, que abriram espaço para Caetano dar pitaco só porque lamberam-lhe as bolas, revigorando-lhe assim seu poder de coronel ao ponto de ele se achar confortável para vir abençoar como um corvo sob agouros delicados uma lápide? Aqui não, violão. Isso não se sustentará porque eu estou aqui.

Em segundo lugar, eu gostaria de saber até quando vamos nos agarrar a linguagem do samba como certificado de legitimização para qualquer coisa que fazemos? É por essas e por outras que vemos colegas nossos rearranjando (adulterando) seus repertórios, inserindo um pandeirinho aqui, uma harmoniazinha de bossa nova acolá, para ter a graça e o direito de se apresentar numa pizzaria ou seja onde for no exterior, e assim ser reconhecido como um típico produto da cultura brasileira. Isso é simplesmente miserável.

E foi nesse mesmíssimo expediente que nós, jovens de classe média branca, acometidos da síndrome de dignidade intelectual, acabamos por incorrer nessa história de samba-rock.

Quantos casos, amigos leitores, vocês leram até aqui neste guia, de artistas (incluindo este que vos escreve) declarando orgulhosamente que estavam amadurecendo seu som com a inclusão de "elementos brasileiros" em seus trabalhos? Quantos anos levei para limpar esse tabu que nos impregna a alma, nos drena a inteligência nessa punheta mole de identidade e nos transforma em pedintes subalternos sedentos pela aprovação de múmias obsoletas a cagar as regras de sempre em nossas santas cabecinhas.

Quer dizer então que você, antes de inserir um pandeiro ou uma cuíca ou um cavaquinho em suas canções, não passa de um bosta n'água, de um apátrida alienado?

E olha que nem vou me dignar a polemizar sobre incorreção absoluta da referência de Caetano sobre a criação de samba-rock, ou não. Isso não interessa mais!

Renato Russo é tão brasileiro, importante e genial quanto Cazuza (e ambos, infinitamente melhores que todos esses caciques patetas da MPB juntos), e Renato nunca se ateve ao compromisso de ser ou não ser mais brasileiro através de uma questão fetichista e atávica de provincianos do cu do mundo, apegados a pendurichalhos culturais, sedentos de pertencimento a procurar apêndices externos para acoplar em suas obras.

Humberto Gessinger conseguiu fazer um som que tem a cara da sua terra sem inserir balangandãs pseudoprimitivos em sua obra. E isso vale para Os Inocentes, Ira!, Cólera, Plebe Rude, Coquetel Molotov, Camisa de Vênus, Ultraje a Rigor e tantos outros.

Caetano tem um péssimo hábito de usar o elogio como forma de exclusão das verdadeiras qualidades do elogiado. Omite ou diminui as verdadeiras habilidades de Cazuza ao colocar uma luz que mais parece uma cortina de fumaça onde salienta uma determinada contribuição sua para a descoberta da verve samba-rock da canção "Brasil" através de eflúvios poético-melopeicos, emitidos ectoplasmaticamente a seus parceiros musicais. Isso é ridículo, para não ser mais rigoroso.

A grandeza de Cazuza, além de transcender em muito essa tolice, não passa exatamente por aí: ele já se mostra um grande poeta desde o início, num blues, já em "Down em mim". Ponto.

Pois se por ventura confirmássemos o ato de fazer um samba-rock como o único passaporte aceito para o Olimpo da MPB, concluiríamos, portanto, que o tal elogio de Caetano exclui todo o resto de uma geração em detrimento de um telecoteco acessório. O mesmíssimo padrão emitido ao elogiar os ombros de Paulo Ricardo, onde o restante de seus predicados também foi para o brejo junto com suas ombreiras.

Os Paralamas do Sucesso

Os Paralamas lançam sua primeira coletânea no ano de 1990. O grupo prosseguirá gravando discos (*Grãos* de 1991, *Severino* de 1994, *Nove luas* de 1996 e *Hey, Nana* de 1998), todos com boa aceitação pública e grande prestígio na imprensa. Obterão um enorme sucesso em vários países da América do Sul, lotando estádios e travando parcerias com artistas de grande importância como Fito Paez, entre outros.

Continuarão cada vez mais ligados ao núcleo da Tropicália fosse por Herbert, fosse por seu irmão Hermano. Eles se aproximarão do axé via Daniela Mercury e, em seguida, por outros nomes como Ivete

Sangalo, entumescendo cada vez mais o prestígio de Herbert e de Hermano, mais até que a própria banda.

Minha rixa, ao invés de diminuir se magnificou, quando soube que o exato núcleo da Mangueira que tocava comigo por mais de dez anos foi cooptado para, a princípio, participar das gravações do disco de Fernanda Abreu, produzido por Herbert (*O veneno da lata*), que doravante se chamaria *Funk'n lata*. No ano seguinte, Os Paralamas absorvem de vez o tal núcleo e saem pelo Brasil em excursão. Que Deus me perdoe se estou sendo injusto com minhas ilações, mas essa é a história e o que senti não foi exatamente bonito.

Em 4 de fevereiro de 2001, Herbert sofre um acidente terrível em Mangaratiba, quando o ultraleve que pilotava caiu no mar depois de fazer uma manobra radical, que ceifou a vida de sua esposa e deixou o líder dos Paralamas paraplégico e com severos danos em sua memória.

Quando soube do acidente, me invadiu um sentimento de imensa perplexidade, seguida de uma sensação de que minha história estava sendo enterrada viva e, quando tudo se assentou em minha cabeça, uma tristeza profunda.

Herbert teve uma recuperação absolutamente fora do normal e, contrariando todas as expectativas, voltou à vida, aos seus afazeres e heroicamente segue seu ofício com uma bravura e uma determinação, que só me fazem admirá-lo profundamente.

Creio que por conta de todas as nossas desavenças só posso agradecer a tudo que me aconteceu, o que essa rixa veio a provocar em mim, o que tudo o que possa ter sido negativo ou mesquinho fez florescer na minha vida, através de meu crescimento, uma vez que não sucumbi. São os halteres das adversidades a nos fortalecer.

E da mesma forma percebo que Herbert, com seu próprio caminho, com todo o seu inimaginável sofrimento, não só físico como emocional, com a responsabilidade de pai tendo que dar todo apoio aos filhos, tem aqui publicamente os meus votos de que ele realize um próximo trabalho e que possa se nutrir de alegria e conforto com os méritos de seu talento, seu esforço e sua obstinada determinação em sobreviver. Enfim, me flagro amando meu ex-inimigo. E se por ventura fui injusto e desvairado em minhas suspeitas, nutrindo por todos esses anos sentimento feios, peço aqui humildemente o meu perdão.

Titãs

Tudo ao mesmo tempo agora será o último disco com Arnaldo Antunes na banda. Arnaldo em breve irá formar um grupo com Marisa Monte e Carlinhos Brown chamado Os Tribalistas, que era uma espécie de tropicalismo com baixíssimos teores. Enquanto o *range* de suspeita sobre o real valor do tropicalista varia entre o canalha e o gênio, o do tribalista varia entre o idiota e o maluquinho.

Lamentei muito pelo Arnaldo, pois o admiro imensamente.

O projeto foi um megassucesso nacional.

Titanomaquia, em 1993, traz Jack Endino na produção do disco, um nome que já havia produzido bandas como o Soundgarden e o Nirvana. Em 1997, eles voltam a vender muito com o *Acústico MTV* (1,7 milhão cópias) e no vácuo do sucesso desse projeto, lançam em 1998 o *Volume Dois*, chegando a 1 milhão de cópias.

Em 2001, mais uma tragédia e um desfalque para a banda: morre o guitarrista Marcelo Fromer. Em 2002 Nando Reis parte para uma bem-sucedida carreira solo.

Recentemente, a banda vivencia o desmantelamento quase que absoluto com a saída de Charles Gavin e Paulo Miklos, que virou ator (excelente ator, por sinal) e os Titãs que nasceram nove ainda estão em atividade nos dias de hoje com um terço de sua formação original (Tony Bellotto, Branco Mello e Sérgio Britto).

Prosseguimos estremecidos e sigo reprovando suas ações; mas desejo todo o sucesso do mundo para eles.

Esse negócio de geração provoca na gente sentimentos conflitantes onde cabe no mesmo coração o ódio e o amor fraternal. E o impressionante é que esse amor é tão profundo que facilmente sufoca qualquer sentimento ruim em poucos instantes.

Isso só de lembrar o quanto fomos amigos e sonhamos tantas vezes com as mesmas coisas.

Amo todos vocês

Ao restante da tropa Marina, Guto, Lulu, Gessinger, Maltz, Wildner, Maçã, Frejat, Cazuza, Barone, Dinho, Fê, Dado, Bonfá, Roger, Evandro, Billy, Leospa, Bi, Maurício, Carlo, Júlio, Renato, Herbert, Barreto, Baster, Odeid, Arnaldo, Branco, Bellotto, Nando, Tavinho, Ritchie, Bernardo, Kiko, Clemente, Alice, Seabra, Ameba, Barella, Denise, Virginie, Nova, Robério, Beni, Bruno, George, Paula, May, Fernando, João Gordo, Paulo Ricardo, Rodrigo, Kadu, Alcir, Ivo, Nani, Zé, Daniele, enfim todos os colegas e amigos que conduziram, se expuseram, viajaram e, por desventura, naufragaram nessa nave louca que foi existir, atuar e escrever a história desses loucos anos 80, saibam que amo todos vocês e se tiver sido cruel, saibam vocês também que nós devemos aprender de uma vez por todas a sermos duros quando for preciso. O Brasil precisa.

E é isso que estou fazendo agora. Afinal de contas, para que serve o rock'n'roll, não é verdade?

Lobão

Vou começar o relato do meu fim enquanto integrante dos chamados anos 80.

Logo no início de 1990 participo do Hollywood Rock realizado entre os dias 18 e 21 de janeiro com shows no Morumbi em São Paulo e na Apoteose no Rio com a minha poderosa banda, Os Presidentes (Rodrigo Santos no baixo, Nani Dias na guitarra, Kadu Menezes na bateria, Alcir Explosão na percussão e Zé Luís no saxofone), contando com a presença do núcleo da bateria da Mangueira capitaneada por Ivo Meirelles e Alcir, que passou a gravar e excursionar comigo desde as gravações e a turnê do disco de 1988, *Cuidado!*.

Posso afirmar sem a menor sombra de dúvida que cometemos o show mais exuberante e receptivo de toda a minha carreira, com uma repercussão tamanha, que seria eleito pelo público e pela crítica a melhor apresentação de todo o festival, nos tornando a primeira atração nacional a suplantar os shows dos artistas internacionais. Isso num ano em que tivemos Bon Jovi, Marillion, Eurythmics, Terence Trent D'arby, Tears For Fears e Bob Dylan.

É interessante perceber que esse feito não mais se repetirá em nenhum festival realizado em terras brasileiras.

O curioso desse episódio é a pouquíssima propagação dessa verdadeira façanha que, a meu ver, deveria ser estimulada para que outros artistas conquistassem definitivamente um status de igualdade de condições com seus congêneres internacionais.

Após gastar muito tempo aqui pesquisando sobre algum vestígio desse acontecido, consigo enfim encontrar uma matéria na internet num "blog desenvolvido pelo estudante de jornalismo Ronaldo Magalhães Evangelista, que visa em colocar [sic] resenhas de discos etc. etc.".

Sendo assim, considero importante reproduzir essa raridade da informação jornalística em que um estudante escreve uma resenha em 8 de maio de 2008 sobre o meu disco *Vivo* gravado justamente no festival acima citado:

"Faço resenha desse disco no mínimo histórico na carreira do velho lobo, Vivo vem depois de uma fase na qual Lobão ficou preso (por porte de drogas), conheceu o sucesso (com o disco Vida Bandida) e teve que ir para Los Angeles para não ir preso e teve que viver e gravar o disco (Sob o sol de Parador) na cidade americana, em 1990 Lobão livre de todas as acusações volta para fazer esse show no famoso festival Hollywood Rock com o público cantando todas as músicas um que os críticos consideraram o melhor do festival desbancando até as internacionais (entre elas Bob Dylan, Bon Jovi, Marillion e etc...) a gravações desse disco ao vivo foi em São Paulo e Rio. O disco já começa com Vida Bandida que tem a participação da bateria da mangueira que executou com poder as batidas dessa musica, Canos silenciosos continua a festa numa excelente, sempre preferi a versão do lobão de Vida louca, vida (cazuza também gravou) e essa versão comprova isso muito energética, a balada canastrona Por tudo que for vem em seguida e sendo cantada em uníssono, radio blá (hit nos 80) ficou linda e o engraçado que essa musica toca atualmente na versão acústica e muito pensam que ela é uma musica nova, a polêmica Revanche (nos anos 80 a mídia considerou ela uma apologia as drogas) é emocionante também é latente ver os gritinhos de garotas durante essa musica, corações psicodélicos vira um enorme karaokê no palco do Hollywood rock, o samba-rock Cuidado! Com a participação de Ivo Meireles tem uma boa letra (pena que não fez sucesso) o hit de luau Essa Noite Não traz uma calmaria ao show que termina com uma versão meio capela de Me Chama que também ficou muito bonita, enfim um show recheado de hits que mostrou um Lobão musico e não o rockeiro que todos taxam, a pena é que ele tentou repetir esse mesmo show no rock in rio 2 mais foi recebido por vaias pelo metaleiros." [sic]

Pois bem, foi isso aí mesmo.

Um ano depois, com o mesmíssimo show, mas com um tratamento totalmente diverso do que recebi pela produção do Hollywood Rock, me apresento no Rock in Rio e sequer consigo terminar a primeira música em virtude de vaias, projéteis atirados ao palco, que inexplicavelmente tinha sido reduzido em 90% daquele onde passei o som 24 horas antes.

A alegação? A produção contratou de última hora a banda Judas Priest que exigia uma plataforma montada para que seu *crooner* entrasse de motocicleta, o que obstruiu quase por completo o espaço do palco, cujas medidas específicas estavam supostamente garantidas em contrato. Para minha surpresa, ao chegar ao Maracanã, só havia me restado um espaço ridículo, e meu baterista tinha que ficar plantado num alambrado com mais de quatro metros de altura montado atrás de mim. Um absurdo total em termos de visual, de acústica e, além disso, me deixava espremido contra um público hostil, transformando o alambrado num verdadeiro paredão. É bom lembrar que o meu contrato com as minhas devidas exigências (que foram todas descumpridas pelo festival) seria uma conquista para todos os artistas nacionais, pois abria um necessário precedente para que alterássemos de vez aquele tratamento de merda a nós sempre dispensado. Mas isso não parece ter tido muita importância, nem para a imprensa nem para a classe em geral.

O que era engraçado e digno de nota era mais um babaca de um artista brasileiro se fodendo no palco.

Com a sanha da chacota, muitos não se deram conta de que aquela minha apresentação no Rock in Rio ritualizava o fim de uma década inteira, o fim dos sonhos de toda uma geração em marcar sua presença, com alguma dignidade, na história da música popular brasileira e, com ela, a ruína de todo o segmento.

A *MTV* substituiria a *Bizz* inculcando na mentalidade do jovem admirador de rock'n'roll nativo que o rock brasileiro é uma merda e deve ser desprezado, principalmente quando exposto num festival internacional.

Com a conivência bovina dos artistas nacionais, foi assim que se sucedeu e, a cada ano, essa situação se sedimentava de forma lamentável.

A imprensa reverbera o caso, ignorando por completo os sombrios meandros de toda aquela patuscada.

Ainda em 1991, logo após o incidente no Rock in Rio, me enfurno em casa para compor um disco novo que será lançado ainda naquele ano e se chamará *O Inferno é fogo*.

Ouvindo o disco agora, após tantos anos, me surpreendeu o fato de ter gravado todas as baterias e a maioria das guitarras mesmo com a mão e o braço esquerdos totalmente paralisados.

O disco tem faixas como "Matou a família e foi ao cinema", "Bangu 1 x Polícia 0", "O Inferno é fogo", "Sem você não dá", "Que língua falo eu", "Jesus não tem drogas no país dos caretas".

O disco teria seu título misteriosamente evaporado da capa sem que a gravadora conseguisse me dar alguma explicação razoável para o fato. O abandono do disco promovido pela gravadora foi flagrante e logo em seguida eu teria meu contrato rescindido.

Mais uma vez na minha vida, me deparava com uma inexorável extinção.

O que ocorrera no Rock in Rio poderia ser encarado como uma sentença de morte e o fracasso retumbante de *O Inferno é fogo*, como a execução da sentença.

Cheguei num estágio da minha vida que seria obrigado a fazer uma pausa para reflexão no intuito de procurar entender aquilo tudo que aconteceu durante toda aquela década e então traçar algum projeto, algum plano para o futuro.

Me flagrei decepcionado com meus discos, com as minha atuações públicas.

Me vi uma pessoa altamente reativa detentora de uma infantilidade emocional gritante. Percebi os danos causados pelos traumas das perdas da minha mãe e de Júlio Barroso, mergulhando de cabeça numa emulação de vida desregrada de poeta beatnik com doses industriais de drogas e álcool que me renderia a prisão e, por conseguinte, uma convivência atroz e sistemática com a justiça e a polícia em mais de quatro anos de perseguições, prisões, cancelamentos de shows e dilapidação da minha já combalida imagem, deformando por completo os planos da minha carreira.

Há que se colocar na balança também a minha rixa com Herbert Vianna que se estenderá até o dia que ele sofreu o lamentável acidente, provocando no decorrer da década um tremendo cisma entre a classe e uma visível derrota minha por uma total adesão ao Herbert. Percebi que, sendo reativo daquele modo, era muito fácil manipular minhas atitudes. Bastava me cutucar que eu agia como um títere.

Terminava aquele período com a imagem patética do derrotado.

Como sair daquela situação? Admitindo os erros, em primeiro lugar. E para isso decidi me retirar de cena por completo e me dedicar de forma definitiva ao violão clássico, no intuito de readquirir os movimentos do meu braço e da minha mão, assim como para obter um conhecimento que considerava fundamental para seja lá o que eu fosse aprontar no futuro.

Parei radicalmente com as drogas e iniciei uma vida regradíssima de horas de estudo de violão com horas de leitura, em que mergulho de cabeça nos clássicos da literatura, romance, filosofia e poesia.

Passei a ter em mente que se quisesse continuar fazendo música, haveria de me qualificar num nível de excelência bem maior para escrever sozinho minhas letras e minhas canções.

Iniciaria assim um ciclo da minha vida que se estende até os dias de hoje numa paciente escalada de qualidade artística que rende seu primeiro fruto em 1995, com o disco *Nostalgia da modernidade*, iniciando uma trilogia que me impunha uma jornada à procura do meu som de verdade. Em 1998, lanço *Noite* e em 1999, *A vida é doce* finalizando a trilogia e me enxergando finalmente como um artista adulto e senhor de seus desígnios: independente, sem gravadoras, sem tocar no rádio, migrado pioneiramente para o universo da internet e fundando minha própria gravadora, a Universo Paralelo, na qual doravante lançarei todos os meus discos (mesmo o *Acústico MTV*, de 2007, em parceria com a Sony, que ganharia o Grammy Latino de melhor álbum de rock do ano). Em 2004 lanço o *Canções dentro da noite escura* considerado junto com *A vida é doce* como os dois melhores trabalhos da minha carreira. Em 2015 lanço *O rigor e a misericórdia*, conquistando finalmente minha total e absoluta independência, quando aprendo a gravar, mixar, compor, arranjar e tocar todos os instrumentos do disco.

Para me reinventar, reduzi drasticamente minha zona de atuação revertendo assim todo o corolário estratégico do nosso saudoso e longínquo Big Boy: não era mais o tempo de se jogar em programas de auditório, de invadir as rádios populares, de se embrenhar na busca por uma brecha numa trilha de novela. Era tempo de internet, de se focar num público mais seleto e se desviar com todas as forças de assédio dos nostálgicos (público lixo), clamando por flashbacks.

Na minha rotina de reinvenções e renascimentos, acabei por me tornar apresentador de TV por um tempo (detestei) e inaugurar a minha carreira de escritor onde tive a irônica sorte me tornar um *bestseller* logo com o meu primeiro livro. Após três livros lançados constato que vendo mais livros do que discos. É pra frente que se anda, não é mesmo?

Com os livros, a minha cabeça se organiza através do esforço, de sua escrita e somente a partir de 2010 me considero um homem maduro, tranquilo, seguro que conserva uma enorme motivação, entusiasmo e uma vontade imensa de prosseguir o meu caminho.

Após todas essas agruras passadas por uma década assumo por completo os desígnios da minha criação e, por absoluta ironia do destino, me foi concedida a responsabilidade e a alegria de narrar essa história riquíssima da minha geração para vocês. Talvez seja, por essas e outras, que sempre encarei minha vida como se o melhor estivesse sempre por vir. Que assim seja.

POSFÁCIO

"UM OUTRO TOQUE DO TAMBOR", OU: COMO A IDEOLOGIA POLÍTICA…

Destruiu tudo o que você sabe sobre os anos 80,
por Martim Vasques da Cunha*

1.

Ao chegar ao final deste *Guia politicamente incorreto dos anos 80 pelo rock*, escrito na melhor prosa *à la* Tom Wolfe que o músico (na verdade, ele gosta de ser chamado de "baterista") Lobão poderia fazer, você deve se lembrar daquele verso que já se tornou famoso, escrito pelo poeta irlandês W.B. Yeats em 1921, quando o mundo ainda se recuperava da Primeira Guerra Mundial: "*Os melhores vacilam, enquanto os piores estão cheios de intensidade.*"

Lobão produziu um livro divertido, de uma alegria contagiante. Há momentos em que se gargalha, e há momentos em que a emoção surge de onde você menos espera, em que o autor decide se revelar como poucas vezes se revelou aos outros, mostrando suas insólitas preferências – como, por exemplo, colocar no seu devido lugar de

---

* Martim Vasques da Cunha é autor dos livros *Crise e utopia: o dilema de Thomas More* (Vide Editorial, 2012) e *A poeira da glória: uma (inesperada) história da literatura brasileira* (Record, 2015), e pós-doutorando pela FGV-EAESP.

excelência gênios hitmakers como Guilherme Arantes, Kiko Zambianchi, Roupa Nova e Marcelo Nova –, recuperando os verdadeiros talentos – caso de Ritchie e Evandro Mesquita – e depois reavaliando a grandeza artística de um Cazuza e de um Renato Russo, até finalizar com uma comovente *coda* em que enfim pede perdão àquele que sempre o mimetizou, consciente ou inconscientemente: Herbert Vianna.

É claro que há as críticas ao sistema de cooptação que se tornou a música popular brasileira, encarnado nas figuras de Caetano Veloso, Gilberto Gil e o indefectível "Chico" Buarque. Porém, quem chama o seu autor de "ressentido" por insistir neste ponto não entendeu o que está realmente em jogo. Lobão argumenta neste *Guia* que a santíssima trindade da estupidez musical ficou realmente preocupada com o surgimento do rock brazuca porque, pela primeira vez, ela percebeu que havia uma forma artística autêntica que poderia tomar o seu lugar. Por mais loucos, por mais promíscuos, por mais imprudentes que os nossos roqueiros tupiniquins possam ter sido, eles tinham uma energia criativa ímpar que esses três sacerdotes – aliados à maior tragédia criativa que o Brasil já teve, o gênio que se tornou um espectro, Roberto Carlos – sabiam que, no caso deles, o trem da história passara e os deixou a ver o vazio das suas insignificâncias. Contudo – pois é, sempre tem um "contudo" –, os executivos das gravadoras, ávidos por dinheiro, mas preocupados com uma respeitabilidade intelectual que jamais tiveram, viram o rock nacional apenas como uma forma rápida de terem lucro. A coisa séria, realmente artística, segundo esse pessoal, era a MPB. Não deu outra: segundo Lobão, o projeto do rock tupiniquim foi sabotado – e a energia criativa que então surgia foi dissipada no melhor estilo "nada cumpre aquilo que promete".

Contudo – pois é, de novo, sempre tem um novo "contudo" –, Lobão dá uma reviravolta em seu raciocínio. Sim, houve sabotagem – mas não foram apenas as gravadoras que colaboraram para isso acontecer, com suas produções de fundo de quintal, boicotes de distribuição, números de discos fraudados e outras picuinhas comerciais. A sabotagem principal ocorreu *entre* os próprios roqueiros. Exceto um ou outro caso – e aqui Lobão dá uma extrema importância ao papel iconoclástico de Roger, o cantor e compositor da banda Ultraje a Rigor –, todos os artistas entraram numa espécie de "síndrome de Estocolmo" e começaram a produzir discos e canções que deixavam a independência de lado e apenas se preocupavam em agradar os pares da *intelligentsia* da MPB que, em um vertiginoso círculo vicioso, dariam a tão sonhada respeitabilidade que eles sempre desejaram.

E aqui voltamos aos versos de Yeats que abrem este posfácio e sintetizam o sentimento de leitura de qualquer um que leia este *Guia*. O *rock* nacional foi exatamente isso: os melhores vacilaram, enquanto os piores estavam possuídos por uma intensidade apaixonada. O único que sobreviveu para contar a história foi justamente Lobão, que, neste caso, fez o papel de Jó do livro bíblico ou então o do Ismael que restou após o naufrágio do Pequod no final do épico de Herman Melville. E não foi apenas uma sobrevivência física; foi também artística, psíquica e espiritual. Lobão conseguiu se reinventar como poucos. E mais: cada linha do livro foi escrita não sob a perspectiva do polemista, como alguns críticos classificarão nas resenhas dos jornais, mas sim a do artista, o exímio baterista que, como já escrevia Henry David Thoreau em *Walden*, não tem nenhuma obrigação de "ter uma pressa tão desesperada em conseguir sucesso, e em empreendimentos tão desesperados", pois ele é "um homem" que "não mantém o passo com seus companheiros" justamente "porque ouve um outro toque de tambor" e apenas acompanha "a música que ouve, por mais marcada ou distante que seja".

2.

A estrutura sutil das reflexões de Lobão neste *Guia politicamente incorreto dos anos 80 pelo rock* amplia o drama daqueles que foram os melhores membros da sua geração. Afinal de contas, o contágio da ideologia política nas artes, em especial na nossa música, não é apenas uma situação que acontece na Europa, nos Estados Unidos ou em Cuba. Acontece também aqui nesta nossa *terra papagallis*, o formoso Brasil, berço esplêndido dos esquerdistas e dos direitistas mais sujos do planeta.

Neste país, qualquer obra de arte que surja com alguma qualidade será recepcionada como se fizesse parte de um desastre epistemológico. O niilismo que se vê refletido em cada nota dessas vítimas dos anos 1980 não é algo novo. Como mostro em meu livro *A poeira da glória* (2015), ele é consequência radical do "esteticismo" que impera na cultura brasileira e que, infelizmente, poucos se dão conta que exista em cada uma das suas ações, em cada um dos seus pensamentos. Este fenômeno bizarro foi analisado brilhantemente por Mario Vieira de Mello em seu livro *Desenvolvimento e cultura* (1963), quando ele mostra que a alma brasileira – este bicho estranho que muitos intelectuais da nossa raça tentam reduzir ao extremo, independentemente de qualquer escopo ideológico – não consegue encarar a existência como um problema moral, em que o Bem e o Mal são objetivos, dependentes de uma escolha singular, mas sim como uma questão estética, igual a uma obra de arte em que você pode modificar à vontade, mesmo que isso ocorra às custas dos outros ou até de si mesmo.

A distorção de compreensão de uma simples canção de rock, por exemplo, no ambiente cultural brasileiro é uma tendência digna de ser estudada no campo da pneumopatologia. Podemos fazer uma comparação desse fenômeno no campo da literatura, quando o nosso

Romantismo foi incapaz de apreender o melhor que havia no movimento romântico inglês ou até mesmo no alemão: em vez de preferirem a audácia de Wordsworth e Coleridge, ficaram com as obsessões de Byron e Shelley; em vez da profundidade de Hölderlin e Goethe, optaram pela fragmentação de Schiller e outros de obras menos ambiciosas. Isso sem falar no Romantismo francês, em que os cacoetes estilísticos de um Victor Hugo ou de um Alexandre Dumas foram os nortes para a maioria da produção de romances, no exato momento histórico em que o gênero florescia no Brasil. E não pensem que parou por aí: exceto por Machado de Assis – que fez a leitura idiossincrática e correta de Laurence Sterne e Jonathan Swift –, a maioria dos realistas decidiu pelo fisiologismo de Émile Zola em detrimento ao perfeccionismo de Gustave Flaubert; e, se avançarmos um pouco mais na linha do tempo, sempre teremos o Modernismo de 1922 que, ao escolher Marinetti, Blaise Cendairs e Guillaume Appolinaire, esqueceu-se de T.S. Eliot, Yeats e até mesmo do sempre onipresente James Joyce, todos com livros fundamentais publicados no mesmo ano em que ocorreu a Semana de Arte Moderna.

Esses mesmos nomes só seriam recuperados posteriormente pelo maior *sistema de cooptação literária* que já aconteceu por essas bandas – o Concretismo, uma espécie de patrono da Tropicália e da MPB que destruiria anos depois o rock nacional. Liderada pelo trio "parada dura", formado pelos irmãos Haroldo e Augusto de Campos, mais o publicitário Décio Pignatari (com ocasionais intervenções de José Lino Grünewald, Mario Chamie e Ferreira Gullar, sendo que os dois últimos romperam com o movimento), a chamada "escola concretista" foi a responsável direta não só pela má interpretação da própria cultura brasileira em seu todo (como as reavaliações de poetas decididamente ilegíveis como Sousândrade), mas principalmente do ambiente modernista europeu que sacudiu o século XX. Para os concretistas, neste caso específico, o importante ao analisar os escritos de

Stéphane Mallarmé (uma das grandes influências simbolistas nos versos de Yeats) ou de Ezra Pound – sem contar a obra de Joyce, o Eliot de *The Waste Land*, o Goethe do *Fausto II*, chegando até mesmo nas meditações do Eclesiastes – nunca foi o dilema existencial ou metafísico sobre o qual elas meditavam e sim a inovação formal, a tal busca pela "morte do verso" ou "o acaso da arte da palavra", sem imaginarem que, em geral, um elemento estava inextricavelmente ligado ao outro.

Esta "apropriação indevida" não se deu somente com os gigantes ou com os pequenos da literatura mundial; deu-se também com um de nossos maiores poetas – o pernambucano João Cabral de Melo Neto, que, também por vontade própria, permitiu que o Concretismo cooptasse a sua obra em função de uma "revolução estética" que procurava "o mínimo múltiplo comum da linguagem". Na verdade, tratava-se de uma "tática de autolegitimação", como bem mostra Antonio Carlos Secchin em seu livro *Uma fala só lâmina*, em que o uso de "parcos e nobres antecessores (Mallarmé, Oswald, Cabral) acaba, implicitamente, desqualificando a quase totalidade da poesia pregressa e contemporânea, culpada, entre outras mazelas, pelo anacrônico hábito de utilizar versos para compor um poema". É fato que João Cabral nunca compartilhou desta visão, mas, ao mesmo tempo, justamente por ser um dos influenciadores do "plano piloto" (uma homenagem dos poetas paulistanos à utopia de Brasília), deixou que isso acontecesse sem nenhum receio, incapaz de perceber que, com essa omissão, transformou o Concretismo, na prática, em "um máximo divisor de tendências, por meio de grupos e subgrupos envolvidos em guerrilhas pelo poder literário, com ramificações e controvérsias que até hoje perduram nas querelas da crônica menor de nossas letras".*

---

* Também desenvolvi estes parágrafos, sobre a ótica da literatura, no ensaio *O herói silencioso*, publicado aqui: https://www.revistaamalgama.com.br/02/2016/stoner-john-williams-heroi-silencioso/.

Mutatis mutandis, a mesma coisa que aconteceu com João Cabral de Melo Neto também ocorreu com os roqueiros dos anos 1980, que, fascinados pelo sucesso prometido das gravadoras e temerosos de não serem mais aceitos pela "máfia do dendê", permitiram-se levar pela cooptação da MPB, mas o equívoco de ambos os grupos tem origem na mesma raiz – e segue a mesma linha de raciocínio. Não se trata apenas de um "niilismo mal resolvido", como supõem alguns que ainda não entenderam o que está em jogo na arapuca esteticista, mas infelizmente de uma *pusilanimidade funcional e moral plena*, na qual poucos sabem perceber as manifestações mais elementares sobre um passado que tentam compreender com muito esforço.

3.

É aqui que entra a importância crucial deste *Guia*: ele recupera (e, mais, *restaura*) o que foram aqueles anos tanto para quem os viveu como para quem tem apenas uma lembrança distante. O problema é que, neste meio tempo, o cancioneiro pop tupiniquim não mexeu uma palha para salvar a sua própria alma: os Titãs avisaram que iriam incorporar um DJ na mesma banda que antes tinha gravado com ninguém menos que Jack Endino (o produtor de nada mais nada menos que *Bleach*, o primeiro álbum do Nirvana); Raul Seixas passou a ser retratado como um lesado que só o Paulo Coelho entendia (o que não significava muita coisa); Cazuza confundia exorcismo com confissão pública; o Barão Vermelho passou a ser uma (boa) banda de garagem; e Marisa Monte preferiu mostrar seus pés de gazela enquanto declamava Arnaldo Antunes como se ele fosse Luís de Camões (um exagero, obviamente).

Lobão atravessou esses últimos 27 anos realizando álbuns impecáveis, a começar pela incrível "trilogia da sobrevivência", composta pelos álbuns *Nostalgia da modernidade* (1994), *Noite* (1996) e *A vida é doce*

(1999). Na primeira parte dela, no enciclopédico *Nostalgia*, ele faz a sua travessia dos anos 1980 incorporando meticulosamente cada gênero musical que foi popularizado nas rádios nacionais, em um disco extremamente bem produzido (até hoje me surpreendo com a clareza da engenharia de som desse álbum) que vai do hit pop "A queda" (um clássico), passando pelo funk com tons punk de "Dé Dé Dé Dé Déu", à delicadeza *à la* Tom Jobim de "A flor do vazio", até chegar àquele final que, segundo a minha humilde opinião, mostra como Lobão poderia muito bem entrar numa competição com o que de melhor fez a santíssima trindade da MPB e dar um chute no traseiro de cada um – o supremo samba que nomeia o disco, sem dúvida criado sob a inspiração de um outro gênio sempre respeitado, mas que precisa ser urgentemente redescoberto, um verdadeiro *gentleman*: Paulinho da Viola.

Indo para um rumo imprevisível, Lobão faria em *Noite* um segundo ato da sua peregrinação, com toques de trip hop, guitarras distorcidas e drum-n'-bass que ainda hoje não devem nada ao melhor de um Massive Attack ou ao David Bowie de *Earthling* (1997). Mas ninguém esperava pelo grande salto que ele daria na terceira e derradeira parte desta trilogia com aquele que, e digo isso sem nenhuma hesitação, é um dos grandes discos de qualquer época e de qualquer nação: o sublime *A vida é doce* que, com sua canção-título, a sombria "Mais uma vez", a lírica "Uma delicada forma de calor" e a ameaçadora "El Desdichado", deveriam fazer parte de qualquer trilha-sonora sentimental daqueles que, desde cedo, lutam contra todos os sistemas de cooptação que tentam nos aprisionar e contra a ideologia política que quer destruir o "toque diferente do tambor".

Em *A vida é doce*, Lobão atinge uma espécie de sabedoria que eu só ouvi nos melhores álbuns de Lou Reed, em especial *Berlin* (1974) e o mais recente *Set the Twilight Reeling* (1998). Ele viu o abismo, mergulhou nele, mas não se deixou ser tragado pela escuridão, ao contrário do que vaticinava o famoso aforismo de Nietzsche. Mas, para o inquieto temperamento do "baterista", o que ele alcançou neste disco não foi suficiente. Era obrigatório ir além da mera sobrevivência. Em *Canções dentro da noite escura* (1995), seu álbum seguinte, Lobão se aprofunda simultaneamente na pesquisa das texturas mais soturnas do trip hop e na sua reflexão sobre as sombras da existência, em especial na estupenda parceria que fez com Cazuza, "Seda", uma longa faixa em que ele parece admitir para si mesmo a dor que sentiu pela despedida do amigo. E, contudo (porque sempre tem um "contudo", não é mesmo?), isto ainda não era o que ele queria. Dez anos depois, Lobão produziu aquela que é a sua *magnum opus*: *O rigor e a misericórdia* (2016). Aqui, o "baterista" se transforma em um músico digno dos maiores virtuoses ao mostrar que se pode refletir politicamente sobre o seu país, mesmo à beira de um colapso, e sair íntegro sem ter se vendido às medusas da escravidão política.

No fim, com *O rigor* (além dos três livros, escritos no mesmo período, e que o transformaram em um *best-seller*, no qual espero que este *Guia* se junte à tão distinta linhagem), Lobão chegou à mesma conclusão de que sim, tudo passará, mas o que fica? As ideologias que queremos para viver, o poder que nos corrompe, a arte que nos redime aos poucos? A resposta não é fácil, e nem seria da intenção deste posfácio. É uma pena que o rock brasileiro tenha sido usado para ser uma celebração da desordem e do caos, quando deveria ser uma celebração do sentido da vida. Contudo – e obrigado por ter sempre um "contudo", não é mesmo? –, um artista como Lobão nos mostra que cada um tem o dever, principalmente após a leitura deste *Guia* (também uma despedida desses anos tão marcantes), de "não se deixar naufragar contra a realidade vã".

AGRADE-CIMENTOS

Quero demonstrar aqui a minha gratidão, amor e apreço por todas as pessoas que estiveram presentes, junto comigo nessa incrível jornada que foi escrever este guia. Para começar esta lista vem o nome de Leila Name, a pessoa que me convidou para a empreitada, me dando ampla liberdade pra escandir o tema e sua trama. Agradeço também a Rodrigo de Almeida, meu editor, que me auxiliou em todos os momentos da feitura do texto. A Ricardo Pieralini, fundamental em seu trabalho de pesquisa. Além dos meus colegas da classe e amigos que me deram a alegria de seus depoimentos: Guilherme Arantes, Miguel Barella, Roger Moreira, Alice Vermeulen. E a presença constante sempre pronta para ler os rascunhos com seu amor, paciência e entusiasmo, da minha querida esposa Regina Lopes Woerdenbag.

ÍNDICE REMISSIVO

A

A$suntina das Amérikas (filme) 20
"Abalado" 205
Abba 22, 32
ABC da greve (documentário) 61
A Bolha (The Bubbles) 21, 82, 119
Aborto Elétrico 48, 49, 111, 251, 356
"Abri a porta" 82
Absolute Beginners (filme) 250
Absyntho (banda) 241
"A canção do martelo" 344
AC/DC 82
"A cidade em chamas" 395
"Aconteceu" 242
A Cor do Som 19, 82, 84, 321
"A cruz e a espada" 220
Acústico MTV (disco) 218, 295, 450, 457
A dama do lotação (filme) 47
"Adelaide" 326
Adelino Moreira 344
"Adivinha o quê" 123, 158
Adoniran Barbosa 118
A era de incerteza (disco) 327
Aerosmith 163
A feiticeira (peça) 139
A fêmea do mar 102
"A festa" 372
"A força do amor" 321
"À francesa" 430
Agenor de Miranda Araújo Neto *ver* Cazuza
"A gente é sem-vergonha" 392
Agentss 105, 106, 109, 125, 188
"Agito e uso" 86
"Agora é moda" 46
"Agora eu sei" 328
Água viva (novela) 87
"A guerra dos meninos" 86
AI-5 45, 51, 64
"Ainda é cedo" 223
Akira S 100, 209
Akira S & As Garotas que Erraram 100
"Alagados" 275, 277
Alcir Explosão 414, 452
Aldo Machado 168, 344
Alec Haiat 200
Alex Antunes 209
Alex Harvey 344
Alexis Corner 40
Alfred Hitchcock 81
Al Green 40
Alice Cooper 40
"Alice (Não me escreva aquela carta de amor)" 200
Alice Pink Pank 107, 108, 125, 127, 138, 176, 471
Alice Vermeulen *ver* Alice Pink Pank
"Alívio imediato" 432
Alívio imediato (disco) 432
"Allison" 33
Almir Rogério 97, 165
Alta Tensão (banda) 106
Alternativa 3 (banda) 102
"Aluga-se" 344
"A luta e o prazer" 328
Amadeus (filme) 187
"Amanhã talvez" 240
"Amante à moda antiga" 86
"Amante profissional" 241
A Mão de Mao (banda) 202
Ameba 100, 259, 451
"Amigo" 34, 235
A missão (filme) 321
Amon Düül 40
Amor à arte (disco) 432
"Amor de retrovisor" 136, 178
"Amor perfeito" 240
A mulher sensual (filme) 102
Analfabeatles 109, 126
Ana Maria Magalhães 82
Anastasio Somoza 60
Andréa Beltrão 187
Andreas Kisser 304, 441, 442

André de Biase 104, 187
André Jung 210, 212
André Midani 337
André Pretorius 49
André X 252, 253, 256
Andy Newmark 111, 112
Andy Summers 69, 158, 178
Andy Warhol 321
Angela Ro Ro 411, 415
"Angra dos Reis" 354, 365
Angus Young 442
Anjos do sexo 102
A noite dos bacanais 102
"Another Brick in The Wall" 86
"A novidade" 275, 277
Antonio Banderas 250
Antonio Bivar 136
Antonio Calmon 104, 187
Antônio Carlos Calegari 64
Antonio Cicero 89, 193, 262
Antônio Fagundes 82
Antonio Maria 419
Antônio Pedro (baixista dos Mutantes) 129, 130, 134, 136
Antônio Pitanga 119
Antro do Mal 106
Anwar Al Sadat 95
A Outra Banda da Terra 47
"Apenas um rapaz latino-americano" 18
"Apesar de você" 46
A poeira da glória (livro) 50, 464
A princesa Xuxa e os Trapalhões (filme) 403
Aquela coisa toda (peça) 90
Aramaçã 208
"Areias escaldantes" 123, 244
Areias escaldantes (filme) 211, 212, 242
Aretha Franklin 40, 274
A revolta dos dândis (disco) 374
Armandinho Macedo 83
Arnaldo Antunes 210, 244, 262, 272, 428, 446, 450, 467
Arnaldo Baptista 197
Arnaldo Brandão 119, 122, 158, 242, 333, 419
Arnolfo Lima *ver* Liminha
"Aroma" 86
Arrigo Barnabé 69, 86, 202
Arthur Maia 138
Ary Dias 83
As Cilibrinas do Éden 86
Asdrúbal Trouxe o Trombone 19, 90, 128, 134
As Frenéticas 86, 149
As massagistas (filme) 20
As Mercenárias 100, 296
As ninfas insaciáveis (filme) 102
À sombra do vulcão (filme) 187
As seis mulheres de Adão (filme) 118
As sete vampiras (filme) 250
Ataulfo Alves 445
"Até quando esperar" 251
Atração fatal (filme) 321
Aurélio Buarque de Hollanda 403
"Autonomia" 408
Avellar Love 150
"A verdadeira corrida espacial" 306
A vida é doce 457, 467, 468
A viúva virgem (filme) 20
"A volta do malandro" 236
"A voz da razão" 55, 265, 270, 272
Ayrton Senna 441
"Azul e amarelo" 408, 415

B

Babe Ruth 40
Baby Consuelo 73, 87, 323
"Baby I Love You" 86
"Baby Lonest" 269, 272
"Baby, meu bem" 153
Bacanal (filme) 102
Back in Black (disco) 82
Bad Company 40

Bad Manners 22, 167
"Baila comigo" 85
Balão mágico (programa) 146, 255, 333
"Bambina" 204
"Bambino" 167
Banda Black Rio 34
Banduendes Por Acaso Estrelados 128
"Bang The Boing" 145, 410
"Bangu 1 x Polícia 0" 455
Barão Vermelho 97, 100, 118, 148, 156, 172, 209, 215, 232, 262, 263, 272, 374, 393, 467
"Barriga da mamãe" 120
Barry Manillow 22
Barry White 22
Baster 166, 167, 176, 244, 451
Bateau Mouche IV 401
B.B. King 39
Beastie Boys 69
"Beat acelerado" 201
Beatles 22, 39, 106, 111, 113, 196
"Bebel – Corpos de verão" 104
Bebel Gilberto 128, 419
Bee Gees 22, 32
Belchior 18
Beleza Pura 73
"Be Mine" 22
"Bem-me-quer" 85
Bendegó 83
Bené 406, 408
Beneath The Remains (disco) 441
Beni Borja 198
Bernardo Vilhena 53, 54, 113, 134, 136, 153, 163, 242, 265, 267, 340, 383, 389
Bertolt Brecht 76
Bete Balanço (filme) 187, 242
"Bete morreu" 169, 170
Beth Carvalho 96
Beto Birger 327
Beto-Sem-Braço 235
Bette Davis 403

Betty Faria 62
Bezerra da Silva 338
Bianca Byington 187
Bicho (disco) 34
Bidinho 85
Big Bang (disco) 430
Big Boy 38, 39, 40, 112, 138, 457
Billie Holiday 443
"Billie Jean" 147, 186
Billy Forghieri 109, 126, 128, 129, 130, 134
Biquini Cavadão 100, 199, 327
Bi Ribeiro 148, 385
Bixo da Seda 25
Bizz 215, 223, 239, 240, 455
Black Future 102
Black Oak Arkansas 40
Black Sabbath 39
Blitx 64 251
Blitz (revista) 20, 85, 89, 92, 99, 108, 109, 110, 111, 118, 122, 128, 129, 130, 131, 132, 136, 137, 138, 148, 153, 166, 209, 215, 325
Bloco Brasil 102
Blondie 33, 46, 69, 86, 108, 201
Blondie (disco) 33, 46, 69, 86, 108, 201
Bob Dylan 40, 332, 423, 452, 453
Bob Gallo 150
Bob Marley 25
Boca Livre 71, 72, 83, 84
Bolão 119
Bonitinha mas ordinária, ou Otto Lara Rezende (filme) 103
Bon Jovi 147, 452, 453
"Bora Bora" 386
Bora Bora (disco) 385
Botinada, a origem do punk no Brasil (documentário) 137
Branco Mello 210, 211, 244, 450
Brás Chediak 103
"Brazil com S" 120
Brega e chique (novela) 372
"Bring on The Night" 69

Brook Shields 96
Bruno Fortunato 199
Brylho 119, 122, 242
"Burguesia" 415, 419
Buzzcocks 22, 121
Bye, bye, Brasil (filme) 61, 62

C

Cabeça dinossauro (disco) 259, 285, 286, 367
Cabra marcado pra morrer (filme) 188
Cacá Diegues 62, 403
Cactus 40
Caetano Veloso 19, 27, 34, 35, 38, 46, 47, 73, 84, 87, 89, 104, 109, 119, 120, 122, 165, 174, 175, 189, 190, 191, 220, 280, 281, 282, 293, 323, 324, 334, 338, 419, 430, 431, 433, 437, 440, 444, 446, 447, 448, 462
"Café da manhã" 46
"Caim e Abel" 327
"Cálice" 35, 46
Callegari 136
"Call Me" 86
"Camila" 327
Camisa de Vênus 168, 169, 172, 304, 312, 344, 392, 447
Camões 423, 467
"Canalha" 344
"Canção da América" 86
Canções dentro da noite escura (disco) 457, 468
"Canos silenciosos" 167, 269, 272
Cantando no banheiro 149
Capital Inicial 49, 100, 146, 148, 188, 211, 218, 244, 322, 374
Carbono 14 200, 208
"Careta" 322
Carlão 134
Carlinhos (Carlo Bartolini) 198, 450
Carlinhos PM 235
Carlos Alberto Lacoste 96

Carlos Cachaça 235
Carlos Drummond de Andrade 321
Carlos Gerbase 304, 306
Carlos Lacerda 31
Carlos Maltz 300
Carlos Savalla 130
Carly Simon 112
"Carmem Miranda" 127
Carmen Maura 250
Carnaval 273, 393
Carne humana (disco) 327, 328
Carole King 40
"Cars" 86
Cars 121
Cartola 81, 108, 408, 409
"Casa" 280
"Caso sério" 85
Cássia Eller 108
Cassiano 34, 108
Cassino do Chacrinha (programa) 201, 296
Cat Stevens 322
14 Bis 82, 83, 84, 321
Cazuza 97, 100, 128, 157, 209, 232, 234, 235, 262, 263, 268, 281, 322, 351, 383, 384, 394, 401, 406, 407, 408, 409, 415, 416, 417, 418, 422, 424, 440, 442, 443, 444, 445, 446, 447, 448, 451, 462, 467, 469
CBGB's 203
Celtic Frost 304
Cena de cinema (disco) 88, 91, 112, 123, 129, 132, 137, 138, 139, 148, 173, 177, 178, 179, 202, 204, 335
"Cenas obscenas" 201
César Camargo Mariano 112
Cesar Ninne 100
Chacal 53, 134
Chaka Khan 46
Chaos A.D. (disco) 441
Charles Gavin 212, 219, 244, 368, 427, 450
Charles Peixoto 53

Charles (príncipe) 96
Cheap Trick 112
Chic 32
Chicão 108
"Chiclete" 430
Chico Batera 85, 123
Chico Buarque 17, 23, 27, 35, 46, 62, 72, 75, 76, 78, 87, 96, 103, 105, 120, 146, 191, 192, 196, 220, 235, 236, 237, 238, 239, 280, 295, 323, 324, 433, 440, 462
Chico Buarque (disco) 191
Chico de Paula 211, 242, 243
Chico Julien 195
Chitãozinho e Xororó 439
"Chorando no campo" 333, 337, 338
Chrisma 199
Chris Montez 90
Christiane Torloni 119
Chuck Berry 40
Cidades em torrente (disco) 327
Cida Moreira 69, 70
Cindy Crawford 444
Cindy Lauper 146
"Cinema mudo" 177, 179
Cinema transcendental (disco) 73
Circo Voador 13, 100, 128, 129, 148, 198, 199, 209, 236, 238, 252
Ciro Pessoa 210, 326
Clandestino (disco) 432
"Clara Crocodilo" 86
Clara Nunes 96, 144, 147
Clarice Lispector 31
Clash (danceteria) 22, 33, 48, 121, 169, 200, 208
Cláudia Magno 104, 187
Cláudia Niemeyer 85
Claudinho Infante 88
Cláudio Heinz 304
Claudio Killer (Claudio Krudsen) 150
Claudio Lobato 53
Claudio Nucci 71, 72, 82
Cláudio Souza 327

Cláudio Venturini 71, 83
Claudio Zoli 122
Clemente (Inocentes) 51, 64, 209, 211, 259, 446, 451
Clube da Criança (programa) 144, 240
Clube da Esquina 26
Clube do Bolinha (programa) 201, 211
"Cobaias de Deus" 415
Cogumelo Produções 304
Coisas eróticas (filme) 102
Cold Blood 40
Cólera (banda) 64, 66, 67, 68, 70, 137, 447
Colin MacInnes 250
"Comeu" 165
"Comida" 367, 371
Com licença, eu vou à luta (filme) 250
"Comming Up" 86
Como eu quero (disco) 200
Como faturar a mulher do próximo (filme) 102
"Como queria John Lennon" 321
"Como uma onda" 158
"Complete Control" 169
Computer World (disco) 97
"Condição" 280
Condutores de Cadáver 51, 64, 259
Conexão Japeri 391
"Contravenção" 374
"Controle total" 169
Coquetel Molotov 97, 98, 99, 100, 101, 102, 447
"Corações psicodélicos" 163, 205
"Cor-de-rosa choque" 120
Cores, nomes (disco) 119
Correndo risco (disco) 312
"Could Be Magic" 22
Cream 39
Crepúsculo de Cubatão 209, 274
Crescendo (disco) 429, 430
Cristina Aché 211, 244
Crosby, Stills, Nash & Young 40
"Cruel, cruel, esquizofrenético blues"

92
Cuidado (disco) 387, 388, 389, 452, 453
Curtis Mayfield 40
Curved Air 40

D

Dadi Carvalho 34
Dado Villa-Lobos 147
Dalva de Oliveira 351
"Da natureza dos lobos" 333
Dancing Days (novela) 31, 107
Daniela Mercury 448
Daniele Daumerie 268, 272, 411
Daniel Filho 85, 280
Daniel Ortega 60
Dany Roland 200, 244
Darcy (Absyntho) 241
Darcy Ribeiro 186
Das tripas coração (Colegiais assanhadas) (filme) 118
David Bowie 40, 147, 250, 468
David Tigel 72
D (disco) 375
Deborah Bloch 187
"Décadence avec élégance" 201, 245
Decadência Social 137
"Declare guerra" 263
"De Do Do Do, De Da Da Da" 87
Deep Purple 40
DeFalla 188, 300
"De leve" 106, 123
DeLorean (automóvel) 97
Del Rosa 150
"Demônio colorido" 86
Deng Xiaoping 59
"Denis" 46
Denise Barroso 108, 125, 262
Denise Dumont 119
"Dentro do Coração" 241
Dé Palmeira 97, 263
Depeche Mode 97

"Depois que o Ilê passar" 323
"De repente, Califórnia" 25, 104
Derrick Green 442
"Descanse em paz" 308
Descanse em paz (disco) 308
Descarga Suburbana 100
"Descendo o rio Nilo" 244, 374
Desejo selvagem (Massacre no Pantanal) (filme) 61
Desertores (banda) 137
"Deslizes" 240
"Desordem" 367, 371
Detrito Federal 100
Devair Ferreira 320
Devassidão total até o último orgasmo (filme) 250
Devo (banda) 201
De volta para o futuro (filme) 97
"De volta pro futuro" 321
Diana Spencer (Lady Di) 96
"Dias de luta" 296
Dias melhores virão (filme) 403
Dina Sfat 403
Diogo Vilela 212, 244, 251
"Distração" 199
Djavan 86, 96, 174
Dobbie Brothers 84
Doces Bárbaros 19
Dodô 83
Doida demais (filme) 403
Dois (disco) 289, 386, 428
"Dois elefantes" 386, 430
"Dois irmãos" 433
Dolores Duran 53, 265, 351
Dom Beto 202
Dominguinhos 82, 191
Dona Flor e seus dois maridos (filme) 21
Dona Neuma 235
Dona Risoleta 216, 217
Dona Zica 235
Donna Summer 22, 32, 46
"Don't Stand So Close To Me" 86

Dose Brutal (banda) 137
Double Fantasy (disco) 111, 112
Douglas Viscaino 51
"Down em mim" 156, 158, 448
Drakma S/A 102
Dr. John 40
Dr. Silvana 241
Duplo sentido (disco) 344
Duran Duran 121

E

Earth Wind and Fire 32
"Eclipse oculto" 174
"É de chocolate" 240
Edgard Allan Poe 224
Edgard Scandurra 197, 296, 297, 389
Ed Motta 391
Ednardo 18
Edson Machado 192
Eduardo Amarante 105
Eduardo Coutinho 188
Eduardo Dusek 149, 150, 322
"Eduardo e Mônica" 289
Eduardo Paraná 147
Eduardo Poly 244
Edu Lobo 23, 72, 146
Edwin Starr 40
Elena Petrescu 401
Eles não usam black tie (filme) 102
Eliete Negreiros 70
Elis Regina 112, 117, 323
Elizeth Cardoso 440
Eloy Casagrande 442
Elvis Costello 22, 33, 88, 112, 121
Elvis Presley 31
Elza Soares 55, 190, 265, 266, 269, 272
E.M. Cioran 379
Emerson Fittipaldi 441
Emerson, Lake & Palmer 26, 40, 219
EMI (gravadora) 130, 132, 134, 147, 149, 188, 217, 255, 327
Emoções sexuais de um jegue (filme) 250
"Emotional Rescue" 86
Engenheiros do Hawaii 188, 199, 300, 306, 322, 374, 394, 432
"Enigma" 344
"E nós aqui forrumbando" 392
"Envelheço na cidade" 296
"É o amor" 439
É o Tchan 323
"E o vento te levou" 411
Equipe Mercado 21
Erasmo Carlos 24, 47, 97, 217, 322, 323
Eric Burdon & War 40
Eric Clapton 441
Ernest Hemingway 300
Ernesto Geisel 17
Eros, o deus do amor (filme) 102
Escrava do desejo (filme) 102
"Esfinge de estilhaços" 389
"Esotérico" 120
"Essa cara" 419
"Essa noite não" 411, 414
Estadão (jornal) 414, 415
Estado de Coma (banda) 137
Estrangeiro (disco) 433
Estúdios Vermelhos 68
"Eu agradeço" 415
"Eu gosto é de mulher" 372
"Eu me amo" 228
Eurythmics 452
"Eu sei, mas eu não sei" 244
"Eu sei que vou te amar" 47
Eu sei que vou te amar (filme) 250
"Eu sou neguinha" 323
Eu te amo (filme) 103
"Eu te amo você" 217
Evandro Mesquita 20, 81, 91, 99, 104, 109, 110, 112, 117, 122, 128, 130, 131, 132, 134, 242, 322, 451, 461
"Exagerado" 232, 351
"Explode coração" 86
Extermínio (banda) 137

Ezequiel Neves 118, 120, 156, 262, 419

F

Fabio Golfetti 327
Fábio Júnior 62
Fábio Sampaio 66
Faca de dois gumes (filme) 404
Fagner 86, 240
Fantástico (programa) 51, 137, 139, 144, 156
"Farinha do desprezo" 344
"Faroeste caboclo" 357
"Fátima" 49
Faustão 201
"Fazer amor de madrugada" 200
Federico Fellini 323
"Feedback Song for a Dying Friend" 424
"Feito nós" 322
Fê Lemos 49, 451
"Fera ferida" 323
Fernado Lobo 419
Fernanda Abreu 129, 134, 449
Fernanda Montenegro 338
Fernando Collor de Mello 403, 438
Fernando Deluqui 219
Fernando Gabeira 61, 338
Fernando Gama 25
Fernando Sabino 251
Festa do Disco de Canela 172
Festival Começo do Fim do Mundo 136
Festival de Águas Claras 24
Festival de Iacanga 24
Festival de Montreux 323, 393
Festival de Surfe de Saquarema 24
Festival MPB Shell (1981) 123
FICO (Festival do Colégio Objetivo) 201
"Filha da Puta" 430
Filhos e amantes (filme) 102
"Fire in The Jungle" 244

"Fixação" 200
"Flagra" 120
Flamboyant 25
Flavinho Senna 270
Flavio Cavalcanti 250
Flávio Venturini 82, 83
Flavio Y Spirito Santo 25
Flock of Seagulls 69
"Flores" 295, 296, 427, 428
"Flores em você" 295, 296
Focus 40
Fofão e a nave sem rumo (filme) 403
Fogo Cruzado (banda) 137
"Folia no matagal" 149
"Força estranha" 46
"Formosa" 328
François Truffaut 187
Franco Montoro 117
Frank Zappa e The Mothers of Invention 40
"Franzino Costela" 64
Fred Astaire 321
Freddie Mercury 440
Free 39
Fresh (disco) 112
"Fullgás" 193
Fullgás (disco) 192, 193, 278, 430
"Fundo do coração" 386
Funk'n lata (disco) 449
"Fuscão preto" 97, 165

G

Gabriela Ferreira 320
Gala Éluard Dalí 118
Gal Costa 19, 35, 73, 89, 96, 240
Gallery 209, 211
Gal tropical (disco) 73
Gang 90 (banda) 26, 85, 104, 105, 106, 108, 125, 128, 137, 138, 160, 166, 179, 199, 244, 325, 327
Gang 90 e as Absurdettes (banda) 26, 106, 244

Gang of Four (banda) 121
"Garota de Ipanema" 430
"Garota Dourada" 105
Garota dourada (filme) 25, 187, 242
Garotos da Rua 188, 300, 322
"Garotos de subúrbio" 64
Gary Moore 39
Gary Numan 86, 121
Gastão Moreira 137
Genesis 23, 153
"Gente" 34, 220
Gentle Giant 40
George Harrison 112
George Israel 199, 415, 445
"Geração Coca-Cola" 49, 223
Geraes (disco) 35
"Get Back" 106
Gianfrancesco Guarnieri 102
Gigante Brazil 108
Gilberto Freyre 321
Gilberto Gil 19, 27, 34, 35, 73, 74, 82, 84, 86, 87, 89, 106, 108, 120, 273, 274, 275, 277, 283, 323, 324, 432, 433, 440, 462
Giles Eduar 327
"Gimme Shelter" 312
"Girassóis da noite" 54, 55, 333, 338
"Giulietta Masina" 323
Glauber Rocha 96, 321
Globo de Ouro (programa) 201
Gloria Gaynor 22, 46
"Glória" (Junkie bacana) 269
Gloria Maria (irmã do Lobão) 334
Go-Go's 104
Golbery do Couto Silva 321
Gonzaguinha 86, 96, 440
Gorbachev 320
Gota Suspensa 200
"Got to Get You Into My Life" 110
Grace Kelly 118
Grammy Latino 457
Grand Funk 39
Grãos (disco) 448

Gregório de Matos 190
Greta Garbo 440
Grupo Paranga 69
Guarabyra 172
Guará Rodrigues 244
Guilherme Arantes 26, 104, 108, 322, 461
Guilherme Hully Gully 150
Guilherme Isnard 327
Guilherme Pereira do Rosário 96
Guns n' Roses 414
Gustavo Licks 300
Gustavo Mullem 168
Gustavo Schroeter 82
Gutje 252, 253
Guto Barros 89, 90, 109, 117, 122, 165, 166, 173, 176, 204, 244, 334
Guto Goffi 97, 263
Guto Graça Mello 85, 105, 139, 144

H

"Há 10 mil anos atrás" 18
Habeas Corpus 106
Hair (filme) 14
"Hammer Song" 344
Hanói-Hanói 100, 119, 333, 334
Hanoi Rocks 69
"Há tempos" 424
"Heart of Glass" 69
Hebe (programa) 201
Hector Babenco 32, 82
Hélcio do Carmo 139
Hely Rodrigues 83
Henry Fonda 118
Herbert Vianna 145, 148, 179, 188, 207, 228, 252, 254, 257, 274, 277, 386, 419, 431, 445, 456, 462, 467
Herbie Hancock 322
"Heresia" 137
Hermann Torres 109
Heróis da Resistência 100, 200
Heron Heinz 304

Herva Doce 130, 241, 339
Hey, Nana (disco) 448
"Hino dos cafajestes" 371
Hippopotamus 33
Histórias que nossas babás não contavam (filme) 61
Hollywood Rock 23, 379, 452, 453, 454
"Homem com uma missão" 200
"Homo Sapiens" 322
Hong Kong (danceteria) 209
Hosni Mubarak 95
Howlin' Wolf 39
Humberto F. 262
Humberto Gessinger 300, 301, 394, 395, 447
Humble Pie 40
Hyldon 34

I

Ian Dury 22
"I Can't Stand Losing You" 47
Iggy Pop 33
Igor Cavalera 304, 441
Ike and Tina Turner 39
I musicanti (peça) 105
Inácio Machado 88, 129, 148
Independência (disco) 374
Indiana Jones e o templo da perdição (filme) 187
"Infinita Highway" 374
Ingrid Bergman 118
Inimigos do Rei 326
Inocentes (banda) 51, 59, 64, 65, 137, 259, 285, 447
"Inteligentzia" 204
"Intolerância" 64
"Inútil" 185, 189, 228
Ira! 70, 188, 198, 212, 219, 244, 295, 296, 379, 432, 447
Iron Maiden 146
Isaac Hayes 39

Isca de Polícia 69, 100, 108
IstoÉ (revista) 132
Itamar Assumpção 69
Ivan Cardoso 250
Ivan Lins 86, 338
Ivan Meirelles 235
Ivete Sangalo 448
Ivo Meirelles 235, 387, 388, 411, 452

J

Jack Endino 450, 467
Jackson do Pandeiro 445, 446
Jaco Pastorius 192, 392
Jailson Jan & Virtual Machine 102
Jairo Guedes 304
Jamari França 273
James Brown 39
James Cameron 187
Jamil Joanes 85
Jander Bilaphra 252, 253
Jane e Herondy 137
Jango 18
Janis Joplin 40
Jaques (Jaquinho) Morelembaum 389
Jardel Filho 119
Jardim de Alah (filme) 403
"Jardins da Babilônia" 46
Jards Macalé 244, 344
Jean Genet 407
Jean-Paul Sartre 81
Jean Piaget 81
Jeff Beck Group 40
Jefferson Airplane 40
Jesus and Mary Chain 274
Jesus não tem dentes no país dos banguelas (disco) 367
"Jesus não tem drogas no país dos caretas" 455
Jethro Tull 39
Jim Capaldi 112
Jimi Hendrix 441
Jimmy Carter 81

Jimmy Hendrix Experience 40
Jimmy Page 23, 441
Joanna 96, 240
João Baptista 269
João Barone 149, 172, 273, 385
João Batista Figueiredo 60, 118, 144, 216
João Bosco 96, 191
João Carlos Rodrigues 118
João Donato 391
João Gilberto 120
João Gordo 209, 308, 451
João Paulo II (papa) 45, 59, 60, 81, 186
João Pedro Teixeira 188
João Rebouças 419
Joe Jackson 121
Joel Barcellos 119
Joelho de Porco 51
Jofre Soares 62
John Belushi 117
John Cage 70
John Donne 300
John Huston 187
John Lennon 81, 111, 112, 321
John Paul Jones 23
John Travolta 32
John Weissmuller 187
Joni Mitchel 40
"Jonny Love" 201
Jorge Ben 86, 87
Jorge Lima Duílio de Menezes *ver* Jorge Ben
Jorge Luiz Borges 250
Jorge Mautner 26
Jorge Rafael Videla 96
Jorge, um brasileiro (filme) 403
Jornal do Brasil 113, 273, 274
"José" 323, 324
José Carlos Capinan 344
José Guilherme Merquior 440
José Roberto Mahn 148
José Saramago 188
José Sarney 249, 319, 381

José Wilker 61, 62, 103, 250
Joy Division 121
J.R.R. Tolkien 49
Judas Priest 454
Juízo Final (banda) 137
Julien Temple 250
Júlio Barroso [Júlio] 25, 104, 106, 107, 111, 119, 124, 125, 127, 160, 202, 262, 444, 446, 456
Junior Homrich 89, 122
Júnior Moreno 219
Jurim Moreira 269, 272
Juscelino Kubitschek 18
"Juvenília" 222

K

Kadu Menezes 414, 452
Karatê Kid: a hora da verdade (filme) 187
Kasbah 102
Kassav' 274
KC and The Sunshine Band 22
Khomeini (aiatolá) 60
Kid Abelha 100, 148, 158, 198, 199, 200
Kid Abelha e os Abóboras Selvagens 100
Kid Creole and The Coconuts 106, 108
Kid Morengueira 195
"Kid Vinil" 165
Kid Vinil 163, 165, 209
Kiko Zambianchi 83, 217, 218, 322, 451, 461
Kill 'Em All 146
Killing Joke 69, 121
King Crimson 200
Kirk Hammett 442
Kiss 147
Kodiac Bachine 105
Kool & The Gang 40
Kraftwerk 97, 121, 201

Kurt Weil 76

L

"Lady Laura" 34, 46
Lael Rodrigues 187, 201
Lamartine Babo 24
"Lança perfume" 84, 85
Lança perfume (disco) 84, 85
"Lanterna dos afogados" 430, 431
Latitude 3001 (danceteria) 209
Laura Finocchiaro 419
Lauro Corona 187, 403
"Lay Lady Lay" 332
Lea Millon (Tia Lea) 89
Leandro e Leonardo 439
Leave Home (disco) 33
Lech Walesa 59
Led Zeppelin 23, 39, 331
Led Zeppelin III (disco) 39
Lee Marcucci 105, 108
Legião Urbana 49, 83, 118, 147, 148, 188, 223, 251, 289, 322, 394, 423, 442, 443
Leide 320
Leninha Brandão 202
Leo Guanabara *ver* Leo Jaime
Leo Jaime 47, 97, 150, 152, 200, 201, 228
Leonardo 85
Leonel Brizola 61, 117, 186
Leon Hirszman 61, 102
Leoni 199, 200, 419
Leopoldo Galtieri 96, 117
Leôspa 197
Les McCann 40
Let's Dance 147
"Leva" 240
"Leve desespero" 244
Level Studio (estúdio de gravação) 38, 39
Lick It Up 147
Lili, a estrela do crime (filme) 403

Lilian, a suja (filme) 102
Liliane Yusim 148
"Lili Marlene" 125
Lima Duarte 82
Liminha 73, 74, 87, 120, 123, 153, 154, 273, 274, 277, 285, 296, 367, 371, 372, 393, 406, 410, 414, 427, 432
Lincoln Olivetti 73, 83, 85, 87, 88, 118, 120, 296
"Língua" 190, 430
Língua de Trapo 69
"Lipstick Overdose" 334, 411
Little Richards 40
Little Smith 40
Lixomania (banda) 64, 137
Lobão 4, 5, 90, 91, 100, 127, 134, 148, 176, 204, 205, 234, 244, 336, 383, 390, 413, 415, 445, 451, 453, 461, 463, 467, 468, 469
Lobão e os Ronaldos 100, 244
"Lobo expiatório" 347
Lô Borges 84
"London, London" 282
Longe demais das capitais (disco) 300
"Longe de tudo" 244
Lonita Renaux *ver* Denise Barroso
"Loucuras de amor" 322
"Louras geladas" 219
Lou Reed 280, 402, 468
"Love Love Love" 47
"Love pras dez" 130, 136, 153
"Lua de cristal" 240
"Lua e estrela" 109
Luar (disco) 87
Lucélia Santos 103
Lúcia Murat 403
Lucinha Lins 26
Lucinha Turnbull 86
Lúcio Flávio (da banda Coquetel Molotov) 98, 100
Lucio Flávio, o passageiro da agonia (filme) 32
"Lugar nenhum" 367

Lui Farias 250, 403
Luís Bonfá 147
Luis Enríquez Bacalov 105
Luíza Maria (Absurdettes) 108
Luizão 195
Luiz Carlos Maciel 280
Luiz Carlos Maluly 201
Luiz Carlos Prestes 440
Luiz Carlos Sá 34, 86, 172, 322
Luiz Fernando Guimarães 19, 211, 244, 251
Luiz Gonzaga (Gonzagão) 96
Luiz Inácio Lula da Silva 45
Luiz Maurício ver Lulu Santos
Luiz Melodia 108, 386
Luiz Paulo Simas 25, 108, 138
Luiz Schiavon 218
Lulu Santos 25, 39, 41, 52, 53, 85, 104, 106, 122, 123, 129, 130, 136, 137, 158, 178, 195, 217, 242, 244, 280, 322, 323, 337, 432, 451
Lupicínio 445
Lusíadas (livro) 423
Lux 327
"Luz negra" 281

M

M-19 (banda) 137
Maçã 451
Machine Messiah (disco) 442
Madame Satã (danceteria) 209, 211
Made in Brazil 25
Madness 121
Madonna 146
Mãe Menininha do Gantois 250
Máfia sexual (filme) 250
Magazine (banda) 163, 165
Mahavishnu Orchestra 40
"Mais do mesmo" 354
"Mais uma vez" 195, 321, 468
Malandro (disco) 78, 236
Malcom Mclaren 33

Malhação (novela) 255
"Mal nenhum" 232, 235, 244, 245, 265
"Maluco Beleza" 38
Mamão Com Açúcar 209
Mamão (Ivan Conti) 85, 212
Mamute 209
"Mancha e intrigas" 217
Mané Garrincha 144, 380
"Man In A Suitcase" 87
"Manuel" 391
Manuoel Polladian 283
Máquina mortífera (filme) 321
Marajás Apedrejados 339, 382
Marcelino Gonzales 64
Marcelo Costa Santos 19
Marcelo Fromer 210, 368, 450
Marcelo Nova 168, 169, 312, 344, 345, 347, 392, 461
Marcelo Nova e a envergadura moral (disco) 392
Marcelo Pitz 300
Marcelo Sussekind 130, 335, 339
Marcel Zimberg 201
Marcia Bulcão 129
Márcio Borges 82, 84
Margaret Thatcher 59, 438
Margot Fonteyin 440
Maria Alcina 149
Maria Bethânia 19, 35, 71, 73, 89, 322
Maria Elisa Capparelli ver May East
Maria Fumaça 34
Maria Juçá 128
Maria tomba homem (filme) 102
Marie Claire (revista) 444
Marília Pera 82, 139
Marillion 452, 453
Marina Lima 71, 112, 136, 217, 278, 386, 430
Mário de Andrade 45, 69
Mario Manga 197
Marisa Monte 323, 433, 440, 450, 467
Markinhos Moura 322
Martim Vasques da Cunha 45, 50

Marvin Gaye 40, 187
"Marylou" 228
"Massacre" 61, 244
Matador (filme) 250
Mata virgem (disco) 47
"Matou a família e foi ao cinema" 455
Maurício (Inocentes) 64
Maurício Barros 97, 172
Maurício Defendi 197, 232
Mauricio Maestro 72
Maurício Valladares 148, 273, 274
Max Cavalera 304, 441
Max Pierre 120
Max's Kansas City 106
May East 108, 125, 244, 327
Maysa 31, 53, 265, 351
Mazzaropi 96
MC5 50
"Me chama" 193, 203, 204, 205, 207, 332
Me deixa de quatro (filme) 102
"Me dê motivo" 240
"Melodix" 244
"Melô do marinheiro" 277
Memórias de um gigolô (filme) 20
Memory 209
"Menino do Rio" 73, 87
Menino do Rio (filme) 25, 73, 87, 104, 187, 242
"Meninos e meninas" 424
"Mensagem de amor" 207
Menudo 322
"Merda" 281
"Message in A Bottle" 69
Metallica 146, 280
Metralhas 251
Metrô (banda) 200, 201, 202, 244
"Meu bem querer" 86
"Meu mundo e nada mais" 26
Meus caros amigos (disco) 17
Mia Farrow 145
Michael Jackson 144, 147, 186
Michael Sullivan 240, 242, 333, 334

Michel Legrand 118, 204
Miguel Arraes 61
Miguel Barella 105, 109, 125, 126, 160, 471
Miguel Plopschi 166, 240
Milos Forman 187
Milton Banana 192
Milton Nascimento 26, 35, 83, 84, 86, 120, 269, 322, 323, 326
Mimi Erótico 150
"Mim quer tocar" 228
"Minha renda" 252
"Minha vida" 280
"Miséria e fome" 64
"Miss Brasil 2000" 46
"Miss You" 46
Módulo 1000 21
Monika Venerabile 148
Monique Evans 212, 245
Monthy Python 122
"Moonlight paranoia" 163, 272
Morbid Visions (disco) 304
Mötley Crüe 146
Moto Perpétuo 26
Mountain 40, 322
MPB4 72
MTV (revista) 218, 228, 240, 295, 450, 455, 457
Mú Carvalho 82, 83
Mudd Club 106, 203
"Muita estrela, pouca constelação" 344
"Muito" 47
"Muito romântico" 34, 47
Mulher, mulher (filme) 61
Mulher objeto (filme) 102
Murilo Salles 404
Música do Planeta Terra (revista) 25
"Música urbana" 49
"Música urbana 2" 251
Mutantes 21, 24, 73, 120, 123, 149, 293
My Aim Is True (disco) 33, 87
Mylena Ciribelli 148
"My Sharona" 69

N

"Nada tanto assim" 200
Nádegas Devagar 89
N.A.I. (Nós Acorrentados no Inferno) 51
Nando 83, 210, 244, 450, 451
Nani Dias 150, 414, 452
"Não quero seu perdão" 262
"Não se afaste de mim" 86
"Não tô entendendo" 204
"Não vou me adaptar" 244
Ná Ozetti 69
Nasi 212
Nassim Nicholas Taleb 68, 143, 215, 319
National Kid 150
Nau 327
"Nau à deriva" 432
Negligente (banda) 137
"Negue" 169
Nelson Cavaquinho 281
Nelson Coelho Fabio 327
Nelson Motta 22, 23, 24, 25, 104, 105, 106, 107, 108, 158, 280, 297, 408, 434
Nelson Piquet 441
Nelson Rodrigues 19, 20, 31, 47, 75, 81, 82, 103
Nelson Sargento 235
"Nem bem nem mal" 333
"Nem luxo nem lixo" 85
"Nem morta" 240
Nenhum de Nós 322, 327
"Nesse mundo que eu vivo" 333
Neuróticos (banda) 137
Never Mind The Bollocks (disco) 33
Neville d'Almeida 47, 82, 244
New Order 97, 224
Newton Alvarenga Duarte *ver* Big Boy 39
Ney Matogrosso 97, 149, 283
Nicko McBrain 146
Nicolae Ceausescu 401
Nico Rezende 322
Nietzsche 326, 468
Niko Resende 195
Nilo Romero 415, 445
Nilton Leonardi 202
"Nine of Ten" 190
Nirvana 450, 467
No calor do buraco (filme) 250
Noite (disco) 467
"Noite e dia" 127, 272
Noites Cariocas 22, 209
Norma Bengell 119
"Nossa energia" 217
"Nosso estilo" 193, 195
"Nosso louco amor" 137, 163
Nostalgia da modernidade (disco) 457, 467
Nostalgia (disco) 444, 457, 467
Nos tempos da vaselina (filme) 61
"Nostradamus" 149
"Nós vamos invadir sua praia" 197
Nós vamos invadir sua praia (disco) 197, 228, 244, 371
"Noturno" 86
"Nova cor" 321
Nova Onda (programa) 209
"Nove luas" 448
Nove luas (disco) 448
Novos Baianos 21, 34, 82, 200, 445, 446
Now Look (disco) 112
"Núcleo base" 244
Nuvem Cigana 53, 128, 134

O

O ano da morte de Ricardo Reis (livro) 188
"O beco" 386
"O beijo da mulher-aranha" 92
O beijo da mulher piranha (filme) 250
O bem dotado, o homem de Itu (filme)

Oberdan Magalhães 85
Ô Blésq Blom (disco) 427
"O bolha" 152
O bom burguês (filme) 61
O concreto já rachou (disco) 251
"Odara" 34
Odeid Pomerancblum 176, 244
O dia em que a Terra parou (disco) 38
"O eleito" 389
O eterno deus Mu dança (disco) 432
O exterminador do futuro (filme) 187
O flagrante (filme) 20
O futuro é vórtex (disco) 304, 306
"O gosto de tudo" 86
O grande circo místico (disco) 146
O grande mentecapto (filme) 250, 403
"O homem velho" 189
"O homem baile" 130, 136
O homem da capa preta (filme) 250
O homem que virou suco (filme) 103
O incrível monstro Trapalhão (filme) 105
O Inferno é fogo (disco) 455
Okky de Sousa 106
"O leãozinho" 34
"Olhar 43" 220, 282
Olhar (disco) 201
Olho Seco 64, 66, 137
Olhos felizes (disco) 87, 88, 89
O Lodo 21
"O malandro" 76, 238
O mundo mágico dos Trapalhões (filme) 105
"Only You" 430
"O nosso amor a gente inventa (Estória romântica)" 351
O passo do Lui (disco) 207
Ópera do malandro (disco) 75
O Peso 21, 24
O princípio do prazer (filme) 61
"O Quereres" 190
"O que será? (À flor da pele)" 35

"Oração ao tempo" 73
Orange Juice 121
O rei e os Trapalhões (filme) 61
Ôrí (documentário) 403
O rigor e a misericórdia (disco) 457, 469
O rock errou (disco) 55, 272, 278, 388
"O romance da universitária otária" 92
"Ôrra meu" 85
Os caçadores da arca perdida (filme) 96
Os caça-fantasmas (filme) 187
Oscar Niemeyer 186
Oscar Wilde 49
Os Diagonais 34
"O senhor da guerra" 333
Os Famks 83
Os gênios do sexo (filme) 61
Osibisa 40
Os intocáveis (filme) 321
Osmar Lopes 100
"Os músicos de Bremen" 105
Os paqueras (filme) 20
Os quatro coiotes (disco) 326
Os Replicantes 188
Os saltimbancos Trapalhões (filme) 105
Os sermões (filme) 403
Os sete gatinhos (filme) 82
"Os tipos que eu não fui" 204
Os Trapalhões na Terra dos Monstros (filme) 403
Oswaldo Caldeira 61
O tempo não para (disco) 383, 384
O Terço 21, 83
Otis Redding 40
O Trapalhão nas minas do rei Salomão (filme) 32
O último imperador (filme) 321
"Our Lips Are Sealed" 104
Outlandos d'Amour (disco) 46
Outras palavras (disco) 109

P

Pablo Milanez 191
"Pais e filhos" 424
"Panamericana/Sob o sol de Parador" 410
Pânico em SP (disco) 62, 64, 259, 260
Papagaio 33
Paralamas do Sucesso 100, 145, 146, 148, 158, 176, 179, 188, 199, 215, 216, 273, 323, 375, 448
Paris, Texas (filme) 187
Partido alto (novela) 188
Passeatas 137
Passos no escuro (disco) 327
Pat Cleveland 119
"Pátria amada" 59, 64
Patrícia Travassos 20
Patrick Moraz 25, 39, 52, 112
"Patrulha noturna" 177, 179
Patti Smith 424
Paula Toller 199
Paulinho da Viola 96, 172, 468
Paulinho Guitarra 195
Paulinho Machado 88
Paulinho Tapajós 82
Paulo Bagunça e a Tropa Maldita 21
Paulo César Pereio 103
Paulo Coelho 467
Paulo Henrique 219
Paulo Jr. 304, 441
Paulo Machado 195
Paulo Maluf 216
Paulo Massadas 240, 241, 242, 333, 334
Paulo Miklos 210, 244, 427, 450
Paulo Paulista 147
Paulo Ricardo 218, 222, 281, 282, 325, 328, 337, 448, 451
Paulo Sérgio 81
Paul Simon 322
"Pavão mysteriozo" 18
"Pedaço de mim" 46
Pedrão 195
Pedro Almodóvar 250
Pedro Farah 199
Pedro Nava 187
"Pelado" 372
"Pé na tábua" 193
Peninha 165, 188, 322
Peninha Schmidt 165, 188
"Pensa em mim" 439
"Pense e dance" 393
Pepê 440
Perdidos na Noite (programa) 201
"Perdidos na selva" 26, 95, 104
Perfeito Fortuna 20
Perversão (filme) 61
Petty 104
Philippe Seabra 252, 253, 256
Picassos Falsos 100
Picolé 85, 88
Piece of Mind 146
Pink Floyd 23, 40, 82, 86, 200, 300
Pintura íntima (disco) 199
Pixote, a lei do mais fraco (filme) 82, 321
"Planeta água" 26
Planeta Diário 217
"Planeta sonho" 82
Platoon (filme) 321
Platters 430
Plebe Rude 188, 251, 255, 259, 322, 447
"Pobre Deus" 389, 390
"Pobre paulista" 296
"Podres poderes" 189, 190, 224
"Polícia" 286
Por quem os sinos dobram (livro) 300
"Por que não Eu?" 200
"Por toda a nossa vontade" 413
"Por tudo que for" 389
"Preciso dizer que te amo" 374
Preciso dizer que te amo (livro) 444
"Preconceito" 419
Premeditando o Breque 69

Premiata Forneria Marconi 40
Presence (filme) 23
"Primeiros erros" 217
Prince 69, 112
Profissão mulher (filme) 61
Programa Barros de Alencar (programa) 201
Projeto SP (danceteria) 209
"Proteção" 251
Próxima parada (disco) 430
"Psicodelismo em Ipanema" 18, 152
"Psycho Killer" 33, 46
Psykóse (banda) 137
"Purpurina" 26

Q

"Quando eu estiver cantando" 422
"Quando o sol bater na janela do teu quarto" 424
Quarto Crescente 202
"Quase um segundo" 386, 419
Quatro estações (disco) 423, 424, 426
Que bom te ver viva (filme) 403
Queen 97, 440
"Que língua falo eu" 455
"Quem quer votar" 410, 411
"Quem sofre sou eu" 217
"Que país é este" 49, 355, 365
Que país é este? (disco) 49, 354, 355, 356, 365
Querelle de Brest 407
"Quero fazer glu-glu" 172
"Quero ir a Cuba" 175
"Quimeras" 328
"Química" 292, 365

R

Raça Negra 147
"Racio Símio" 428
Rádio Clube 209
Rádio Pirata ao vivo (disco) 282

Radio Taxi 105, 108, 109
Raio Laser 209
Ramones 22, 34, 86
"Rapte-me, camaleoa" 109
Raquel Gerber 403
"Rastaman in The Army" 167, 174, 177, 179
Ratos de Porão 70, 137, 308
Raul Alfonsin 144
Raul Seixas 18, 24, 25, 38, 47, 86, 337, 344, 346, 467
Ray Cooper 40
RCA Victor (gravadora) 132, 165
Realce (disco) 14, 73, 74, 432
Red Hot Chilli Peppers 147
Refavela (disco) 34
Refazenda (disco) 34
Refestança (disco) 34
Regatta de Blanc (disco) 69
Regina Casé 20, 82, 109, 211, 244, 251
Remota batucada (disco) 327
Renato Rocha (Negrete) 147
Renato Rocketh 419
Renato Russo 49, 100, 111, 147, 224, 225, 262, 289, 292, 302, 327, 354, 356, 358, 425, 443, 444, 446, 447, 462
Renato Terra 97, 160
Renegados (banda) 100, 102
"Reprovações" (poema) 190
Respire fundo (disco) 344
Restos de Nada (banda) 50, 51, 64, 259
"Revanche" 266, 269, 275, 332
Revoluções por minuto (disco) 218, 219, 220
Reynaldo Bignone 117
Ricardo Amaral 107
Ricardo Barreto 20, 91, 117, 134, 136, 153
Ricardo Cristaldi 195
Ricardo Feghalli 83
Ricardo Graça Mello 104, 105

Rickie Lee Jones 40, 112, 121
Rick Wakeman 25
Rio Babilônia (filme) 118, 204
"Rio do delírio" 54, 118, 204
Rita Hayworth 321
Rita Lee 21, 24, 25, 34, 46, 84, 86, 97, 106, 120, 201, 281, 322, 323, 419
Rita Lee & Tutti Frutti 21, 24, 46
Ritchie 25, 39, 53, 121, 123, 129, 130, 136, 153, 154, 156, 160, 190, 202, 216, 228, 272, 324, 325, 337, 427, 451, 461
Ritmo alucinante (documentário) 24
Ritz (clube) 106, 203
Robério Santana 168, 169
Roberta Flack 40
Robert Johnson 39
Robert Mapplethorpe 424
Roberto Carlos 18, 27, 34, 35, 46, 47, 86, 156, 240, 322, 323, 324, 325, 432, 440, 462
Roberto de Carvalho 24, 84, 85, 120, 201, 322
Roberto Eduardo Viola 96
Roberto Frejat 97, 262, 394, 419
Robin Trower 40
Robocop (filme) 321
Robson Jorge 87, 118
"Rock das Aranha" 86
Rock Estrela (disco) 201
Rocket to Russia (disco) 34
Rock in Rio 13, 216, 379, 453, 454, 455
Rockmania (disco) 250
Rock'n geral (disco) 374
Rock voador (disco) 199
Rodrigo Santos 150, 411, 414, 452
Roger Moreira 70, 185, 195, 196, 197, 228, 229, 371, 372, 373, 385, 430, 446, 451, 463, 471
"Rolam as pedras" 217
Rolling Stone (revista) 222, 257, 259, 277, 286, 297, 306
Ronaldo Bastos 53
Ronaldo foi pra guerra (disco) 55, 167, 202, 203, 204, 244
Ronaldo Magalhães Evangelista 452
Ronaldo Resedá 25
Ronaldo Santos 53
Ronald Reagan 81, 95, 118
Ronnie Wood 112
Roof 209
Roots 441
Rory Gallagher 40
Rosana 322
Rose Bombom (danceteria) 208, 211
"Roxanne" 47
Roxy Music 39, 112
RPM 212, 216, 218, 219, 220, 222, 281, 282, 283, 322, 324, 325, 326, 385
Ruban 104, 108
Rubão Sabino 108
Rubem Braga 440
Rui Motta 195
Rumo 69
Ruth Copeland 40

S

Saddam Hussein 437
Salvador Dali 118
"Salve simpatia" 86
"Sampa" 47
"Sândalo de dândi" 201
Sandrão (Sandro Solviatti) 244
"Sandra Rosa Madalena" 46
Sandra Sá 34, 322
Santana 40, 168, 169, 263, 394
"Sapato velho" 82
Saramandaia 18
Saved (disco) 423
"Seasons of Wither" 163
Sebastião Braga 322
Secos & Molhados 51
"Se eu quiser falar com Deus" 87
Selma Boiron 148
Selma Vieira 148

Selvagem Big Abreu 150, 228
Selvagem? (disco) 273, 274, 277, 278
"Sem você não dá" 455
Sepultura 146, 304, 441, 442
Sepúlveda Pertence 381
"Será" 223
Será que ela aguenta? (filme) 32
"Será que vai chover" 375
Serginho Herval 83, 123
Serginho Trombone 85
Sergio Bardotti 105
Sérgio Bezerra 244
Sérgio Britto 210, 368, 427, 450
Sérgio Diamante 241
Sergio Dias 47
Sergio Groisman 210
Sérgio Magrão 83
Sérgio Mallandro 137, 172
Sergio Mambertti 119
Sérgio Paulo Rouanet 439
Sérgio Rezende 250, 403
Sérgio Serra 198, 429
Seu espião (disco) 200
"Seu tipo" 149
Severino (disco) 448
"Se você me quer" 430
"Sexo!!" 372
Sexo!! (disco) 371, 372
Sexo, sua única arma (filme) 102
Sex Pistols 22, 33, 48
"Sexy sua" 411
"Shake Your Booty" 22
"Shangrilá" 85
Shout At The Devil 146
Show No Mercy 146
"Shy Moon" 190
Sidney Magal 46, 137
Silvinha Teles 351
Silvio Santos 18
Silvio (Ultraje a Rigor) 197
"Simca Chambord" 312
Simone 83, 322
Simples como fogo (disco) 71

Siouxie and The Banshees 121
Slade 40
Slayer 146
Sly and Family Stone 112
"Sob o azul do mar" 105
Sob o sol de parador (disco) 334
"Só de você" 120
Solange 47, 167
"Soldados" 224
"Soldier Lips" 338
"Solidão que nada" 351
"So Lonely" 47
Som Imaginário 21
Som Livre 39, 52, 53, 84, 97, 156, 169, 263, 280
Som Nosso De Cada Dia 21
Somtrês (revista) 218
Sônia Braga 31, 47, 103
"Sonífera ilha" 211
Só se for a dois (disco) 351
"Sossego" 46
"Sou boy" 165
Soundgarden 450
Spandau Ballet 121
"Squizotérica" 113
Steely Dan 121
Steve Hackett 153
Steve Miller Band 40
Steven Spielberg 96, 187
Stevie Ray Vaughan 442
Stiff Records (gravadora) 23
Stockhausen 70
Stooges 50
Studio 54 33
Stweart Copland 178
Suburbanos (banda) 137
"Subúrbio geral" 67
Superinteressante (revista) 374
Supla e Tokyo 100
"Surfista calhorda" 306
Swan Song Records (gravadora) 23
Syd Barrett 197
Sylvinho Blau Blau 241

Synchronicity 207

T

"Taca a mãe pra ver se quica" 241
"Take Me To The River" 46
Talking Heads 33, 46, 108
Talking Heads: 77 (disco) 33
Tancredo Neves 117, 209, 216, 217, 382
Tatu (da banda Coquetel Molotov) 98, 100, 102, 446
Tavinho Fialho 108, 201, 323
Tavinho Paes 145, 333, 410
Tears For Fears 452
"Tédio" 327
Ted Nugent 40
Television 22, 96, 121
Ten Years After 40
"Teorema" 224
"Teoria da relatividade" 167, 204
Teotônio Vilela 144
Terço 21, 83, 119
Terence Trent D'arby 452
"Terra de Gigantes" 374
"Tesouros da juventude" 104, 106, 123
Tetê Espíndola 69, 70
The Allman Brothers Band 39
The B-52s 201
The Band 40
"The Bed's Too Big Without You" 69
The Byrds 40
The Clash 22, 48
The Cult 274
The Dark Side of The Moon (disco) 82
The Fevers 166, 240
The Flaming Ember 40
The Flock 40
The Human League 97
The Idiot (disco) 33
The Kinks 40
The Knack 69, 121
"The More I See You" 90

The New York Dolls 40
The Police 46, 69, 86, 110, 121, 300
The Pretenders 69, 86
The Rascals 40
The Rolling Stones 40
The Smiths 224
The Staple Singers 40
The Temptations 40
The Turtles 39
The Voices of East Harlem 40
The Wall (disco) 82, 86
The Who 40
Thomas Dolby 121
Thomas Mann 49
"Tic tic nervoso" 165
"Tigresa" 34
Time (revista) 96
Tim Maia 34, 46, 86, 240, 274, 280, 391, 430
Titanomaquia (disco) 450
Titãs 64, 70, 118, 146, 148, 188, 197, 199, 209, 210, 211, 212, 216, 219, 244, 259, 272, 285, 286, 323, 326, 338, 367, 393, 427, 432, 450, 467
"Ti Ti Ti" 201
TNT 188, 300
"Tô à toa Tokyo" 204
"Tô chutando lata" 322
Todas ao vivo (disco) 278
Todd Rundgren 40
"Todo amor que houver nessa vida" 158
Todor Jivkov 403
Tomás Improta 119
Tom Jobim 47, 103, 118, 204, 338, 468
Tom Tom Club 108
Toniko Melo 224
Toninho Horta 332
Tony Bellotto 210, 244, 272
Tony Costa 119
Tony Iommi 442
"Topete" 242
Top Model 414

Torcuato Mariano 269, 272
"Totalmente demais" 334
Traffic 40, 112
Transas e caretas (novela) 188
"Três" 386
T. Rex 40
Triangle 40
Tribalistas 34, 450
Trio Los Angeles 172
Tropicália 2 (disco) 434
Trouble Funk 274
Truman Capote 187
Tudo ao mesmo tempo agora (disco) 450
"Tudo pode mudar" 201
"Tudo veludo" 53, 55, 333
"Turbilhão de emoções" 105
Tutti Frutti 21, 24, 25, 46, 84, 86, 108, 120
TV Mulher 120

U

U2 224
UFO 40
Ulster (banda) 137
Ultimato 327
Ultraje a Rigor 70, 118, 188, 189, 195, 196, 197, 198, 228, 244, 371, 385, 429, 447, 463
Ultravox 121
Uma avenida chamada Brasil (filme) 403
"Uma noite e meia" 374
Um banda um (disco) 120
"Um certo alguém" 158
"Um dia de domingo" 240
"Um índio" 34
"Um lindo blues" 344
Um marciano em minha cama (filme) 102
"Um novo tempo" 86
"Um pro outro" 280

Underground Discos e Artes (gravadora) 201
"Uni duni tê" 240
Universo Paralelo (gravadora) 457
Uns (disco) 174
Uriah Heep 39
"Ursinho Blau Blau" 241

V

Václav Havel 402
"Vai, vai, love" 92
Vale Tudo (novela) 394
Van der Graaf Generator 40
Vange Leonel 327
"Vazio" 86
Veja (revista) 165
Velô (disco) 189
Veludo 24, 402
Velvet Underground 40, 402
Venon 304
Vera Fisher 103
"Veraneio vascaína" 49
Vereda tropical (novela) 188
Vermelho 82, 83, 97, 100, 118, 148, 156, 172, 209, 215, 232, 262, 263, 272, 374, 393, 402, 467
Verminose 163
Victoria Pub 208
"Vida bandida" 331, 332, 333, 334, 337, 338
Vida bandida (disco) 328, 347
Vida de Brian (filme) 122
"Vida de cão é chato pra cachorro" 199
"Vida louca vida" 333, 334, 338, 383
Vilém Flusser 17
Village People 46
Vímana 24, 25, 26, 38, 39, 52, 53, 88, 108, 121, 123
Vinícius Cantuária 119
Vinicius de Moraes 81
"Vinte garotas num fim de semana"

152
Violência e sobrevivência (disco) 64
Violeta de Outono 70, 327
Virgem (disco) 374, 438
Virginie Boutard 200
Virginie e Fruto Proibido (banda) 202
Visage 121
Vital Dias 149
"Vital e sua moto" 148, 149, 173
"Vítima do amor" 92
Vivendo e não aprendendo (disco) 295, 297
"Você" 277
"Você e eu, eu e você" 86
"Você é linda" 175
"Você não soube me amar" 110, 118, 130
"Volta ao mundo" 92
"Volta pra mim" 321
Volume Dois (disco) 450
Voluntários da Pátria 105, 109, 327
"Voo de coração" 153
"Vote em mim" 120
"Voto em branco" 251

W

Waldomiro José Pimenta 388
"Walking on The Moon" 69
Walt Disney 128, 134, 236
Walter Franco 344
Walter Mondale 186
Waly Salomão 89
Wanderley Pigliasco 241
Wander Taffo 105, 109
Wander Wildner 304
Wayne Shorter 112, 322
"We Got The Beat" 104
"What a Fool Believes" 84
"When The World Is Running Down, You Make The Best of What's Still Around" 87
"Whisky à gogo" 240

Wilson das Neves 192
Wilson Machado 96
Wilson Pickett 40
Wim Wenders 187
Wings 86
Woody Allen 145

X

Xavier Leblanc 200, 201
Xica da Silva (filme) 21
"X Offender" 33
Xou da Xuxa (programa) 146
Xuxa Meneghel 144

Y

Yann Laouneman 200
Yara Amaral 401
Yauaretê (disco) 322
Yes 23, 25, 26, 40
"You Should Be Dancing" 22
Yves Montand 440

Z

Zacarias 440
Zaira Zambelli 62
"Zebra" 39, 40
Zeca Mendigo 109, 117
Zé Carlos 85
Zé Eduardo Nazário 70
Zé Fortes 202, 273, 274
Zelig (filme) 145, 177, 203, 430
Zé Luís 88, 90, 136
Zenyattà Mondatta 86
Zé Renato 71, 72
Zero 241, 327, 337
Zezé di Camargo e Luciano 439
Zorde 102

QUER SABER MAIS SOBRE A LEYA?

Fique por dentro de nossos títulos, autores e lançamentos.

Curta a página da LeYa no Facebook, faça seu cadastro na aba *mailing* e tenha acesso a conteúdo exclusivo de nossos livros, capítulos antecipados, promoções e sorteios.

A LeYa também está presente em:

www.leya.com.br

 facebook.com/leyabrasil

 @leyabrasil

 instagram.com/editoraleya

 google.com/+LeYaBrasilSãoPaulo

 skoob.com.br/leya

1ª edição	Julho de 2017
papel de miolo	Pólen Soft 70 g/m²
papel de capa	Supremo 250 g/m²
tipografia	Minion Pro e DIN
gráfica	RR Donnelley